LES FLEURS DU MAL

Collection dirigée par Michel Zink et Michel Jarrety

CHARLES BAUDELAIRE

Les Fleurs du Mal

ÉDITION ÉTABLIE PAR JOHN E. JACKSON

Préface d'Yves Bonnefoy

LE LIVRE DE POCHE
Classiques

Professeur à l'université de Berne, John E. Jackson, spécialiste de la poésie des XIXe et XXe siècles, a, parmi d'autres travaux, publié À La Baconnière en 1982 *La Mort Baudelaire. Essai sur « Les Fleurs du Mal »*. Depuis 1995, il publie, avec Claude Pichois, *L'Année Baudelaire* chez Klincksieck.

ISBN : 978-2-253-00710-4 – 1re publication LGF

LA PENSÉE CRITIQUE DE JOHN E. JACKSON

1

Il est assurément inusuel de préfacer une édition des *Fleurs du Mal* par des réflexions qui porteront moins sur cette œuvre que sur l'historien, le critique qui en l'occurrence l'a éditée. Mais on verra que ce n'en sera pas moins rester tout auprès de Baudelaire.

Car une œuvre de poésie n'existe que par son aptitude à susciter des lecteurs, à les appeler à soi, à les retenir d'une façon qui fera apparaître en elle des aspects encore inédits de sa vérité. D'où suit, d'abord, que des lecteurs, des critiques, ont joué à divers moments de l'histoire un rôle qui parfois même fut décisif ; et ensuite, qu'il sera important pour qui veut se représenter cette histoire du poétique de comprendre ce que sont ces témoins qui aident ainsi les auteurs à se trouver ou à devenir. Le critique aussi est le lieu de la poésie. Lui aussi répond par son travail propre aux réclamations que nous adresse l'heure nouvelle, toujours « sévère ».

John Jackson est des quelques-uns, ils ne sont jamais très nombreux, qui, dans nos années, contribuent de cette manière en somme essentielle à l'intellection, à la vie, de la poésie. Et je crois donc nécessaire d'attirer l'attention sur ce qu'il désigne et aide à comprendre, mais pour ce faire j'évoquerai tout d'abord non sa pensée et ses livres mais ce qui conditionne si naturellement la pensée quand il s'agit de la poésie, autrement dit sa réalité personnelle : une évocation qu'il m'est possible d'étendre à nombre d'époques de son passé de chercheur puisque j'ai eu la chance de rencontrer John quand il était encore très jeune, après quoi j'ai lu la plupart de ses écrits, écoutant aussi ses propos, apprenant de lui les grandes décisions qui orientèrent sa réflexion, par exemple celle qui le porta vers la psychanalyse, assez tôt. Constatant également, et aimant, la simple richesse humaine d'un être qui est aussi sinon tout d'abord sentiment, affect, inquiétude, questionnement très scrupuleux de soi-même.

Et qui est aussi, je dois me hâter de le dire, un poète, au sens le plus littéral de ce mot, auteur d'une œuvre qui, d'être encore assez peu connue, n'en est pas moins importante. John Jackson est avant tout ce poète, cette voix qui se veut et se peut l'expression directe d'une conscience assumant sa nuit, ses émotions et ses espérances. Et qu'il en soit ainsi chez quelqu'un dont je vais parler comme critique est certainement à bien souligner, c'est ce qui aide à comprendre pourquoi et comment ce lecteur a pu s'approcher si intimement de Baudelaire ou d'autres grands témoins de la poésie : sachant de l'intérieur comment une existence peut naître à sa complexité, voire à sa douleur, dans un travail d'écriture, ce lieu que notre siècle a su enfin reconnaître comme celui même de l'avènement à soi de la vérité. Poète, poète pratiquant, poète en éveil, John Jackson est capable, et c'est évidemment décisif pour son écoute de Baudelaire, de garder actif en soi ce qui est le ferment d'une œuvre, autrement dit les intuitions de l'enfant qu'on fut, la sorte de connaissance propre aux « années profondes », la mémoire de leur lumière. Puis-je faire cette hypothèse : quelques souvenirs de grande lumière en Égypte, sur des terrasses, quand il n'était qu'un petit enfant encore — John les a évoqués dans un beau récit — ont à la fois éveillé en lui ce regard pénétrant et transfigurant que la poésie a pouvoir d'opposer aux saisies superficielles du monde et préparé, électivement, à la rencontre, à la grande rencontre, de ce poète des *Fleurs du Mal* qui fut lui-même hanté par des moments de l'enfance et, d'une façon absolue, par des soleils d'alors, certains « ruisselants et superbes ».

L'Égypte, la grande lumière. Mais ce n'était qu'un peu par hasard que John Jackson était né au Caire, bientôt il se retrouva en Suisse romande, ce qui lui valut cette autre précieuse clef, elle aussi baudelairienne, de l'intellection poétique, une expérience d'arrachement, d'exil, avec le pouvoir désormais d'entendre les mots comme en prose on ne le fait pas : sous quelques-uns d'entre eux la lumière est ensevelie, encore que frémissante, elle est prête à paraître, auguralement, dans une beauté de parole. Et la société nouvelle gardait en réserve pour l'étudiant que John allait devenir une autre vraie chance encore, celle de pouvoir, le moment venu, s'ouvrir à la réflexion dans un lieu universitaire où quelques enseignants éminents — Jean Rousset, Jean Starobinski, Roger Dragonetti, Bernard Böschenstein à Genève, Georges Poulet souvent de passage — donnaient de longue date déjà l'heureux exemple d'un souci de la vérité dans l'examen des œuvres littéraires, allié au sentiment de la responsabilité, de nature morale, qu'il faut savoir assumer quand on s'attache à des écrivains pour qui l'écriture n'est pas un jeu. Il n'est pas douteux, disons cela autrement, que John Jackson ait beaucoup appris à suivre l'enseignement et à partager la recherche de plusieurs de ceux que l'on a réunis sous le nom d'école de Genève, un mot qui réfère moins à une analogie des méthodes critiques qu'à une aptitude commune, vécue comme sans y penser, à être honnête dans l'expérience intérieure autant qu'exigeant dans l'herméneutique.

Cette double détermination, par l'exil et par la pensée, ce fut, me semble-t-il en tout cas, ce qui aida John à maîtriser ce qu'il y avait en lui de directement exposé à un autre aspect encore de sa condition historique, cette fois l'ombre portée de la guerre, le souvenir du mal que le nazisme avait fait à la condition humaine, tout ce malheur dont la réalité pesait aussi sur lui à travers la parole de Paul Celan, laquelle fut certainement l'impression la plus forte que John Jackson ait subie dans ses années formatrices, après quoi il ne cessa plus de la méditer. Paul Celan, son étude de l'allemand, approfondie par un long séjour en Allemagne, le lui rendait accessible, il l'a d'ailleurs traduit avec une grande intelligence, il l'a commenté à plusieurs reprises, et cette présence à son horizon a certainement contribué à ce qu'a de très averti, au total, son appréhension de la poésie. Il sait la part ténébreuse de la parole, autrement dit, il sait la violence avec laquelle il faut lutter en elle contre la menace d'une nuit, mais il sait aussi, du fait de son enfance et de la fréquentation d'esprits clairs, qu'il y a dans les mots, que l'empiègement conceptuel voue à l'idéologie et la guerre, une virtualité de lumière, il pourra donc soit écrire soit lire sans couper court à sa capacité d'affection, avec suffisamment de confiance ; et questionner, du coup, le passé de la littérature sans avoir à considérer que c'est en vain, sans avoir à croire que l'enquête patiente de l'historien ne peut s'ajouter que pour rien à l'absurdité de l'histoire.

Prise de conscience assez rare, en vérité, dans ces années où John Jackson commençait d'écrire, c'est-à-dire vers 1970, il y a presque trente ans. On pensait alors volontiers encore, dans les milieux littéraires, que savoir universitaire et révolte poétique étaient comme l'huile et l'eau, incompatibles, on continuait de vivre sur un préjugé de Baudelaire, ou de Verlaine et Rimbaud, voire des surréalistes, voire surtout des suiveurs de ces grands poètes, contre l'école, sans s'apercevoir que ce refus n'avait eu de droit que contre la médiocrité et le conformisme d'une époque particulière de celle-ci. En fait, il n'y a aucune raison de croire que l'intuition du poète, active dans l'écriture, et l'enquête de l'historien, même requise par de longues vérifications sans éclat, ne puissent cohabiter dans une conscience restée foncièrement poétique. Et s'il est vrai qu'il y aura toujours des professeurs pour noyer la liberté de l'esprit dans de grands travaux de pure paresse, empruntant à des sciences des modèles inadéquats pour ne rien savoir de la vie, cela ne signifie nullement que des historiens, des critiques, des philosophes, ne s'attachent pas à leur objet avec la conviction passionnée que celui-ci ne se réduit pas à ce que l'état présent de la recherche suggère. Ce qui fait d'eux des témoins de sa présence, de son en-soi, autrement dit des poètes.

Outre cela, comment exercer la tâche d'examen de la

poésie que Baudelaire assigne au poète — et à raison, puisque la poésie moderne n'est plus définissable aisément dans un monde social sans souvenir de la transcendance — si le témoin de la poésie limite à son moment son enquête, se privant ainsi de ces œuvres du passé dont seule la recherche historique peut le familiariser avec la richesse ? Son intelligence se flétrirait, c'est la mésaventure qui arriva quelque peu à Paul Valéry, si peu historien, quand il voulut donner corps à un enseignement de la poétique.

Bien plutôt convient-il, considérant les riches apports de la critique universitaire, de se demander s'il ne faut pas en reprendre en mains le travail pour y repérer les catégories véritablement œuvrantes et en renouveler les structures du point de vue de ce que soi-même on croit savoir de la poésie. Et pour en revenir à John Jackson, c'est exactement ce qu'il fit, la preuve en est qu'il s'attacha vite au rapport de l'inconscient et du texte, cet axe fondamental de la création poétique, en se posant dès les années 80 la question de la valeur pour l'herméneutique littéraire du questionnement psychanalytique. Ce furent alors des livres qui frappent par leur clarté théorique, *Passions du sujet : essais sur les rapports entre psychanalyse et littérature* (1990) et *De l'affect à la pensée : introduction à l'œuvre d'André Green* (1991), puis, une année plus tard, *Mémoire et création poétique*. Avec cette sorte d'études John Jackson achevait de se forger l'outillage qui, associé au savoir, lui permettrait de poser la question de la poésie soit dans sa nature essentielle, soit dans sa recherche de soi à travers l'histoire, principalement celle de la littérature française depuis le Romantisme, mais aussi chez Shakespeare ou Winckelman ou Buchner.

2

C'est donc à une démarche plurielle — la poésie et la recherche historique, aussi un intérêt pour le savoir des psychanalystes — que John Jackson doit la spécificité de son travail de critique. Il convient d'ajouter qu'il lui doit aussi la qualité de son œuvre, de son apport, un apport auquel il conviendrait maintenant de s'attacher.

Mais je ne puis m'arrêter dans ces pages qu'aux grandes lignes de ses travaux, et me contenterai donc de quelques remarques.

La première, c'est que c'est d'emblée que John Jackson se voua à cette réflexion en somme ontologique qui allait devenir l'axe de sa recherche. Dans sa thèse de doctorat, soutenue en 1976, publiée en 1978, *La Question du moi : un aspect de la modernité poétique européenne*, il indique déjà qu'il n'entend pas répertorier des formes littéraires, étudier les aspects stylistiques qui font pour les amateurs l'agrément des œuvres, mais veut plonger sous la surface du texte et même relativiser l'importance propre du livre, du poème, en leur autonomie apparente dans la carrière d'un écrivain, pour retrouver la façon dont le sujet parlant constitue, d'écrit en écrit, sa relation au monde extérieur. Ce monde, le poète l'institue mais aussi il le subit, dans une relation à son écriture qui n'est nullement la gestion ludique des virtualités de parole dont il dispose mais la mémoire de situations d'existence, et donc de souffrances, de joies, d'aspirations quant au sens possible de l'être-au-monde, qui ne sont nullement — Paul Celan, un des trois auteurs étudiés, d'une façon pour l'époque vraiment pionnière, au moins en langue française, en est l'éclatante preuve — réductibles aux capacités du langage. La poésie n'est pas l'autosatisfaction de ce dernier, vécu par l'écrivain comme un absolu, mais la conscience foncièrement douloureuse que la langue n'est qu'un moyen dont la richesse d'apports ne compense pas la contradiction que son emploi, à tout le moins conceptuel, institue entre représentation et présence, entre signification et sens, entre existence conceptualisée, vouée à l'énigme, et « vraie vie ». Et la thèse de John Jackson s'engage donc dans l'espace de ce questionnement de la réalité au-delà des mots dont le *Waste Land* de T.S. Eliot, le premier et le plus ancien des auteurs considérés, est assurément exemplaire, elle revit la façon dont la poésie pose le problème de l'immanence et de la transcendance, de Dieu ou de ce qui se substitue au divin.

Mais elle n'est pas pour autant, remarquons-le aussitôt, ce que notre époque aime faire, une étude *in abstracto*, en l'occurrence une phénoménologie à vocation unitaire de la parole de poésie, non, elle manifeste déjà la double lecture qui caractérisera Jackson, celle qui va à l'auteur en ce qu'a celui-ci de plus singulier au moment même où comme poète il se porte à une proposition qui vise à l'universel : double nature de la recherche critique qui ne fait d'ailleurs qu'en approfondir la propension à réfléchir sur l'historicité inhérente aux œuvres. Si en effet les poètes considérés sont revécus par John Jackson dans chacun sa différence, c'est aussi pour montrer à quel point ces différences mêmes sont des voies par lesquelles se constitue une modernité, un moment présent dans le devenir de l'histoire. Cependant que se laisse entrevoir dans ce remarquable travail ce que peut être à l'échelle européenne un comparatisme abordé à ce niveau de l'existentiel que la philosophie du XXe siècle explore, mais non sans des aveuglements ou ambiguïtés qui découlent d'ailleurs souvent de la lecture hâtive ou partisane des œuvres.

Un programme déjà bien clair, au total, et prometteur de grands biens. Et si ce premier livre ne se souciait pas trop de l'expliciter, d'en identifier les besoins et d'en répartir les tâches, c'est qu'il importait surtout à Jackson d'assumer quelques-unes de ces dernières, ce que les études qui ont suivi ont pris à cœur de tenter, à la façon concrète et si je puis dire *ad hominem* déjà vécue dans la thèse. Plusieurs recueils d'études consacrées souvent à un poème, à la recherche de ce qui se joua dans cet avènement simultané d'un texte et d'une expérience de vie. Et de l'un à l'autre de ces volumes quelque chose comme, en discontinu, un tableau de la poésie moderne, depuis le XVIIIe siècle qui en a vu l'origine. Ce n'est pas de John Jackson qu'il faut attendre grand intérêt pour Diderot, Stendhal ou même Flaubert, mais ce courant qui ne sait guère la poésie n'est pas en France aussi vaste qu'on pourrait croire, il y a souvent chez nos prosateurs, aussitôt en cela les plus musiciens, les plus grands, le besoin de

réparer dans leurs propres œuvres les dégâts que la prosodie dite classique du vers régulier et de la rime à outrance
a causés dans la sensibilité poétique, et de Rousseau à
Proust en passant par Chateaubriand ou Nerval l'étude de
quelques-uns de ces poètes de la prose est aussi la voie
qu'a suivie John Jackson dans nombre de ses essais, voie
proche d'une autre où il rencontre Hölderlin ou d'autres
aspects du romantisme allemand. Le romantisme, car il y
a lieu de penser qu'en ce moment transeuropéen a battu
sous la vêture d'époque le cœur de l'intuition poétique,
pensée d'une unité immanente à la réalité naturelle.

3

Mais cette diversité des études ne doit pas faire oublier
que là où John Jackson revient le plus constamment, c'est
l'œuvre de Baudelaire, par une référence à laquelle s'ouvrait déjà *La Question du moi* ; et que c'est par cette
réflexion sur celui qui a le premier pleinement compris la
double postulation inhérente à la poésie — vers l'Idéal,
vers la finitude — que la recherche de ce critique a sans
doute aujourd'hui le plus de sens et même, dirais-je,
d'utilité, dans une société où la poésie est en crise.

La réception de Baudelaire n'est pas, en effet, sans
avoir subi les atteintes de cette crise : au point que l'interprétation de son œuvre est assurément un des champs où
les enjeux du « combat spirituel », comme disait Rimbaud, autre grand témoin souvent censuré, se révèlent pré-
sentement avec le plus de clarté. Baudelaire est-il le plus
grand poète français, la plupart des lecteurs y consentent
aujourd'hui, mais ce n'est pas toujours en connaissance
de cause, avec un vrai sens de la poésie ; et les malenten-
dus qui ont enveloppé de fumée la lumière baudelairienne
depuis avant même la publication des *Fleurs du Mal* se
sont déplacés plus que dissipés. Le temps n'est plus où
on disait le livre pervers et que sa place était sur la table
de nuit des maisons closes. Mais il n'a été réhabilité par
beaucoup que pour sa valeur de matériau pour le psycho-
logue, sur fond de société décadente, ou pour ce qu'on

imagine sa qualité esthétique, ce qui sont des approches par le dehors, précipitant à ces deux fiascos si tristement symétriques que furent l'inquisition de Sartre et les démontages de Lévi-Strauss et de Jakobson.

Or, avec ces présupposés, restés au plan de la pensée conceptualisée ou de la dévotion à la forme, l'essentiel des *Fleurs du Mal* ne pouvait certes qu'être manqué : à savoir qu'il s'agit, non d'une analyse du moi mais de sa mise en question, non d'un emploi de la forme mais d'une critique des rêves que fait celui qui se confie à la forme. Après quoi, si on avait pris au sérieux de telles lectures, Baudelaire n'aurait pu survivre que désamorcé poétiquement, ce qui d'ailleurs fut souvent le cas, tant à l'Université qu'à la Ville. En fait, s'il y a eu depuis le jeune Villiers, ou Verlaine et Rimbaud, jusqu'à l'époque contemporaine nombre d'esprits tout de même pour tenir le pas gagné par *Les Fleurs du Mal* ou la grande prose de leur auteur, ce fut dans une large mesure de poètes qu'il s'est agi, Rimbaud donc, Laforgue, Apollinaire, Proust, les surréalistes, plus près encore de nous Pierre Jean Jouve ; et la parole de ces poètes, intuitive, impatiente, quelquefois difficile et souvent peu entendue encore au moment où elle s'élève, ce n'était pas ce qui permettait le mieux de rapatrier Baudelaire dans la conscience du temps, au cœur des rêveries de laquelle le Mallarmé qui s'éleva contre Baudelaire fut porté sur les vastes ailes de l'obsession linguistique. Valéry, précurseur de cette dernière, n'aimait pas Baudelaire ; Blanchot, visiblement, ne le perçoit guère ; l'époque a davantage plaisir aux pensées qui prennent le parti du langage qu'à celles qui en rappellent les limites ; et depuis quelque trente ans en tout cas on peut dire que Baudelaire est moins compris que célèbre. Pour un Jean Starobinski, si averti de la poésie et si électivement attaché à celle de Baudelaire, combien d'autres critiques pour méconnaître que dans son œuvre c'est comme il le faut, c'est-à-dire avec drame, avec un sentiment de l'urgence, qu'est mis en question le sens qu'il faut donner à l'échange entre les êtres. Toutefois la situation change, et de jeunes critiques-écrivains savent parler à nouveau — et à l'Université cette fois — de la violence de Baudelaire, de ses déchirements entre vérité et beauté, de la passion qui sous-tend son emploi de l'allégorie et ensanglante sa rhétorique.

Dans les années 70, quand John Jackson commença d'écrire, il y avait ainsi beaucoup à penser, beaucoup à faire entendre à propos de Baudelaire. Et il est donc très louable que le jeune critique ait placé dès alors son travail sous le signe de celui-ci, disant clairement qu'avec le poète du *Balcon* et des *Tableaux parisiens* il s'agissait de la poésie en son essence.

Mais ce qui est au moins aussi remarquable, et à mon sens de grande portée pour le rapport à réinventer de la création et de la critique, c'est que, poète lui-même et profondément ému par les grands poèmes, Jackson n'en ait pas moins décidé de ne pas sacrifier au profit de l'affirmation véhémente du penseur de la poésie la patience prudente de l'historien : d'où suit que le livre qu'il publia en 1982, quatre ans après *La Question du moi*, *La Mort Baudelaire : essai sur « Les Fleurs du Mal »*, ne fait appel qu'en son titre — ce génitif de la vieille langue qui donne l'impression de l'appartenance réciproque, de la cosubstantialité des deux termes — aux ressources figurales et à la belle immédiateté de l'écriture de poésie. *La Mort Baudelaire* est composée d'études qui mettent en relation le poète avec d'autres auteurs, ainsi Gautier, Pascal, Kierkegaard, ou les beaux-arts comme tels. En d'autres points, au passage, c'est une réflexion sur l'allégorie. John Jackson, autrement dit, bien que déterminé par la poésie, ne cherche pas à occuper dans son livre la place du poète, il choisit de porter son savoir d'historien dans des analyses de poèmes, pour réenflammer la lecture.

Et il accomplit ce travail de la façon la plus modeste qui soit, en limitant de façon précise l'ambition de chaque chapitre, ce qui incidemment est utile pour détourner les chercheurs de préoccupations de synthèse qui ne comprennent pas ce qu'est en poésie le vrai plan d'unité des œuvres. Comme Jackson le souligne lui-même dans l'introduction de *La Mort Baudelaire*, il ne faut plus de ces études globalisantes qui se proposent de rendre compte du tout d'un livre comme s'il y avait dans le texte de celui-ci un centre qui en aimanterait les parties, explicites ou implicites, au profit d'une éventuelle appréciation exhaustive, dont un des aspects c'est qu'elle serait, du coup, une réalité objective, en quoi devrait s'effacer, satisfaites, les questions des lecteurs les plus différents. Autant l'intention de la poésie est une, autant le texte où cette intention soit se maintient soit se brise est traversé de courants qui affluent de toutes parts, qui signifient de façon ouverte, qui échappent aux prises totalisantes.

Et aussi bien Jackson préfère-t-il s'attacher à des points où ces courants se heurtent, se mêlent, c'est-à-dire au texte de poèmes particuliers, du fond duquel il fait remonter en surface des aperçus qui ont valeur pour l'appréciation du projet baudelairien là où celui-ci se cherche, se pense, hésite sur son sens, prend parfois consciemment de grandes résolutions, en un mot fait vérité humaine de ce qui aurait pu n'être encore une fois que le matériau d'un artiste. Ce critique se livre à ces analyses sans succomber au préjugé d'aujourd'hui, qui est de demander à la linguistique les clefs des relations entre signifiants dans le texte, comme si la poésie n'était pas de mettre en question dans ce texte même ce que la langue s'efforce de mettre en place : erreur particulièrement grave dans le cas de Baudelaire, qui sait le « spleen » qui découle de « l'Idéal », et que la souffrance est « la noblesse unique ». John Jackson, lui, on pressent qu'il puise plutôt pour comprendre l'œuvre dans les recès de sa propre vie, sachant bien que la grande ressource spirituelle de Baudelaire, le vers, est ce qui appelle au-delà des mots vers une lumière, et qu'on ne peut apprécier celle-ci que dans des situations d'existence.

D'où l'intérêt de son livre pour la pensée — pour l'horizon — de la mort, vécue par Baudelaire comme mémoire de sa finitude, ancrage dans l'existence que le rêve des mots fait perdre de vue, présence à soi à nouveau, et conscience des autres êtres, dont l'oubli prive la beauté de sa raison d'être. Comme son titre l'indique *La Mort Baudelaire* se place résolument sous ce signe existentiel, mais,

exerçant en cela la modestie que j'ai déjà dite, ce livre non
plus ne cherche pas pour autant à se porter en amont vers
une formulation de l'essence du poétique, presque à portée
dans ces poèmes lucides, plutôt veut-il en voir les grands
rayons éclairer quelques situations concrètes de Baudelaire
au travail, c'est-à-dire dans son époque. A cause de l'intérêt
que le souci de la finitude suscite chez Baudelaire pour la
théologie du christianisme, ce sont par exemple des
remarques sur Kierkegaard. Ou, mémoire gardée de la profondeur d'expérience qui distingue Baudelaire de ses
contemporains en littérature, d'autres remarques sur son
rapport à Gautier. Malgré la dédicace des *Fleurs du Mal*, ce
n'est pas à l'artiste « impeccable » d'*Émaux et Camées* —
autrement dit à un maître de la forme, mû par des motiva-
tions résolument esthétiques — que va l'affection de Baudelaire, mais, Jackson le montre fort bien, à l'auteur de *La
Comédie de la mort* et d'*España*. Dans ces poèmes-là se
laisse entrevoir, en effet, un autre « côté » de son ami, « le
vertige et l'horreur du néant ». Et la différence des deux
poètes, au sein de la sympathie, c'est que Gautier
n'éprouve que superficiellement et par à-coups ce vertige,
il va vite vouloir lui substituer l'art pur qui vise à l'intemporel des pierres dures, quand — « au moral comme au physique, j'ai toujours eu la sensation du gouffre » —
Baudelaire cultive, lui, son « hystérie » avec « jouissance
et terreur ». Ce qui chez l'un est refoulé, c'est-à-dire utilisé
pour des effets artistiques, est chez l'autre la hantise qui ne
cesse de dévaster le souci de composition. Et l'intérêt de
cette analyse, c'est évidemment de montrer, sans recours à
quoi que ce soit de philosophique, en quoi consiste la poésie. Baudelaire, qui ne méprise nullement chez Gautier
l'impeccabilité de l'artiste, ne voit en celle-ci qu'un des
pôles de la dialectique de l'écriture ; et manifestant l'autre
pôle en montrant le gouffre, il révèle que le poétique est
précisément cette dialectique, ce conflit, cette contestation
du plaisir de l'Art par la compassion, le besoin d'aimer.

Je n'entreprendrai pas d'énumérer les contributions de
John Jackson à la critique baudelairienne, qui au-delà de *La
Mort Baudelaire* ont été nombreuses, peut-être toutefois,

pour finir, quelques mots sur un problème classique qu'il aide à renouveler, celui de « l'architecture secrète » des *Fleurs du Mal*. Depuis Barbey d'Aurevilly qui a prononcé ces mots, beaucoup d'erreurs ont été commises, tant il est clair qu'il n'y a pas dans le livre une économie pièce à pièce qui en composerait les parties pour, par exemple, un déroulement allégorique analogue à plus grande échelle à ce qui se déploie dans certains poèmes de strophe en strophe. Mais qu'il y ait eu chez Baudelaire une attention qui s'attache à ce qu'il écrit, et replace donc les diverses pièces dans des ensembles, avec des échos entre eux consciemment perçus, parfois dégagés, c'est tout aussi évident ; et la pensée de Jackson, qui est juste, c'est de se souvenir alors que l'acte baudelairien, ce fut essentiellement le passage d'une appréhension de la mort comme extériorité, nuit, cessation du sens, néant, à une autre intériorisée à l'esprit, à la vie même, autrement dit le passage du « temps perdu » de l'exister au-dehors au « temps retrouvé » de l'intimité avec l'être : ce qui donne à comprendre que Baudelaire a disposé les lieux de son livre d'une manière « proustienne », allant de l'aliénation que dit au début « Bénédiction » vers cette récapitulation, « Le Voyage ». — *Les Fleurs du Mal* qui se savent aux dimensions de l'existence de Baudelaire, puisque celui-ci hors de ce travail ne veut pas d'autres poèmes, reflètent cette existence, lui assignent un but, une destinée. C'est cet ouvrage comme tel, en butte à son écriture, qui sera l'« alchimie » poétique, alchimie de la finitude ; et le travail qu'opère sur l'apparence des êtres et des choses l'aspiration au Beau et à l'Idéal, ce n'aura été que l'opération antérieure dont l'effet de mélancolie a incité un esprit lucide à sa véritable recherche.

En sa chaire de Berne, John Jackson est certainement un de ceux qui peuvent aujourd'hui parler de Baudelaire avec le plus d'autorité légitime. Il est heureux qu'il dirige avec Claude Pichois *L'Année Baudelaire*. Il est heureux qu'il puisse guider les nouveaux lecteurs de Baudelaire dans cette nouvelle édition des *Fleurs du Mal*.

Yves Bonnefoy

INTRODUCTION

Aussi curieux que cela paraisse, s'agissant du recueil de poèmes le plus influent de ces deux derniers siècles, on ne connaîtra jamais la forme définitive que Baudelaire comptait donner à ses *Fleurs du Mal*. Lorsque le livre parut, au mois de juin 1857, il ne tarda pas à s'attirer l'attention de la Direction générale de la Sûreté publique qui, après en avoir référé au procureur général, obtenait l'ouverture d'une information contre Baudelaire, Auguste Poulet-Malassis et Eugène de Broise (les éditeurs). Le procès, qui eut lieu le 20 août devant la sixième chambre de police correctionnelle du tribunal de la Seine, ne retint pas le délit d'offense à la morale religieuse, qui visait « Le Reniement de saint Pierre », « Abel et Caïn », « Les Litanies de Satan » et « Le Vin de l'assassin », mais confirma le délit d'outrage à la morale publique et aux bonnes mœurs et obtint, outre une amende de 300 francs à l'auteur et de 100 à chacun des éditeurs, la condamnation de six pièces du recueil (« Les Bijoux », « Le Léthé », « À celle qui est trop gaie », « Lesbos », « Femmes damnées » et « Les Métamorphoses du vampire »). Du coup, l'édition était décrétée de saisie et les six pièces, accusées de contenir des passages ou expressions obscènes et immoraux, devaient être supprimées[1]. Pour ne rien dire du choc que Baudelaire dut ressentir à cette condamnation qui heurtait de front la réalité essen-

---

1. Cette condamnation durera jusqu'en... 1949, date à laquelle la chambre criminelle de la Cour de cassation rendra un arrêt d'annulation.

tiellement spirituelle ou artistique sur le plan de laquelle il situait son œuvre [1], cette condamnation avait une conséquence catastrophique pour un esprit aussi précis et aussi soucieux d'architecture : elle détruisait l'ordre du recueil. Or cet ordre avait été au centre des préoccupations de l'auteur. Ainsi peut-on lire, dans les « Notes pour mon avocat » : « Je répète qu'un Livre doit être jugé dans son ensemble. À un blasphème, j'opposerai des élancements vers le Ciel, à une obscénité des fleurs platoniques. Depuis le commencement de la poésie, tous les volumes de poésie sont ainsi faits. Mais il était impossible de faire autrement dans un livre destiné à représenter L'AGITATION DE L'ESPRIT DANS LE MAL », et ailleurs : « Le Livre doit être jugé *dans son ensemble*, et alors il en ressort une terrible moralité ». Comme on le voit à ces deux citations, l'intégrité du volume, aux yeux de Baudelaire, est autant une affaire de composition ou, si l'on préfère, d'architecture qu'une affaire de morale. L'ordre des pièces fixe la forme particulière du livre et détermine le sens que le lecteur est invité à lui prêter. On comprend que, dans ces conditions, l'obligation de supprimer six pièces altère et la forme et le sens, et cela d'autant plus qu'en 1857 le nombre de poèmes atteignait le chiffre symbolique de cent [2].

Très vite, Baudelaire eut l'idée de remplacer les six pièces condamnées et se mit au travail. Bien que les conditions matérielles de son existence, et notamment la course poursuite à laquelle il se voyait contraint pour rembourser des emprunts contractés auprès d'amis ou d'éditeurs sur la foi de textes à livrer, mais pas encore écrits, ne semblent qu'avoir empiré, sa force créatrice, elle, ne diminua en rien. Alors même qu'il multiplie les traductions d'Edgar Poe ainsi que ses notices littéraires

---

1. À la question de Charles Asselineau : « Vous vous attendiez à être acquitté ? » Baudelaire répond : « Acquitté ! j'attendais qu'on me ferait réparation d'honneur. » Cité par Claude Pichois in *Œuvres complètes*, Bibliothèque de la Pléiade, t. II, p. 1182 (édition en deux volumes abrégée désormais en OC I et II). **2.** Cent poèmes numérotés, auxquels il faut ajouter l'« avant-propos » que constitue « Au Lecteur ».

sur des contemporains, qu'il entame *Les Paradis artifi-ciels* et qu'il livre, en 1859, le plus important de ses *Salons*, l'inspiration poétique le conduit non seulement à dépasser sans tarder le nombre des pièces à remplacer, mais aussi à composer quelques-uns de ses plus beaux poèmes. Tout cela aura pour effet que lorsque, en février 1861, paraît la deuxième édition des *Fleurs du Mal*, ce ne sont pas six, mais trente-cinq poèmes nouveaux qu'elle comprend par rapport à la première. Ce ne sera pas tout. Même si dès 1857 il a commencé à publier des poèmes en prose (qui ne seront définitivement regroupés sous le titre du *Spleen de Paris* que dans le tome IV des *Œuvres complètes* publiées de manière posthume par Michel Lévy), la production en vers ne tarit pas pour autant et lorsque le 19 décembre 1868 paraîtra, de façon posthume elle aussi (ce sera en fait le tome I des *Œuvres complètes*), la troisième édition, *Les Fleurs du Mal* ver-ront leur total passer de 127 à 152 poèmes. La logique voudrait donc que ce soit cette troisième édition qu'on prenne désormais pour base des éditions ultérieures, n'était que, depuis le mois de mars 1866, Baudelaire, vic-time de troubles cérébraux, est hémiplégique et quasi aphasique, et hors d'état de préparer quoi que ce soit, et que la responsabilité du choix et de la place des vingt-cinq poèmes supplémentaires apportés par cette troisième édition incombe aux amis, Charles Asselineau, Auguste Poulet-Malassis et surtout Théodore de Banville (qui en profitera pour y insérer le sonnet qui lui est dédié et qui, seul de toutes les pièces nouvelles, n'avait pas paru en revue avant 1868).

La question de la forme définitive des *Fleurs du Mal* ne peut donc faire que l'objet de spéculations d'autant plus vaines que, s'il avait été véritablement libre, Baude-laire n'aurait pas eu de raisons de ne pas réintégrer les six poèmes condamnés, habituellement regroupés dans une section du volume, *Les Épaves*, en vertu du petit recueil (vingt-trois poèmes en tout) qu'Auguste Poulet-Malassis publia à Bruxelles en février 1866. D'accord avec l'im-mense majorité des éditeurs, c'est donc l'édition de 1861, la dernière à avoir été entièrement voulue et corrigée par Baudelaire lui-même, que nous prenons pour base de celle-ci et à la suite de laquelle nous imprimons d'abord les poèmes apportés par la troisième édition, puis *Les Épaves* ainsi que les pièces que Claude Pichois a regroupées sous le titre de « Reliquat et dossier des *Fleurs du Mal* »[1]. Le choix de l'édition de 1861 s'impose d'autant plus qu'outre des critères purement philologiques[2], la forme que Baudelaire donna à son volume entraîne une sensible modification du sens qu'il propose à son lecteur.

À comparer, en effet, l'édition de 1861 à l'édition originale, une double constatation s'impose. La première est que le volume s'est augmenté d'une section, nommée « Tableaux parisiens ». Si elle reprend six poèmes qui, en 1857, figuraient dans la section « Spleen et Idéal », cette nouvelle section impose à la fois un nouvel équilibre formel à l'ensemble (parmi les poèmes nouveaux, on compte des textes de l'importance du « Cygne », des « Sept Vieillards », des « Petites Vieilles » ou de « Danse macabre ») et en modifie le centre thématique : l'expérience de la « modernité » liée à la fréquentation de la métropole parisienne passe au centre d'une vision dont la nature personnelle prend par là un caractère plus universel ou du moins plus urbain. La seconde est que tant la disposition des poèmes à l'intérieur de « Spleen et Idéal » que l'ordre et la substance des six sections imposent un sens plus grave à l'ensemble. En 1857, la première section — de très loin

---

1. Notre édition se distingue donc de la précédente parue dans cette collection et due aux soins d'Yves Florenne qui avait opté pour le texte de 1857. Quel que soit l'intérêt qu'offre cette solution, qui permet au lecteur de retrouver la forme originale que le recueil eut à l'époque, et qui a l'avantage de ne pas séparer les pièces ultérieurement condamnées du reste du volume, il ne faut pas oublier qu'elle méconnaît la refonte complète du volume que l'auteur entreprit pour l'édition de 1861, qui non seulement apportait quelques-uns des plus beaux poèmes de la langue française, mais modifiait à la fois le nombre et l'ordre des différentes sections.   **2.** La règle communément adoptée en matière d'établissement de texte est de se fonder sur la dernière édition établie par l'auteur lui-même.

la plus nombreuse puisqu'elle comprend 77 poèmes — s'achevait sur trois poèmes (« Tristesses de la lune », « La Musique » et « La Pipe ») dont le caractère relativement serein tempérait ce que la série des poèmes proprement consacrés au spleen pouvait avoir de trop décourageant. En 1861, ces trois pièces sont reclassées avant les poèmes du spleen qui, de leur côté, prennent un poids d'autant plus alarmant qu'ils se voient adjoindre des textes aussi désespérés que « Le Goût du néant », « Alchimie de la douleur », « Horreur sympathique » et surtout « L'Horloge ». Comme Lloyd James Austin[1] et Max Milner[2] l'ont montré, le mouvement que dessine cette première section est bien celui d'une *chute*, d'une chute de l'Idéal à un spleen sans concession : les derniers mots de la section sont désormais le « Meurs, vieux lâche ! il est trop tard ! » que prononce une horloge devenue un « dieu sinistre » au doigt menaçant qui n'ouvre sur aucun espoir. Les remaniements qui portent sur la succession des sections font signe dans le même sens. En 1857, la section intitulée « Le Vin » précédait immédiatement la dernière section, « La Mort », qui, réduite à trois seuls poèmes, s'achevait sur l'expression du vœu que cette Mort, « planant comme un soleil nouveau,/ Fera s'épanouir les fleurs de leur [des artistes] cerveau ! ». À la diversion que représente le « paradis artificiel » qu'est le vin succédait donc la vision adoucie d'une fin essentiellement consolatrice : qu'il s'agisse de celle des amants, des pauvres ou des artistes, la mort apparaissait comme une délivrance. En 1861, la section « Le Vin » est d'autant plus logiquement reclassée à la suite des « Tableaux parisiens » que le second, du moins, de ses poèmes se situe « au cœur d'un vieux faubourg » décrit aussi comme le « vomissement confus de l'énorme Paris » : elle précède donc « Fleurs du Mal », « Révolte » et une section de « La Mort » augmentée du poids considérable du poème « Le Voyage ». La suite des

---

1. Lloyd James Austin, *L'Univers symbolique de Baudelaire*, Paris, Mercure de France, 1956, p. 92.   2. Max Milner, *Baudelaire. Enfer ou ciel, qu'importe !*, Paris, Plon, 1967, p. 113.

sections revêt dès lors l'allure d'une progression dans l'ordre de la gravité ainsi que celui du Mal.

Désormais la disposition du volume porte le lecteur de l'affirmation initiale du poème liminaire « Au Lecteur », selon lequel « La sottise, l'erreur, le péché, la lésine/ Occupent nos esprits et travaillent nos corps » (v. 1-2) à la constatation désabusée du « Voyage » selon lequel « Nous avons vu partout, et sans l'avoir cherché,/ Du haut jusques en bas de l'échelle fatale,/ Le spectacle ennuyeux de l'immortel péché » (v. 86-88). Si la Mort est bien invoquée, ici aussi, comme le lieu d'une délivrance, cette délivrance ne se laisse rêver qu'au prix d'une acceptation du pire : c'est « au fond du gouffre, Enfer ou Ciel, qu'importe ? » qu'il s'agit d'aller chercher « du *nouveau* ». Si, avec une perspicacité singulière, Barbey d'Aurevilly pouvait écrire à propos de la première édition déjà : « (...) dans le livre de M. Baudelaire, chaque poésie a, de plus que la réussite des détails ou la fortune de la pensée, *une valeur très importante d'ensemble et de situation* qu'il ne faut pas lui faire perdre, en la détachant. Les artistes qui voient les lignes sous le luxe et l'efflorescence de la couleur percevront très bien qu'il y a ici *une architecture secrète*, un plan calculé par le poète, méditatif et volontaire [1] », cette architecture ne fait que gagner en importance avec l'édition de 1861. Baudelaire lui-même en était conscient qui, en envoyant un exemplaire sur beau papier à Vigny, ajoute : « Le seul éloge que je sollicite pour ce livre est qu'on reconnaisse qu'il n'est pas un pur album et qu'il a un commencement et une fin. Tous les poèmes nouveaux ont été faits pour être adaptés au cadre singulier que j'avais choisi [2] ».

---

1. L'article de Barbey, destiné à la revue *Le Pays*, ne fut pas publié, Baudelaire faisant l'objet d'une information judiciaire. On le trouvera reproduit *in extenso* dans l'édition de Claude Pichois, Baudelaire, OC, I, p. 1191-1196. Ici, p. 1196. **2.** Baudelaire, *Correspondance*, Bibliothèque de la Pléiade, t. II, p. 196 (édition en deux volumes abrégée désormais en CPl, I et II).

Un « Boileau hystérique » ?

Cette « architecture secrète » n'explique pas encore pourquoi *Les Fleurs du Mal* peuvent être dites à bon droit « le maître livre de notre poésie » (Yves Bonnefoy). Loin d'être exagérée, une telle affirmation ne fait que sanctionner un verdict que l'ensemble de la poésie européenne a rendu à son sujet : de Rilke à Eliot, comme de Swinburne à Ungaretti, de Rimbaud à Séféris ou de Stefan George à Mandelstam, *Les Fleurs du Mal* n'ont cessé d'être célébrées comme une sorte de charte : la charte de la nouvelle poésie ou, pour reprendre un terme dont Baudelaire lui-même s'est servi à propos de Constantin Guys, la charte de la modernité. On se tromperait de beaucoup, toutefois, à penser que cette nouveauté ou cette modernité ait pu être saisie comme une valeur primordiale si elle ne s'était alliée à une qualité d'expérience qui, seule en vérité, lui donnait son fondement. Il n'en reste pas moins que c'est d'abord en tant que vérité de parole poétique que *Les Fleurs du Mal* se sont imposées.

C'est en 1864 que, dans un article du *Nain jaune*, Alcide Dusolier qualifiait Baudelaire de « Boileau hystérique ». La formule ne se voulait pas flatteuse, elle n'en garde pas moins, fût-ce malgré elle, une pertinence incontestable. Mesuré à celui des Romantiques, le vers de Baudelaire fait preuve, sinon de classicisme, du moins d'une mémoire qui remonte aux classiques. Lorsque, par exemple, dans « Le Cygne », Andromaque est décrite « auprès d'un tombeau vide en extase courbée », l'image de l'héroïne de Racine se lève irrésistiblement. Ailleurs, le ton de sermonnaire qu'adopte le discours poétique, le choix du lexique qu'il convoque semblent plus proches d'une prédication de Bossuet ou de Massillon que d'une tonalité à la Vigny ou à la Hugo. Ainsi dans « L'Horloge » : « Chaque instant te dévore un morceau du délice / À chaque homme accordé pour toute sa saison ». La tournure sentencieuse, le choix de la métonymie « saison » pour « âge » et même la pensée du *fugit irreparabile tempus* sont bien d'un contemporain de Boileau. Mais Boi-

leau hystérique ? Il n'est pas exclu que Dusolier ait voulu
dire par là qu'il voyait en Baudelaire un nouveau législa-
teur désireux d'imposer une logique satanique dans
laquelle le critique ne voulait voir qu'une manifestation
d'hystérie. Il est frappant de noter, quand on lit les témoignages recueillis par W. T. Bandy et Claude Pichois[1], à
quel point les contemporains ont pu être frappés et irrités
par la *pose* d'un homme que ses contradictions intérieures
et sa vulnérabilité poussaient sans doute à se parer d'un
masque fait d'ironie et de provocation. Mais l'hystérie
fait signe aussi dans un autre sens. Elle signale ce qu'on
pourrait nommer une ultra-sensibilité que Baudelaire a
lui-même décrite à propos de *Madame Bovary* et qu'il
définit notamment par « l'aptitude à tous les excès[2] ». Ne
peut-on penser que l'alliance paradoxale d'une facture
prosodique souvent respectueuse de la poétique classique
et d'une thématisation moderniste s'exprimant notamment par des audaces lexicales allant aussi bien dans le
sens de l'innovation que dans celui des archaïsmes ait pu
paraître à Dusolier relever de l'hystérie ? N'oublions pas
qu'en dépit de son isolement personnel et du sentiment
de solitude, voire d'échec qui fut le sien, Baudelaire passa
très vite pour un chef d'école.

En vérité, la formule de Dusolier ne permet de cerner
qu'un des apects du langage poétique des *Fleurs du Mal*.
Si le souci de la correction y est poussé jusqu'à la manie,
si Baudelaire, en disciple du « poète impeccable » qu'il
avait voulu voir en Gautier, témoigne ou cherche à témoi-
gner d'une orthodoxie grammaticale toute classique, c'est
que, simultanément, le vers de ses poèmes est soumis à
une tout autre finalité. Cette finalité, Baudelaire l'a défi-
nie dès son *Salon de 1846* : « Qui dit romantisme dit
art moderne, — c'est-à-dire intimité, spiritualité, couleur,
aspiration vers l'infini, exprimées par tous les moyens

---

1. *Baudelaire devant ses contemporains*, Témoignages rassemblés
et présentés par W. T. Bandy et Claude Pichois (nouvelle édition),
Paris, Klincksieck, 1995.   **2.** Baudelaire, OC, II, 83.

que contiennent les arts.[1] » Rapportés à la parole, ces
quatre substantifs ont un dénominateur commun : tous
font signe vers un repli du médium sur lui-même, vers
une émancipation de la matière verbale par rapport à sa
seule dimension de signification. Il s'agit en d'autres
termes de donner à l'art — et Baudelaire pense ici en
premier lieu à la peinture d'Eugène Delacroix — une
concentration, une intensité et une liberté qui l'arrachent
à l'emprise de ce qu'on pourrait nommer le discours.
Baudelaire le redira près de quinze ans plus tard à propos
de Wagner : « Tout ce qu'impliquent les mots : *volonté,
désir, concentration, intensité nerveuse, explosion*, se sent
et se fait deviner dans ses œuvres[2] ». Aussi bien, le vers
des *Fleurs du Mal* tire-t-il son caractère inconfondable
d'une *tension* : la tension entre une certaine orthodoxie
prosodique, qui prend parfois des allures raciniennes, et
une tendance à prêter à la matière sonore et poétique une
autonomie dont l'équivalent pictural serait la *couleur*.
C'est dès son *Salon de 1845* que Baudelaire remarque
qu'« il y a deux genres de dessins, le dessin des coloristes
et le dessin des dessinateurs[3] ». Sa préférence pour le premier genre[4] — « c'est dans un travail subit, spontané,
compliqué, trouver d'abord la logique des ombres et de
la lumière, ensuite la justesse et l'harmonie du ton[5] » —
permet de deviner qu'il métaphorise à sa manière ce qu'il
a en esprit pour son propre travail. Que serait donc la
couleur du vers baudelairien ? Ce serait, disons, un
emploi de la matière sonore tel qu'il *gouverne* le choix
des mots. Lorsque, par exemple, dans « Le Crépuscule du
soir », il est dit des « démons » qui « s'éveillent lourdement » qu'ils « cognent en volant les volets et l'auvent »
(v. 13), l'unité musicale de la chaîne assonantique
(volant/volet/l'auvent) détermine le choix de chacun de
ces mots (voler plutôt que s'ébrouer, par exemple, volets
plutôt que stores, auvent plutôt que toit). De façon plus

---

1. OC, II, 421.   **2.** *Ibid.*, p. 807.   **3.** *Ibid.*, p. 355.   **4.** Qu'il
rattache à Delacroix, le second définissant Ingres à ses yeux.
5. *Idem.*

décisive encore, la couleur *réalise* le sens. Lorsque dans
« Harmonie du soir », Baudelaire écrit :

> *Voici venir les temps où vibrant sur sa tige*
> *Chaque fleur s'évapore ainsi qu'un encensoir ;*
> *Les sons et les parfums tournent dans l'air du soir ;*
> *Valse mélancolique et langoureux vertige !*

*l'arrivée des temps comme la vibration de la fleur
sont inscrites* dans le jeu des allitérations (en *v* et
en *s*) et des assonances (en *i*), de même que le mouvement de la valse du v. 4 est inscrit dans le renversement en chiasme de la chaîne *v-lan-lan-v*.
L'emprise de ce que nous nommons la couleur va si
loin parfois qu'elle est seule d'une certaine manière
à pouvoir rendre compte de la logique du sens. Dans
« Le Crépuscule du matin », on trouve par exemple
le distique

> *Comme un sanglot coupé par un sang écumeux*
> *Le chant du coq au loin déchirait l'air brumeux*
> (v. 19-20).

À suivre le jeu des équivalences introduit par la
conjonction, le « sanglot » serait coupé par le « sang »
comme l'« air » serait coupé par le « chant du coq ». Baudelaire a-t-il vraiment visualisé dans son esprit l'air brumeux sous l'aspect d'un sanglot ? Ou ne faut-il pas plutôt
penser que le « *sanglot* » a généré le « *sang* » qui, à son
tour, aurait engendré le « *chant* », soumettant ainsi la
chaîne des significations à la prépondérance des similari-
tés entre les signifiants ? L'« intensité nerveuse » dont
il est question à propos de Wagner ne se décèle-t-elle pas
également dans un distique comme celui-ci ? L'oreille de
Baudelaire est capable d'accueillir des suggestions dont
le caractère irréductible semble antérieur à toute intention
significative. C'est sans doute le cas dans le célèbre premier vers du « Cygne » : « Andromaque, je pense à vous !
Ce petit fleuve... » La coupe à la huitième syllabe semble

bien attester que le début du vers a surgi d'un seul coup comme une coulée de lave que la réflexion n'analysera ou ne reconduira à son origine que dans un second temps. Aussi bien, la tension dont nous parlions prend-elle tout son sens d'opposer dans un dialogue permanent la volonté de maîtrise (classique) aux sollicitations toujours imprévisibles d'un langage que le poète traite en musicien autant qu'en penseur.

Le choix du site urbain et la mélancolie

Baudelaire pense à Andromaque en traversant la place du Carrousel. Ce n'est pas un hasard. La ville exerce sur le promeneur une action qui prend, Walter Benjamin l'a bien noté autrefois, la forme d'un choc. Le surgissement verbal dont nous venons de parler est lié à un tel choc. Aussi bien en va-t-il de phénomènes parallèles : que Baudelaire ait profondément infléchi la définition de ce qui était le langage poétique en en libérant une première fois la dimension musicale ou « coloriste » va de pair avec l'élection du site urbain comme (nouveau) site de la poésie. À l'autonomie relative des mots considérés désormais autant pour leurs virtualités sonores que pour leur pouvoir de signification correspondrait la division du promeneur parisien en un regard sollicité, souvent brutalement, par les mille aspects de la ville et un repli, souvent douloureux, sur son univers intérieur. Ce choix de la ville, qui s'affirme avec l'introduction, dans l'édition de 1861, de la section intitulée « Tableaux parisiens », est incontestablement l'une des clefs de la modernité baudelairienne. T. S. Eliot le confirmera encore près d'un siècle plus tard : « Je crois que de Baudelaire j'ai appris (...) les aspects sordides surtout de la métropole moderne, la possibilité de fondre en un le réalisme le plus sordide et la fantasmagorie, la possibilité de juxtaposer le banal et le fantastique. De lui, comme de Laforgue, j'ai appris que le matériau que j'avais, que l'expérience que j'avais eue, comme adolescent, dans une cité industrielle des États-Unis, pouvait être un matériau poétique ; et que la source de la poésie nouvelle pouvait être découverte dans ce qu'on avait considéré jusque-là comme une réalité inaccessible, stérile, invinciblement non poétique[1] ».

Le choix de la métropole comme lieu ne se limite pas à un déplacement topique. D'une part, il met un terme à une tradition que le Moyen Âge puis la Renaissance avaient consacrée, la tradition du lien entre le chant poétique et la nature ou le chant naturel. D'autre part, il introduit une autre temporalité. La nature, qu'elle soit saisie dans une perspective bucolique ou romantique, est le théâtre d'un cycle que les saisons rythment dans un ordre immuable. La ville, pour sa part, et surtout le Paris du second tiers du XIXe siècle, est le théâtre d'un bouleversement. Introduit par les travaux du Plan Haussmann, ce bouleversement met fin à toute possibilité de cycle au profit d'une historicisation désormais irrécusable : « Le vieux Paris n'est plus », comme dira « Le Cygne ». L'effet de cette disparition sera de mettre en lumière la vieillesse de ses habitants. On a encore trop peu remarqué combien l'univers des *Fleurs du Mal* est marqué par le vieillissement. Des « Sept Vieillards » aux « Petites Vieilles », du « J'ai plus de souvenirs que si j'avais mille ans » (de « Spleen II ») aux « courtisanes vieilles » du poème « Le Jeu », du « vieux flacon qui se souvient » aux « vieilles rubriques » que brocardent les démons de « La Béatrice », le recueil multiplie les indications d'une caducité qui marque les « plis sinueux » de la « vieille capitale » autant que ceux du front de ses habitants. Or, paradoxalement, cette conscience en acte du vieillissement est l'une des clefs de la nouveauté du volume. Dans « La Béatrice », Baudelaire, après avoir rappelé l'ironie pleine de sarcasme des démons, évoque la réaction qu'il *aurait pu* avoir, la réaction que les poètes romantiques, ses prédécesseurs, ne manquèrent pas d'avoir, et qui consiste, fort d'un orgueil qui « aussi haut que les monts /Domine la nuée et les cris des démons », à « détourner simplement

---

1. T. S. Eliot, « What Dante means to me », *To Criticize the Critic*, Londres, Faber and Faber, 1968, p. 126, Nous traduisons.

(s)a tête souveraine ». Or cette souveraineté est précisément ce que les vieux ont perdu. Baudelaire est semblable à ces vieux comme à ces vieilles, à ces « débris d'humanité pour l'éternité mûrs » (« Les Petites Vieilles »), à ces « ruines » dont il dira même qu'elles forment « (s)a famille ». Du coup, avec cette perte (d'illusion) de souveraineté, s'ouvre le douloureux chapitre de l'aliénation et du malheur.

Sans doute, depuis Werther et René, la littérature européenne atteste-t-elle une tendance au deuil et à la mélancolie qui est l'une des caractéristiques de ce qu'on a appelé le romantisme. Et pourtant cette mélancolie et ce deuil ont peu affaire avec ce qu'ils deviendront chez Baudelaire. La différence est que dans leur tristesse ou leur dépression, les romantiques sauvegardent une sorte d'intégrité intérieure qui, certes, peut être frappée de désordre, mais qui, le plus souvent, parvient à maintenir au moins le souvenir d'une unité, fût-ce une unité idéale. Rien de tel chez Baudelaire, chez lequel c'est cette intégrité même qui se voit mise en question. Les poèmes du spleen en portent une première fois témoignage. Que Baudelaire ait jugé le thème capital se déduit du choix qu'il fit de ce mot dans le titre de la plus large section du recueil. Opposé à l'idéal, le spleen en est à la fois l'antithèse et la grimace. Héritier du « vague des passions » de Chateaubriand, voire du « mal du siècle », il est surtout proche sémantiquement d'un terme que le poème liminaire du volume, « Au Lecteur », a mis en évidence : le terme d'« ennui », qui reprend les connotations théologiques de l'*acedia* médiévale (la tristesse mélancolique). Vu dans cette perspective, le spleen serait donc une forme particulièrement léthargique d'une mélancolie renvoyant, en dernière analyse, à la déréliction de l'âme privée de Dieu.

Si ce sens n'est pas absent du recueil, les poèmes disent pourtant encore autre chose. Dès le premier sonnet intitulé « Spleen » (LXXV), ce à quoi le lecteur est convié est beaucoup moins le théâtre d'une tristesse ou d'une aridité intérieure que l'expression de ce que Victor Brom-

bert a fort justement baptisé une *dépersonnalisation*[1].
Ainsi la seule présence du Je dans ce premier poème se
réduit-elle à un adjectif possessif (« Mon chat », v. 5) qui
contraste, par son côté fugitif, avec la pluralité des éléments impersonnels à valeur emblématique qui l'entourent : du « Pluviôse » qui « verse un froid ténébreux » sur
les morts à « l'âme d'un vieux poète » qui « erre dans la
gouttière », du « bourdon » qui « se lamente » au « valet
de cœur » et à « la dame de pique » qui « causent sinistrement de leurs amours défunts », le sonnet tend à dessiner
l'image d'une subjectivité réifiée au point de ne pouvoir
s'indiquer que par le truchement d'éléments non subjec-
tifs. Beaucoup plus que la mise en place d'une « atmosphère », le sonnet dévoile une intériorité morbide dont
les emblèmes désolés disent la division. « Spleen II » va
plus loin encore : non content de s'aventurer dans un jeu
d'auto-comparaisons plus réifiantes les unes que les
autres (« Je suis un cimetière abhorré de la lune,/ Où
comme des remords se traînent de longs vers/ Qui
s'acharnent toujours sur mes morts les plus chers./Je suis
un vieux boudoir plein de roses fanées,/ Où gît tout un
fouillis de modes surannées », (v. 8-12), le sujet n'hésite
pas à s'interpeller par les mots de « *matière* vivante » :
« Désormais tu n'es plus, ô matière vivante !/Qu'un granit entouré d'une vague épouvante » (v. 19-20). Le
dédoublement (qui permet l'interpellation) ainsi que le
choix du comparant (matière, granit) attestent le point de
fossilisation que le sujet a atteint dans son rapport à lui-
même. Toute intégrité intérieure a disparu ici au profit
d'un « vieux sphinx », « oublié » et à « l'humeur farouche » qui, certes, chante encore (faute de quoi il n'y aurait
plus de poème), mais qui « ne chante qu'aux rayons du
soleil qui se couche ». « Spleen IV » de son côté dessi-
nera avec rigueur la trajectoire qui va d'un sentiment
atmosphérique (« Quand le ciel bas et lourd pèse comme
un couvercle ») à un envahissement de l'intériorité par

---

1. Victor Brombert, « Lyrisme et dépersonnalisation : l'exemple de
Baudelaire (*Spleen LXXV*) », *Romantisme*, 6, 1973, p. 29-37.

une réalité hostile (« Quand (...) un peuple muet d'infâmes araignées/Vient tendre ses filets au fond de nos cerveaux ») qui laisse le sujet vaincu par ses propres affects (« l'Angoisse, atroce, despotique,/Sur mon crâne incliné plante son drapeau noir »).

Les poèmes du spleen décrivent pour l'essentiel l'état d'une âme tourmentée dans son sentiment de soi-même. C'est toutefois dans la représentation du rapport de cette âme à autrui qu'on peut voir peut-être de la manière la plus manifeste les marques de l'aliénation à laquelle est contrainte chez Baudelaire la subjectivité. Autant que poète de la mélancolie, Baudelaire est un très grand poète de l'amour. Mais cet amour, au lieu d'être le facteur d'épanouissement ou d'effusion d'une plénitude heureuse, ne cesse d'attester le déchirement de ses contradictions. Sans doute, dans « Parfum exotique », dans « La Chevelure » ou encore dans « Le Balcon », le lecteur peut-il recevoir l'impression d'une extase amoureuse dont l'ivresse serait inentamée. Mais déjà dans ce dernier poème le bonheur évoqué ne l'est-il plus que sur le mode de la réminiscence, à tel point que la dernière strophe ne peut que s'interroger sur la possibilité, pour les « serments », les « parfums », les « baisers infinis » d'autrefois de renaître d'un « gouffre » désormais « interdit à nos sondes ». De façon plus générale, la représentation de l'amour dans *Les Fleurs du Mal* est placée sous le signe d'une *ambivalence* dont il paraît certain que Baudelaire a éprouvé qu'elle était un mode fondamental de l'expérience. Ainsi par exemple, dans un effet de contiguïté révélateur, le poème qui précède « Le Balcon », « Duellum », archaïsme latin qui signifie « guerre », décrit-il la relation amoureuse comme un combat meurtrier qui traduit la « fureur des cœurs mûrs par l'amour ulcérés ». Au demeurant, l'image du combat est-elle encore une représentation relativement noble, ou du moins équilibrée, de l'amour. D'autres poèmes témoignent de déchirements plus profonds. Dans « À une Madone », par exemple, le double mouvement de l'auto-humiliation masochiste du poète devant cette maîtresse transformée en idole, puis du renversement de cette humiliation en un déchaînement sadique et meurtrier place l'amour sous le signe d'une « férocité » que le « goût espagnol » du tableau esquissé n'atténue qu'en partie. Le sadisme de Baudelaire, sur lequel Georges Blin a insisté autrefois [1], est incontestable : il l'est d'autant plus, dans le cas particulier, que transformer la maîtresse (Marie Daubrun, sans doute) en une madone aux sept douleurs et promise à la mort, ajoute à sa violence propre le fait d'assimiler la femme à une mère [2] en deuil de son fils. Que Baudelaire ait eu le courage d'avouer ce sadisme d'une manière aussi ouverte a sans doute affaire avec son double masochiste. Comme il le chantera dans « L'Héautontimorouménos [3] » :

> *Je suis la plaie et le couteau !*
> *Je suis le soufflet et la joue !*
> *Je suis les membres et la roue,*
> *Et la victime et le bourreau !* (v. 21-24).

Au reste, la pensée de Baudelaire est explicite dans son effort pour lier l'amour et le mal. Une note de *Fusées* le dit avec une ironie douloureuse : « Une fois il fut demandé devant moi en quoi consistait le plus grand plaisir de l'amour. Quelqu'un répondit naturellement : à recevoir, — et un autre : à se donner. — Celui-ci dit : plaisir d'orgueil ! — et celui-là : volupté d'humilité ! Tous ces orduriers parlaient comme l'*Imitation de J[ésus]-C[hrist]*. — Enfin il se trouva un impudent utopiste qui affirma que le plus grand plaisir de l'amour était de former des citoyens pour la patrie./Moi, je dis : la volupté unique et suprême de l'amour gît dans la certitude de faire le *mal*. — Et l'homme et la femme savent de naissance que dans le mal se trouve toute volupté. [4] »

Cette solidarité de l'amour et du mal — qui s'inscrit

---

1. Georges Blin, *Le Sadisme de Baudelaire*, Paris, Corti, 1948.
2. Le lien de la maîtresse et de la mère s'affirmait déjà de façon éclatante au premier vers du « Balcon » : « *Mère* des souvenirs, *maîtresse* des maîtresses » (nous soulignons). **3.** Participe présent moyen substantivé du verbe grec signifiant : celui qui se fait mal à soi-même. **4.** Baudelaire, OC, I, p. 651-652.

en faux à la fois contre la conception chrétienne et contre
l'idéalisme d'un Victor Hugo, mais que paradoxalement
Baudelaire fait remonter à la Chute — est responsable
des tableaux qui ont tant choqué certains contemporains
(que le poète ne demandait pas mieux, du reste, que de
choquer). L'ambivalence, qui fait de la haine la compagne
inséparable de l'amour, et qui amène l'amant à ressentir
sa passion comme une dépendance difficile à supporter,
alimente dans « À celle qui est trop gaie », par exemple,
une *envie* qui ne se résout que dans le fantasme d'un
châtiment sadiquement cruel. À cette « Folle dont je suis
affolé » et à qui il confie : « Je te hais autant que je
t'aime », le poète déclare :

> *Ainsi je voudrais une nuit,*
> *Quand l'heure des voluptés sonne,*
> *Vers les trésors de ta personne,*
> *Comme un lâche, ramper sans bruit,*
>
> *Pour châtier ta chair joyeuse,*
> *Pour meurtrir ton sein pardonné,*
> *Et faire à ton flanc étonné*
> *Une blessure large et creuse,*
>
> *Et, vertigineuse douceur !*
> *À travers ces lèvres nouvelles,*
> *Plus éclatantes et plus belles,*
> *T'infuser mon venin, ma sœur !*

Même à suivre l'interprétation que Baudelaire suggère
en note, et qui fait du « venin » une métaphore du spleen
ou de la mélancolie plutôt que de la syphilis, le désir ne
se découvre que dans une destructivité qui est précisément l'*une* des formes du mal. En dehors de sa cruauté,
« À celle qui est trop gaie » révèle une autre composante
de l'âme baudelairienne : son exaspération. Il s'en faut
toutefois que celle-ci traduise une simple disposition psy-
chologique. L'exaspération chez lui n'est pas l'expression
exacerbée d'une irritation tourmentée, elle est un signe de
désespoir métaphysique. Rien ne l'illustre plus clairement

que l'admirable poème-tableau [1] intitulé « Une martyre ». Dans ce texte dont la longue description initiale du corps féminin décapité éveille tout ensemble le souvenir de Balzac et de Delacroix, l'interprétation de la scène capitale donne à voir au lecteur une étrange et inattendue intervention du descripteur qui, au moment où il interpelle le cadavre, semble redoubler, dans l'indignation qui le saisit à l'hypothèse qu'il formule, le geste meurtrier, et exaspéré, de l'époux assassin :

> *L'homme vindicatif que tu n'as pu, vivante,*
> *Malgré tant d'amour, assouvir,*
> *Combla-t-il sur ta chair inerte et complaisante*
> *L'immensité de son désir ?*
>
> *Réponds, cadavre impur ! et par tes tresses roides*
> *Te soulevant d'un bras fiévreux,*
> *Dis-moi, tête effrayante, a-t-il sur tes dents froides*
> *Collé les suprêmes adieux ? (v. 45-52).*

L'exaspération se révèle ici pour ce qu'elle est : la protestation métaphysique devant l'hiatus entre l'infini du désir et la finitude du corps offert à celui-ci. Reprenant à son compte la rage de l'amant, le poète répète pour ainsi dire le meurtre en l'interprétant, confirmant par là que l'enjeu de la scène n'est rien d'autre que le tragique qu'il sent être consubstantiel à tout amour véritable. Aussi bien l'extraordinaire apaisement qui fait suite à cette surrection affective demande-t-il à être compris comme le constat à la fois résigné et vibrant de tendresse d'une impossibilité dans laquelle il est manifeste que Baudelaire reconnaît son propre destin :

> *— Loin du monde railleur, loin de la foule impure,*
> *Loin des magistrats curieux,*
> *Dors en paix, dors en paix, étrange créature,*
> *Dans ton tombeau mystérieux ;*

---

1. « Dessin d'un maître inconnu », comme dit le sous-titre, le maître étant Baudelaire lui-même.

Ton époux court le monde, et ta forme immortelle
  Veille près de lui quand il dort ;
Autant que toi sans doute il te sera fidèle,
  Et constant jusques à la mort (v. 53-60).

C'est désormais, comme on le voit, la foule qui est devenue « impure », rendant sa pureté à un corps qui semble
enfin trouver le repos dans une mort qui prend l'allure d'un
sommeil et qui permet au poète de refonder l'amour dans
le tragique de la séparation. « Une martyre » fait partie dès
1857 de la section « Fleurs du Mal ». Cette même section,
dont le titre éponyme à celui du recueil entier a sans doute
pour sens de suggérer l'importance centrale, comprend un
autre texte qui permet d'approcher l'énigme du tragique lié
à l'amour et l'aliénation intérieure à laquelle il renvoie. Ce
texte — « Un voyage à Cythère » — présente de surcroît
l'intérêt d'être le lieu d'un dialogue entre Baudelaire et
Nerval auquel le poème était primitivement dédié. Une première version d'un passage de ce qui devait devenir le
Voyage en Orient et publié dans la revue *L'Artiste* décrivait
Cythère, l'ancienne île florissante dédiée à Vénus, non seulement comme une terre en déshérence, mais encore pourvue d'un « gibet à trois branches, dont l'une était garnie ».
Tel est, de l'aveu même de Baudelaire, la source de son
poème. Un poème dont le travail va toutefois consister à
aggraver infiniment la remarque rapide de Nerval en s'attardant sur la description du pendu d'une manière qui vise
à provoquer l'effroi :

De féroces oiseaux perchés sur leur pâture
Détruisaient avec rage un pendu déjà mûr,
Chacun plantant, comme un outil, son bec impur
Dans tous les coins saignants de cette pourriture ;

Les yeux étaient deux trous, et du ventre effondré
Les intestins pesants lui coulaient sur les cuisses,
Et ses bourreaux, gorgés de hideuses délices,
L'avaient à coups de bec absolument châtré
                                        (v. 29-36).

Or — et tel est le sens du dialogue —, là où Nerval, selon Baudelaire, suggérait que le pendu devait sa mort et l'île sa pauvreté au fait d'avoir abandonné le culte de Vénus [1] dans un acte d'apostasie païenne, si l'on peut dire, Baudelaire répond que c'est « en expiation de (s)es infâmes cultes » que le pendu doit endurer un tel sort :

Habitant de Cythère, enfant d'un ciel si beau,
Silencieusement tu souffrais ces insultes
En expiation de tes infâmes cultes
Et des péchés qui t'ont interdit le tombeau (v. 41-44).

C'est bien dans l'infamie intrinsèquement liée à l'amour (au culte de Vénus) que résideraient les « péchés » à l'origine d'un si terrible destin. Au paganisme utopique de « l'*incorrigible* Gérard » répond ici une rechristianisation d'autant plus sévère, qui lie indissolublement l'éros et le mal. Or, à ce point, l'insistance sadique sur la défiguration et la castration du pendu se retourne en une *identification* masochiste qui donne la clef du dialogue :

Ridicule pendu, tes douleurs sont les miennes !
Je sentis, à l'aspect de tes membres flottants,
Comme un vomissement, remonter vers mes dents
Le long fleuve de fiel des douleurs anciennes
                                                        (v. 45-48).

Ce qui, dans « Une martyre », pouvait choquer comme le geste abusif d'un amant impatient et brutal trouve son correspondant inversé dans la figure tragique d'un pendu dont la mort et la castration signifient la passivité impuissante devant l'amour. L'amant est aussi exposé à la destruction ou à l'aliénation que la maîtresse, le Je que le Tu.

---

1. « L'*incorrigible* Gérard prétend au contraire que c'est pour avoir abandonné le bon culte que Cythère est réduite en cet état », comme il l'écrit vers la fin de 1851 à Théophile Gautier dans la lettre qui accompagne l'envoi du manuscrit (CPl, I, 180).

Le lien à la mort

Dire que l'amour (ou la volupté) est fondé dans le mal, c'est le lier avec la mort. On en trouvera la confirmation, si besoin était, dans le fait que cette même section « Fleurs du Mal » comprend un sonnet intitulé « Les Deux Bonnes Sœurs » dont le premier vers est « La Débauche et la Mort sont deux aimables filles ». Sans doute, en lui-même, ce lien est-il aussi ancien que banal. Mais il revêt chez Baudelaire un sens différent. Le lien de l'amour et de la mort, à l'âge romantique, et c'est un sens qu'« Une martyre » confirme à sa manière, signifie le plus souvent que la mort est comprise comme la seule *mesure* véritable de l'amour, qu'elle seule représente l'infini qu'il met en jeu. Ainsi par exemple dans le duo d'amour de la deuxième scène du deuxième acte de *Tristan et Isolde*, composé, la coïncidence vaut d'être notée, l'année même de la première édition des *Fleurs du Mal*, Wagner prête-t-il à ses amants l'idée que la mort ne serait que le moyen de supprimer la particule qui les réunit en Tristan-et-Isolde, qu'elle serait le lieu où deviendrait possible la fusion complète à laquelle ils aspirent. Ce n'est pas ce genre de lien, ou du moins ce n'est que partiellement lui, que Baudelaire aura voulu marquer. Chez lui, le lien de l'amour avec la mort veut dire que la conscience amoureuse se découvre dans la finitude d'un corps qui se sait promis à sa mort future. La « modernité » baudelairienne procède d'une telle forme de conscience. Contre l'idéalisme spiritualisant des romantiques, elle ne cesse d'affirmer l'irrécusable réalité de la mort physique. Comme l'écrivait magnifiquement Bonnefoy : « Baudelaire a choisi la mort, et que la mort grandisse en lui comme une conscience, et qu'il puisse connaître par la mort[1]. »

Si constant que soit ce choix, il n'en recouvre pas

---

1. Yves Bonnefoy, *L'Improbable*, Paris, Mercure de France, 1959, p. 42.

moins une pluralité de sens : la mort chez Baudelaire a
cessé d'être univoque. Qu'elle ait d'abord le sens d'une
certitude physique, l'auteur lui-même l'a indiqué dans
une ébauche de poème en prose, transcription d'un rêve,
dont le symbolisme est transparent : « Symptômes de
ruine. Bâtiments immenses. Plusieurs, l'un sur l'autre, des
appartements, des chambres, *des temples*, des galeries,
des escaliers, des cœcums, des belvédères, des lanternes,
des fontaines, des statues. — *Fissures, lézardes. Humidité
provenant d'un réservoir situé près du ciel.* [...] Tout en
haut, une colonne craque et ses deux extrémités se dépla-
cent. Rien n'a encore croulé. Je ne peux plus retrouver
l'issue. Je descends, puis je remonte. *Une tour-labyrinthe.
Je n'ai jamais pu sortir. J'habite pour toujours un bâtiment qui va crouler, un bâtiment travaillé par une maladie secrète*[1]. »

L'assimilation du corps à une « tour-labyrinthe » tra-
vaillée par la « maladie secrète » que fut la syphilis
contractée par le poète au sortir de l'adolescence et qu'il
ne soigna qu'imparfaitement révèle de manière suffisamment claire la conscience de la « ruine » prochaine. Mais
la mort fait l'objet d'une interrogation beaucoup plus
large et dont le caractère passionné traduit l'importance
centrale. D'une part, la citation de Bonnefoy l'a rappelé,
la mort est une forme de la conscience. Il suffit pour s'en
convaincre de suivre le mouvement du grand poème intitulé « Danse macabre ». À la description initiale de la
statuette du squelette déguisé en femme fait suite l'interpellation de celle-ci, puis, par le biais d'une figure rhétorique nommée prosopopée, le discours prêté à la mort
elle-même qui s'adresse à une « risible Humanité » par
trop désireuse de la méconnaître. En donnant ainsi la
parole à la mort, Baudelaire atteste la manière dont il en
épouse le point de vue. « Mêl[ant] son ironie » à l'« insanité » de l'humanité, le poète identifié au squelette allégorique dénonce l'aveuglement du « troupeau » qui « saute
et se pâme » sans voir le « trou du plafond » par lequel

---

1. Baudelaire, *OC*, I, 372.

passe le « tromblon » (le fusil) de l'Ange de la mort.
D'autre part, et contradictoirement, la mort est rêvée avec
inquiétude comme le lieu d'un possible leurre. Si d'être
averti de la finitude du corps modifie la conscience poétique en la rendant infiniment plus sensible à l'unicité
irréductible, au *hic et nunc* de l'existence, on trouve en
récompense chez Baudelaire l'expression d'une angoisse
qui est comme l'envers de cette conscience : l'angoisse
que la mort ne serait qu'une illusion et que la vie posthume ne serait que la perpétuation de la vie, ne serait que
le prolongement de l'attente à laquelle les vivants sont
condamnés :

J'étais mort sans surprise, et la terrible aurore
M'enveloppait. — Eh quoi ! n'est-ce donc que cela ?
La toile était levée et j'attendais encore.

Le rêve d'un curieux — titre du poème CXXV dont
nous venons de citer la fin — se révèle un cauchemar :
l'au-delà de la mort « sans surprise » ne serait que le
début de la « terrible aurore » d'un jour sans fin. Sans
doute la tonalité ironique de ce sonnet dédié à Nadar et
dont le protagoniste tient un peu du saltimbanque atténue-
t-elle la gravité du constat. Et il est vrai aussi que l'idée
d'une survie posthume n'est pas propre au seul poète des
Fleurs du Mal : on la trouve chez Heine dont le poème
sur le Hollandais volant inspira Wagner, on la trouve,
source plus directe, chez Théophile Gautier auquel le
recueil est dédié. Mais personne, à l'exception peut-être
de Kierkegaard, n'aura pris cette idée aussi au sérieux
que Baudelaire, personne n'en aura médité l'hypothèse
avec autant d'inquiétude. Comme l'exprime « Le Squelette laboureur », où la pensée du poète s'exerce à partir
de gravures illustrant un livre d'anatomie, l'allégorie ne
vise à rien de moins qu'à suggérer une sorte de trahison
métaphysique :

Voulez-vous (d'un destin trop dur
Épouvantable et clair emblème !)

Montrer que dans la fosse même
Le sommeil promis n'est pas sûr ;

Qu'envers nous le Néant est traître ;
Que tout, même la Mort, nous ment,
Et que sempiternellement,
Hélas ! il nous faudra peut-être

Dans quelque pays inconnu
Écorcher la terre revêche
Et pousser une lourde bêche
sous notre pied sanglant et nu ?

Différemment encore, la Mort revêt le sens d'un espace *autre*. Espérée comme une délivrance, elle assume les couleurs du rêve :

C'est la gloire des dieux, c'est le grenier mystique,
C'est la bourse du pauvre et sa patrie antique,
C'est le portique ouvert sur les Cieux inconnus !

Ultime recours contre l'« amer savoir » que tire du voyage celui qui n'a visité le globe que pour y constater « le spectacle ennuyeux de l'immortel péché » et pour y éprouver la toute-puissance du Temps, « l'ennemi vigilant et funeste », la Mort se découvre comme le seul moyen de secouer l'emprise du Même, comme le seul passage menant à l'Inconnu. Que cet ultime recours soit en même temps le *dernier mot* des *Fleurs du Mal* est tout sauf un hasard. Le choix de placer « Le Voyage » à la fin du livre représente une décision concertée dont le message ne souffre pas d'équivoque. L'admirable interpellation allégorisante de la Mort comme capitaine du navire du vivre signale à quel point la traversée de l'existence a échoué à trouver un correspondant, un corrélat objectif compatible au désir d'infini qui habite le locuteur :

Ô Mort, vieux capitaine, il est temps ! levons l'ancre !
Ce pays nous ennuie, ô Mort ! Appareillons !

Si le ciel et la mer sont noirs comme de l'encre,
Nos cœurs que tu connais sont remplis de rayons !

Verse-nous ton poison pour qu'il nous réconforte !
Nous voulons, tant ce feu nous brûle le cerveau,
Plonger au fond du gouffre, Enfer ou Ciel, qu'importe ?
Au fond de l'Inconnu pour trouver du nouveau !

(v. 137-144).

Comme le prouve une lettre à Malassis, Baudelaire avait en esprit d'ajouter aux cent vingt-sept poèmes de sa seconde édition un « Épilogue » qu'il ne put toutefois mener à bien. L'ébauche qui en reste atteste d'une part que c'est bien Paris qui était devenu le lieu allégorique du théâtre du Mal qu'il se proposait de décrire, que d'autre part ce Mal n'en restait pas moins traversé par l'infini — « Ton goût de l'infini,/ Qui partout, dans le mal lui-même, se proclame... » —, et que, pour finir, le devoir de la poésie restait à ses yeux une opération quasi alchimique de transmutation :

Anges revêtus d'or, de pourpre et d'hyacinthe,
Ô vous ! soyez témoins que j'ai fait mon devoir
Comme un parfait chimiste et comme une âme sainte.
   Car j'ai de chaque chose extrait la quintessence,
Tu m'as donné ta boue et j'en ai fait de l'or.

Au « savant chimiste » qu'était le Satan du poème « Au Lecteur » aurait ainsi répondu le « parfait chimiste » que le poète serait devenu au terme de son recueil. Faisant face à « l'énorme catin » qu'est dite la « capitale infâme », contemplant (du haut de Montmartre[1]) « la ville en son ampleur,/ Hôpital, lupanar, purgatoire, enfer, bagne », Baudelaire triompherait paradoxalement du Mal dans la mesure même où, à force de l'avoir aimé, il aurait su en « extraire la quintessence » pour ainsi transformer la boue du réel en l'or de la poésie. L'impuissance à ache-

---

1. Une lettre à Malassis datée du 6 juillet 1860 parle de l'« ode à Paris vu du haut de Montmartre » (CPl, II, 59).

ver cet Épilogue, dès lors, devient un signe : le signe que
cette transmutation idéale se heurte à la résistance d'une
réalité rebelle à l'opération alchimiste du Beau. Il s'en
faut qu'un tel échec intervienne par hasard et, surtout,
qu'il intervienne à ce moment-là. Car, envisageant à présent la composition des *Fleurs du Mal*, non plus comme
nous l'avons fait jusqu'ici sur un plan synchronique, mais
dans la succession de son devenir, force est de constater
que, durant ces années 1859-1860, Baudelaire a atteint
une sorte de limite.

Une conscience sociale

Au témoignage de Charles Asselineau, que confirme
une lettre d'Ernest Prarond à Eugène Crépet, une part
importante des poèmes qui paraîtront dans l'édition de
1857 auraient déjà été composés vers 1843-1844. À ce
moment-là, le volume porte le titre *Les Lesbiennes* ainsi
qu'il ressort d'une annonce faite sur la couverture d'un
ouvrage de Pierre Dupont en 1845 : « Pour paraître incessamment : *Les Lesbiennes* par Baudelaire-Dufaÿs », titre
confirmé l'année suivante. Le mot, comme Claude
Pichois l'a montré, n'a pas encore tout à fait le sens que
nous lui donnons aujourd'hui (on disait plutôt « tribade »
à l'époque) et signifie « femme adonnée à la débauche ».
Il faudra attendre 1851 pour que *Le Messager de l'Assemblée* publie, sous le titre *Les Limbes*, onze sonnets présentés comme extraits d'un livre à paraître du même nom.
Si *Les Lesbiennes* attirent l'attention de manière explicite
vers la dialectique de l'éros et du mal, *Les Limbes*,
comme Jacques Dupont l'a utilement rappelé [1], font signe
à la fois vers l'idéologie ou du moins vers le langage
fouriériste et vers un sens métaphysique que le livre IV
de l'*Inferno* de Dante indexerait. Cette double orientation,

---

1. Voir l'excellente introduction à son édition des *Fleurs du Mal*
chez Garnier-Flammarion, p. 18-19. La question des limbes avait fait
l'objet d'une étude capitale de Léon Cellier, « Baudelaire et les Limbes », *Parcours initiatiques*, Neuchâtel, À La Baconnière, 1977, p. 179-
190.

sociale et religieuse, ou du moins spirituelle, correspond
bien à certaines données fondamentales de la conscience
baudelairienne de l'époque. Bien qu'il ait affirmé que le
coup d'État du 2 décembre l'avait « complètement dépolitiqué », et bien que le dandy qu'il fut et voulut être dans
ces années de jeunesse se laisse mal imaginer dans les
rangs socialistes, la conscience sociale de l'auteur des
Fleurs du Mal est néanmoins présente très tôt. Un poème
comme « Le Vin des honnêtes gens » (titre primitif de
« L'Âme du vin ») ou, un peu plus tard, « Les Deux Crépuscules[1] » ou « Le Vin des Chiffonniers » attestent une
prise en compte de la réalité urbaine et même proléta-
rienne qui, même si elle ne se convertit pas en action
politique directe, ne se montre pas moins solidaire. Les
lignes que Baudelaire consacrera en 1851 à Pierre Dupont
ne laissent aucun doute sur ce point : « Il est impossible,
à quelque parti qu'on appartienne, de quelques préjugés
qu'on ait été nourri, de ne pas être touché du spectacle
de cette multitude maladive respirant la poussière des ateliers, avalant du coton, s'imprégnant de céruse, de mercure et de tous les poisons nécessaires à la création des
chefs-d'œuvre, dormant dans la vermine, au fond des
quartiers où les vertus les plus humbles et les plus grandes
nichent à côté des vices les plus endurcis et des vomisse-
ments du bagne[2]... »

L'attention compassionnée portée à cette « multitude
maladive » comme, dans « Le Vin des chiffonniers », aux
« gens harcelés de chagrins de ménage,/ Moulus par le
travail et tourmentés par l'âge,/ Éreintés et pliants sous
un tas de débris,/ Vomissement confus de l'énorme
Paris » traduit un souci de solidarité qui ne se démentira
jamais. De la même façon, le parti pris en faveur de Caïn,
dans « Abel et Caïn », montre-t-il un Baudelaire très
conscient des inégalités sociales, même si, à la différence
de Hugo, cette conscience ne l'entraînera jamais à adhérer

---

1. Le « Crépuscule du soir » et « Le Crépuscule du matin » ont
d'abord paru ensemble sous ce titre commun dans la *Semaine théâtrale*
du 1ᵉʳ février 1852. **2.** Baudelaire, OC, II, 31.

à une doctrine du progrès social. Aussi bien, la section
« Révolte » ne manquera-t-elle pas de consoner avec certaines aspirations populaires qui se font entendre ces
années-là. Passer des *Limbes* aux *Fleurs du Mal* marque
dès lors un changement radical. Au-delà du côté « titre-
calembour [1] », l'abandon de l'expression des *Limbes* associée à un vocabulaire socialiste et l'adoption d'une poétique du Mal indique une réorientation morale et
religieuse incontestable. Les raisons d'un tel changement
sont de plusieurs ordres. La découverte de Poe et de son
insistance sur une sorte de perversité naturelle de
l'homme, la lecture de Joseph de Maistre forment des
éléments littéraires ou idéologiques auxquels se sont sûrement ajoutées des raisons plus personnelles, qui tiennent
à la fois d'une position morale (reconnaissance d'un principe « satanique ») et de la stratégie littéraire : c'est aussi
à dessein que Baudelaire s'est fait le poète du Mal.
Comme il l'écrit dans un projet de préface pour la
deuxième édition, « des poètes illustres s'étaient partagé
depuis longtemps les provinces les plus fleuries du
domaine poétique. Il m'a paru plaisant, et d'autant plus
agréable que la tâche était plus difficile, d'extraire la
beauté du Mal [2]. » Incontestablement aussi, l'expérience
profonde de l'ambivalence dans la relation amoureuse —
dont nous avons déjà parlé — a-t-elle joué son rôle. Si
dans le cycle des poèmes envoyés d'abord de manière
anonyme à Mme Sabatier, c'est le versant idéaliste qui
prédomine, le cycle écrit pour Marie Daubrun atteste pour
sa part une conscience permanente de la composante destructrice située au cœur de l'éros.

L'expérience des limites

Il ne fait guère de doute que le procès intenté au livre
et que la condamnation de six de ses poèmes n'aient

---

1. C'est l'expression dont Baudelaire se sert lui-même sur la page
d'épreuve de la dédicace à Théophile Gautier. **2.** Baudelaire, OC, I,
181.

causé un choc profond en Baudelaire. Derrière la pose
— pose poétique autant que pose personnelle, comme le
révèlent plusieurs des témoignages recueillis par Bandy
et Pichois —, c'est, comme il le dira beaucoup plus tard
à Narcisse Ancelle, « tout (s)on cœur, toute (s)a tendresse,
toute (s)a religion (travestie), toute (s)a haine » qu'il avait
mis dans ce « livre atroce[1] ». À l'absurde accusation
d'outrage à la morale publique et aux bonnes mœurs, qui
ravalait objectivement le livre au rang d'objet scandaleux,
s'ajoutait la méconnaissance d'un travail spirituel qui
n'engageait pas moins que toute sa personne. Or ce choc
intervenait quelques mois seulement après un événement
que les biographes ont peut-être tendance à sous-estimer,
le décès de son beau-père le général Aupick à Paris, le
27 avril 1857. Comme Baudelaire était brouillé avec lui
depuis longtemps, les commentateurs n'ont voulu voir
dans cette disparition que l'occasion d'un rapprochement
bienvenu et effectif avec sa mère. Qu'il en ait été ainsi,
le nombre et la qualité des lettres adressées désormais à
Mme Aupick le prouvent à loisir. Mais ce que l'on
remarque peut-être moins, c'est que ce décès ne pouvait
manquer de réveiller, sur le plan non pas des sentiments
conscients, mais sur celui de l'inconscient, le deuil que
Charles n'avait pas manqué d'éprouver à la mort en
février 1827 de son véritable père, François Baudelaire.
Qu'il en soit résulté un bouleversement affectif ou que du
moins ce deuil ait engendré un mouvement intérieur qui
allait se répercuter sur le plan de la poésie peut se lire au
renouveau créateur auquel on assiste dès ce moment.

Que « Le Voyage », « Le Cygne », « Danse macabre »,
« Les Sept Vieillards » et « Les Petites Vieilles », « La
Chevelure », « Le Masque », « Le Squelette laboureur »,
pour ne mentionner qu'eux, aient été composés en
quelques mois montre que l'intention première de remplacer simplement les six pièces condamnées a été très largement dépassée par un ébranlement intérieur beaucoup
plus profond : ces poèmes ne sont pas seulement les plus

---

1. Lettre du 18 février 1866 (CPl, II, 610).

amples des *Fleurs du Mal*, ils sont aussi les plus beaux
du recueil et, peut-être, de la poésie française. Or parmi
les thèmes qui les unissent, la mort joue un rôle de premier plan. La mort et, à travers elle, une ouverture au
tragique humain dont la dimension à la fois inquiète,
rageuse même par moments et compassionnée ne peut
manquer de frapper le lecteur. Davantage, cette ouverture,
ce changement de tonalité dans la voix poétique, Baudelaire en prenait conscience de deux façons. D'une part, et
c'est l'expression la plus directe de ce que nous nom-
mions à propos du projet d'Épilogue le sentiment d'une
limite, ces poèmes donnent à leur auteur l'impression
d'une transgression. La lettre à Jean Morel qui accompagne l'envoi des « Sept Vieillards » est révélatrice [1] :
« ... [*lacune*] lignes soigneusement quand vous donnerez
ces vers à l'impression — si vous les donnez — car tout
ce que j'en pense est que la peine qu'ils m'ont coûtée ne
prouve absolument rien quant à leur qualité ; c'est le premier numéro d'une nouvelle série que je veux tenter, et
je crains bien d'avoir simplement réussi à dépasser les
limites assignées à la Poésie [2]. »

Il est significatif, bien que paradoxal, qu'au moment
où il est effectivement en train de modifier la conception
de la poésie, Baudelaire semble postuler que celle-ci a
des « limites » qui lui seraient « assignées » de manière
absolue. La prétendue transgression confirmerait dialecti-
quement l'existence de ce qu'elle transgresse tout en en
montrant la relativité, mais, en même temps, cette mise à
nu ne se ferait qu'au prix d'un sentiment de perplexité
quant à la valeur de l'œuvre réalisée. Demandons-nous à
présent ce qui a pu donner à Baudelaire ce sentiment
d'avoir « dépassé les limites assignées à la Poésie ». La
réponse n'est pas tout à fait facile. Peut-être consiste-
t-elle pour partie dans la dislocation du moule prosodique
traditionnel. Par deux fois « Les Sept Vieillards » se per-

---

1. Sur l'interprétation de cette lettre, voir les pages de Jérôme Thélot
dans *Baudelaire. Violence et poésie*, Paris, Gallimard, 1993, p. 449 *sq.*
2. CPl, I, 583.

mettent par exemple des enjambements strophiques dont la violence est patente. Le premier est

Tout à coup, un vieillard dont les guenilles jaunes
Imitaient la couleur de ce ciel pluvieux,
Et dont l'aspect aurait fait pleuvoir les aumônes,
Sans la méchanceté qui luisait dans ses yeux,

M'apparut. On eût dit sa prunelle trempée (v. 13-17),

où l'on remarquera que la force du rejet est encore accentuée par le point qui suit le verbe. Le second suit de près :

Il n'était pas voûté, mais cassé, son échine
Faisant avec sa jambe un parfait angle droit,
Si bien que son bâton, parachevant sa mine,
Lui donnait la tournure et le pas maladroit

D'un quadrupède infirme ou d'un juif à trois pattes
                                        (v. 21-25).

Ces violences prosodiques ont pu paraître d'autant plus choquantes, aux yeux mêmes de leur auteur, qu'elles étaient mises au service de la relation d'une expérience dont la violence propre n'est pas moins manifeste : à la dislocation du schéma prosodique répondrait la dislocation physique du vieillard que sa description animalise d'une manière volontairement outrageante — mépris qui, à son tour, ne se comprend que comme la réaction de défense au choc de l'hallucination que le poète subit et qui le laisse « malade et morfondu, l'esprit fiévreux et trouble », jouet d'une tempête que seul le travail ordonnateur de la poésie pourra partiellement apaiser. Une même violence se retrouve dans le poème qui fait couple avec « Les Sept Vieillards » — Baudelaire les avait primitivement unis sous le titre commun de « Fantômes parisiens » — dont les premières strophes insistent elles aussi sur la difformité de leurs objets :

Ces monstres disloqués furent jadis des femmes,
Éponine ou Laïs ! Monstres brisés, bossus
Ou tordus, aimons-les ! ce sont encor des âmes.
Sous des jupons troués et sous de froids tissus

Ils rampent, flagellés par les bises iniques,
Frémissant au fracas roulant des omnibus,
Et serrant sur leur flanc, ainsi que des reliques,
Un petit sac brodé de fleurs ou de rébus ;

Ils trottent, tout pareils à des marionnettes ;
Se traînent, comme font les animaux blessés,
Ou dansent, sans vouloir danser, pauvres sonnettes
Où se pend un Démon sans pitié ! Tout cassés

Qu'ils sont, ils ont les yeux perçants comme une
                                              [vrille
               (« Les Petites Vieilles », v. 5-17).

Qu'il y ait dans ces strophes, comme dans le poème précédent, un dépassement ou, comme le dit Victor Hugo dans
une formule célèbre, un « frisson nouveau »[1] est incontestable. Ce qu'il faut voir en même temps, c'est que ce frisson
n'est pas seulement formel. Personne avant Baudelaire
n'avait pris à tel point le *risque* d'avouer en poésie une saisie
aussi peu déguisée de la finitude, personne n'avait osé avec
une telle franchise de regard une diction aussi marquée de
prosaïsmes volontaires. Ces « fantômes parisiens » osent
être, précisément, des fantômes : des apparitions, tantôt hal-
lucinées, tantôt pathétiques, d'une réalité parisienne marquée à la fois par la mort et par un fantastique auquel le
poète, disciple en cela d'Edgar Poe, n'hésite pas à identifier
en partie la modernité : n'écrivait-il pas déjà quatre ans plus

---

1. Cf. « Que faites-vous quand vous écrivez ces vers saisissants :
Les Sept Vieillards et *Les Petites Vieilles*, que vous me dédiez, et dont
je vous remercie ? Que faites-vous ? Vous marchez. Vous allez en
avant. Vous dotez le ciel de l'art d'on ne sait quel rayon macabre.
Vous créez un frisson nouveau. » Lettre du 6 octobre 1859 in *Lettres
à Baudelaire*, publiées par Claude Pichois, Neuchâtel, À La Baconnière, 1973, p. 188.

tôt que « le fantastique » devenait « pour (lui) un terrain solide [1] » ?

L'autre façon dont Baudelaire pouvait prendre conscience de cette limite tient au fait que, depuis 1857, il a commencé à publier des poèmes en prose [2] qu'il nomme à ce moment-là des « poèmes nocturnes ». Or, ce qu'il y a de frappant dans ces premières pièces, c'est que trois d'entre elles correspondent à un poème en vers qu'on peut imaginer les avoir précédées : « Le Crépuscule du soir », « Un hémisphère dans une chevelure » (qui répond à « La Chevelure ») et « L'Invitation au voyage ». L'existence même de versions parallèles semble indiquer, que Baudelaire a le sentiment de se trouver à un carrefour que le choix de sujets plus directement en rapport avec la réalité parisienne dans les années qui vont suivre ne fera qu'aviver. Pouvait-il continuer à avancer dans cette direction sans dépasser « les limites assignées à la Poésie » ? Remarquons, à tout le moins, que la dédicace à Arsène Houssaye du *Spleen de Paris* lie de manière explicite la nécessité d'une prose poétique à la réalité de Paris : « Quel est celui d'entre nous qui n'a pas, dans ses jours d'ambition, rêvé le miracle d'une prose poétique, musicale sans rythme et sans rime, assez souple et assez heurtée pour s'adapter aux mouvements lyriques de l'âme, aux ondulations de la rêverie, aux soubresauts de la conscience ? C'est surtout de la fréquentation des villes énormes, c'est du croisement de leurs innombrables rapports que naît cet idéal obsédant [3]. »

Ainsi donc l'énigme que pose à un éditeur la forme que Baudelaire aurait donnée aux *Fleurs du Mal* s'il avait été en mesure de mener à bien lui-même la troisième édition fait-elle rebondir sur le plan du lecteur une interrogation qui peut avoir été celle de Baudelaire lui-même. Le sentiment de la limite dont nous avons parlé n'est à sa

---

1. Lettre à François Buloz du 13 juin 1855, CPl, I, 314.   **2.** Deux de ces poèmes, « Le Crépuscule du soir » et « La Solitude », avaient paru, en fait, dès 1855 dans un recueil collectif intitulé *Fontainebleau* publié par Fernand Desnoyers en l'honneur de C. F. Denecourt. Voir sur ce point l'édition critique des *Petits Poèmes en prose* par Robert Kopp, Paris, Corti, 1969, p. 269 *sq.*   **3.** Baudelaire, OC, I, 275-276.

façon que l'expression d'une réorientation. Baudelaire a beaucoup moins dépassé « les limites assignées à la Poésie » qu'il n'a *déplacé* les contours de celle-ci. À partir de lui s'ouvre un nouveau chapitre des lettres européennes, le chapitre de la poésie moderne. Comme la citation d'Eliot nous l'a déjà enseigné, cette valeur d'origine, Baudelaire la doit au geste décisif d'avoir reconnu que la poésie avait à investir la métropole comme le lieu de la seule vraie réalité contemporaine — entraînant par là l'abandon du lieu cyclique, donc en somme intemporel, de la nature —, une réalité dès lors marquée par son historicité même, et d'avoir compris qu'avec ce déplacement c'était aussi bien la matière de la poésie qui changeait. Comme Rilke le dira dans une lettre à Clara datée du 19 octobre 1907 et faisant partie du cycle des lettres concernant Cézanne : « Tu te souviens sûrement du passage des *Cahiers de Malte Laurids* où il est question de Baudelaire et de son poème, *La Charogne*. J'en suis arrivé à penser que, sans ce poème, l'évolution vers le dire objectif que nous croyons reconnaître maintenant en Cézanne, n'aurait jamais pu commencer ; il fallait d'abord qu'il fût là, impitoyable. Il fallait que le regard de l'art eût pris sur lui de voir dans le terrible même et ce qui ne paraît que répugnant la part d'être, valable autant qu'aucune autre. Pas plus qu'un choix ne lui est permis, il n'est permis au créateur de se détourner d'aucune existence : un seul refus, à quelque moment que ce soit, le prive de l'état de grâce, le rend entièrement coupable[1]. »

On se tromperait, toutefois, à réduire la fonction d'ouverture qui aura été celle des *Fleurs du Mal* à la seule dimension thématique. Ce n'est ni par la seule élection de Paris[2] ni même par l'extension du langage poétique à

---

1. Traduction Philippe Jaccottet, *L'Éphémère*, 18, 1971, p. 233.
2. Le choix de Paris comme lieu électif est nouveau en poésie. En prose, il existe au contraire une tradition qui remonte pour le moins à Rousseau et à Sébastien Mercier. Sur cette tradition, les deux études principales sont celles de Pierre Citron, *La Poésie de Paris dans la littérature française de Rousseau à Baudelaire*, Paris, Minuit 1961, et Karlheinz Stierle, *Der Mythos von Paris*, Munich, 1993.

un lexique et à des thèmes plus originaux que Baudelaire aura inauguré un nouveau chapitre de la littérature. Sans doute ces thèmes et cette mise en place jouent-ils un rôle déterminant. Mais ils ne le jouent que parce qu'ils sont repris par la vibration d'une voix qui présente une curieuse, mais essentielle contradiction. C'est Barbey d'Aurevilly qui, dans l'admirable article qu'il avait rédigé en 1857, avait d'emblée noté qu'à la différence du « plus grand nombre des lyriques actuels, si préoccupés de leur égoïsme et de leurs pauvres petites impressions, la poésie de M. Baudelaire est moins l'épanchement d'un sentiment individuel qu'une très ferme conception de son esprit. Quoique très lyrique d'expression et d'élan, le poète des *Fleurs du Mal* est, au fond, un poète dramatique. Il en a l'avenir. *Son livre actuel est un drame anonyme dont il est l'acteur universel*[1] ». Il y aurait donc dans le lyrisme du volume un dépassement du « sentiment individuel », de la réfraction subjective qui ferait place à l'« anonymat » du drame. Or cette remarque, dont la pertinence est profonde, va de pair avec un autre trait qui en semble l'antithèse : c'est que cette « voix anonyme » ou cette voix d'« acteur universel » est en même temps une voix dont les modulations sont plus personnelles, plus subjectives qu'elles n'ont jamais été dans la poésie antérieure. La raison en est que cet acteur qu'est le sujet lyrique baudelairien est dans une position de *passivité*, et davantage même de *vulnérabilité* qui le contraint à *subir* l'action (dévastatrice) d'une réalité (extérieure, mais aussi intérieure) d'une manière qui ne saurait dissimuler sa sensibilité. Chez Baudelaire, la réalité est ressentie comme un tourment : « Les vibrantes Douleurs dans ton cœur plein d'effroi / Se planteront bientôt comme dans une cible (...). » Ces vers du dernier poème de « Spleen et Idéal » disent bien le mode sur lequel le sujet doit subir le réel. Il en résulte ce qu'on pourrait nommer une connaissance par la douleur qui resubjectivise l'anonymat dont parlait Barbey.

---

1. Cité dans Baudelaire, OC, I, 1193.

On peut en voir d'ailleurs la trace dans une caractéristique formelle à laquelle on n'a peut-être pas encore prêté l'attention qu'elle mérite. Il y a en effet dans *Les Fleurs du Mal*, et cela de poème en poème, *une dramaturgie ou une polyphonie de l'énonciation*, si l'on veut bien désigner par cette expression la multiplicité souvent conflictuelle des voix qui s'y font entendre. Pour nous en tenir à ce même dernier poème de « Spleen et Idéal », « L'Horloge », notons que s'il s'ouvre sur une apostrophe à l'horloge, il donne dès le deuxième vers la parole à celle-ci (par le procédé de la prosopopée) qui, elle-même, fait parler successivement la Seconde, puis Maintenant, puis un tout (qui totalise le « divin Hasard », l'« auguste Vertu » et le « Repentir »), le poème s'achevant par l'énonciation finale d'un impératif qui a valeur de jugement : « Où tout te dira : Meurs, vieux lâche ! il est trop tard ! » Or cette polyphonie, loin de faire éclater l'unité locutrice, contribue à donner à la voix baudelairienne ses accents si inconfondablement personnels. Et sans doute, à partir de ce constat, les voies vont-elles diverger : du « je est un autre » par lequel Rimbaud portera à ses limites le jeu des différences propres à cette polyphonie au « heureusement je suis parfaitement mort » de Mallarmé pour qui « l'œuvre pure implique la disparition élocutoire du poëte, qui cède l'initiative aux mots, par le heurt de leur inégalité mobilisés[1] » ou encore à l'éclatement des instances discursives qu'Eliot pratique dans *The Waste Land*. La poésie de Baudelaire, tel est le paradoxe qu'il fallait souligner, si elle est la première à assumer la fonction d'« acteur universel » de la modernité, est aussi, et d'un même tenant, la dernière poésie à donner à ce point au lecteur le sentiment d'une aussi profonde connivence avec son auteur.

John E. JACKSON

---

1. Mallarmé, *Œuvres complètes*, Paris, Bibliothèque de la Pléiade, 1945, p. 366.

LES FLEURS DU MAL

[1861]

AU POÈTE IMPECCABLE[1]

AU PARFAIT MAGICIEN ÈS LETTRES FRANÇAISES
À MON TRÈS CHER ET TRÈS VÉNÉRÉ

MAÎTRE ET AMI

THÉOPHILE GAUTIER

AVEC LES SENTIMENTS
DE LA PLUS PROFONDE HUMILITÉ

JE DÉDIE

CES FLEURS MALADIVES

C. B.

---

1. Voir commentaire, p. 263.

AU LECTEUR

La sottise, l'erreur, le péché, la lésine[1],
Occupent nos esprits et travaillent nos corps,
Et nous alimentons nos aimables remords,
4 Comme les mendiants nourrissent leur vermine.

Nos péchés sont têtus, nos repentirs sont lâches ;
Nous nous faisons payer grassement nos aveux,
Et nous rentrons gaiement dans le chemin bourbeux,
8 Croyant par de vils pleurs laver toutes nos taches.

Sur l'oreiller du mal c'est Satan Trismégiste[2]
Qui berce longuement notre esprit enchanté,
Et le riche métal de notre volonté[3]
12 Est tout vaporisé par ce savant chimiste[4].

C'est le Diable qui tient les fils qui nous remuent !
Aux objets répugnants nous trouvons des appas ;
Chaque jour vers l'Enfer nous descendons d'un pas,
16 Sans horreur, à travers des ténèbres qui puent.

Ainsi qu'un débauché pauvre qui baise et mange
Le sein martyrisé d'une antique catin,

---

  1. Avarice, épargne sordide.   **2.** Hermès Trismégiste, auteur d'un livre célèbre d'occultisme, le *Pimandre* (IIIᵉ siècle ap. J.-C.). **3.** Dans *Les Paradis artificiels*, Baudelaire soulignera le danger que l'absorption de drogues représente pour la volonté, dont il dit, à la suite de Balzac, qu'elle est « de toutes les facultés la plus précieuse » (OC, I, 438).   **4.** Le sens d'alchimiste n'est pas loin.

Nous volons au passage un plaisir clandestin
20 Que nous pressons bien fort comme une vieille orange.

Serré, fourmillant, comme un million d'helminthes[1],
Dans nos cerveaux ribote[2] un peuple de Démons,
Et, quand nous respirons, la Mort dans nos poumons
24 Descend, fleuve invisible, avec de sourdes plaintes.

Si le viol, le poison, le poignard, l'incendie,
N'ont pas encor brodé de leurs plaisants dessins
Le canevas banal de nos piteux destins,
28 C'est que notre âme, hélas ! n'est pas assez hardie.

Mais parmi les chacals, les panthères, les lices[3],
Les singes, les scorpions, les vautours, les serpents,
Les monstres glapissants, hurlants, grognants,
                                    [rampants,
32 Dans la ménagerie infâme de nos vices,

Il en est un plus laid, plus méchant, plus immonde !
Quoiqu'il ne pousse ni grands gestes ni grands cris,
Il ferait volontiers de la terre un débris
36 Et dans un bâillement avalerait le monde ;

C'est l'Ennui ! — l'œil chargé d'un pleur involontaire,
Il rêve d'échafauds en fumant son houka[4].
Tu le connais, lecteur, ce monstre délicat,
40 — Hypocrite lecteur, — mon semblable, — mon
                                    [frère !

---

1. Vers intestinaux.   **2.** S'adonne à un festin, fait la fête.
3. Femelle d'un chien de chasse.   **4.** Pipe persane analogue au nar-
guileh, pourvue d'un long tuyau qui passe dans un réservoir d'eau
parfumée.

SPLEEN ET IDÉAL

I

BÉNÉDICTION

Lorsque, par un décret des puissances suprêmes,
Le Poète apparaît en ce monde ennuyé,
Sa mère épouvantée et pleine de blasphèmes
4 Crispe ses poings vers Dieu, qui la prend en pitié :

— « Ah ! que n'ai-je mis bas tout un nœud de vipères,
Plutôt que de nourrir cette dérision !
Maudite soit la nuit aux plaisirs éphémères
8 Où mon ventre a conçu mon expiation !

« Puisque tu m'as choisie entre toutes les femmes
Pour être le dégoût de mon triste mari,
Et que je ne puis pas rejeter dans les flammes,
12 Comme un billet d'amour, ce monstre rabougri,

« Je ferai rejaillir ta haine qui m'accable
Sur l'instrument maudit de tes méchancetés,
Et je tordrai si bien cet arbre misérable,
16 Qu'il ne pourra pousser ses boutons empestés ! »

Elle ravale ainsi l'écume de sa haine,
Et, ne comprenant pas les desseins éternels,
Elle-même prépare au fond de la Géhenne [1]
20 Les bûchers consacrés aux crimes maternels.

---

1. Terme vieilli pour désigner l'enfer.

Pourtant, sous la tutelle invisible d'un Ange,
L'Enfant déshérité s'enivre de soleil,
Et dans tout ce qu'il boit et dans tout ce qu'il mange
24 Retrouve l'ambroisie et le nectar vermeil.

Il joue avec le vent, cause avec le nuage,
Et s'enivre en chantant du chemin de la croix ;
Et l'Esprit qui le suit dans son pèlerinage
28 Pleure de le voir gai comme un oiseau des bois.

Tous ceux qu'il veut aimer l'observent avec crainte,
Ou bien, s'enhardissant de sa tranquillité,
Cherchent à qui saura lui tirer une plainte,
32 Et font sur lui l'essai de leur férocité.

Dans le pain et le vin destinés à sa bouche
Ils mêlent de la cendre avec d'impurs crachats ;
Avec hypocrisie ils jettent ce qu'il touche,
36 Et s'accusent d'avoir mis leurs pieds dans ses pas.

Sa femme va criant sur les places publiques :
« Puisqu'il me trouve assez belle pour m'adorer,
Je ferai le métier des idoles antiques,
40 Et comme elles je veux me faire redorer ;

« Et je me soûlerai de nard [1], d'encens, de myrrhe,
De génuflexions, de viandes et de vins,
Pour savoir si je puis dans un cœur qui m'admire
44 Usurper en riant les hommages divins !

« Et, quand je m'ennuierai de ces farces impies,
Je poserai sur lui ma frêle et forte main ;
Et mes ongles, pareils aux ongles des harpies,
48 Sauront jusqu'à son cœur se frayer un chemin.

« Comme un tout jeune oiseau qui tremble et qui palpite,
J'arracherai ce cœur tout rouge de son sein,

---

1. Parfum que les Anciens tiraient de certaines plantes odoriférantes.

Et, pour rassasier ma bête favorite,
52 Je le lui jetterai par terre avec dédain ! »

Vers le Ciel, où son œil voit un trône splendide,
Le Poète serein lève ses bras pieux,
Et les vastes éclairs de son esprit lucide
56 Lui dérobent l'aspect des peuples furieux :

— « Soyez béni, mon Dieu, qui donnez la souffrance
Comme un divin remède à nos impuretés
Et comme la meilleure et la plus pure essence
60 Qui prépare les forts aux saintes voluptés !

« Je sais que vous gardez une place au Poète
Dans les rangs bienheureux des saintes Légions,
Et que vous l'invitez à l'éternelle fête
64 Des Trônes[1], des Vertus, des Dominations[2].

« Je sais que la douleur est la noblesse unique
Où ne mordront jamais la terre et les enfers,
Et qu'il faut pour tresser ma couronne mystique
68 Imposer tous les temps et tous les univers.

« Mais les bijoux perdus de l'antique Palmyre[3],
Les métaux inconnus, les perles de la mer,
Par votre main montés, ne pourraient pas suffire
72 À ce beau diadème éblouissant et clair ;

« Car il ne sera fait que de pure lumière,
Puisée au foyer saint des rayons primitifs,
Et dont les yeux mortels, dans leur splendeur entière,
76 Ne sont que des miroirs obscurcis et plaintifs ! »

---

1. Un des neuf chœurs des anges. **2.** Quatrième ordre de la hiérarchie céleste. Baudelaire avait pu lire aux v.77-78 d'*Éloa* d'Alfred de Vigny : « Les Trônes, les Vertus, les Princes, les Ardeurs, / Les Dominations, les Gardiens, les Splendeurs. » **3.** Ville de Syrie. Voir commentaire, p. 265.

II

L'ALBATROS

Souvent, pour s'amuser, les hommes d'équipage
Prennent des albatros, vastes oiseaux des mers,
Qui suivent, indolents compagnons de voyage,
4 Le navire glissant sur les gouffres amers.

À peine les ont-ils déposés sur les planches,
Que ces rois de l'azur, maladroits et honteux,
Laissent piteusement leurs grandes ailes blanches
8 Comme des avirons traîner à côté d'eux.

Ce voyageur ailé, comme il est gauche et veule !
Lui, naguère si beau, qu'il est comique et laid !
L'un agace son bec avec un brûle-gueule[1],
12 L'autre mime, en boitant, l'infirme qui volait !

Le Poète est semblable au prince des nuées
Qui hante la tempête et se rit de l'archer ;
Exilé sur le sol au milieu des huées,
16 Ses ailes de géant l'empêchent de marcher.

III

ÉLÉVATION

Au-dessus des étangs, au-dessus des vallées,
Des montagnes, des bois, des nuages, des mers,
Par-delà le soleil, par-delà les éthers,
4 Par-delà les confins des sphères étoilées,

Mon esprit, tu te meus avec agilité,
Et, comme un bon nageur qui se pâme dans l'onde,
Tu sillonnes gaiement l'immensité profonde
8 Avec une indicible et mâle volupté.

---

1. Pipe au tuyau très court. Voir commentaire, p. 266.

Envole-toi bien loin de ces miasmes morbides ;
Va te purifier dans l'air supérieur,
Et bois, comme une pure et divine liqueur,
12 Le feu clair qui remplit les espaces limpides.

Derrière les ennuis et les vastes chagrins
Qui chargent de leur poids l'existence brumeuse,
Heureux celui qui peut d'une aile vigoureuse
16 S'élancer vers les champs lumineux et sereins ;

Celui dont les pensers, comme des alouettes,
Vers les cieux le matin prennent un libre essor,
— Qui plane sur la vie, et comprend sans effort
20 Le langage des fleurs et des choses muettes[1] !

IV

CORRESPONDANCES

La Nature est un temple où de vivants piliers
Laissent parfois sortir de confuses paroles ;
L'homme y passe à travers des forêts de symboles
4 Qui l'observent avec des regards familiers.

Comme de longs échos qui de loin se confondent
Dans une ténébreuse et profonde unité,
Vaste comme la nuit et comme la clarté,
8 Les parfums, les couleurs et les sons se répondent.

Il est des parfums frais comme des chairs d'enfants,
Doux comme les hautbois, verts comme les prairies,
11 — Et d'autres, corrompus, riches et triomphants,

Ayant l'expansion des choses infinies,
Comme l'ambre, le musc, le benjoin[2] et l'encens,
14 Qui chantent les transports de l'esprit et des sens.

---

1. Voir commentaire, p. 266.   2. Baume venant d'une résine d'arbre. Voir commentaire, p. 266.

V

J'aime le souvenir de ces époques nues,
Dont Phœbus[1] se plaisait à dorer les statues.
Alors l'homme et la femme en leur agilité
Jouissaient sans mensonge et sans anxiété,
5 Et, le ciel amoureux leur caressant l'échine,
Exerçaient la santé de leur noble machine[2].
Cybèle[3] alors, fertile en produits généreux,
Ne trouvait point ses fils un poids trop onéreux,
Mais, louve au cœur gonflé de tendresses communes,
10 Abreuvait l'univers à ses tétines brunes.
L'homme, élégant, robuste et fort, avait le droit
D'être fier des beautés qui le nommaient leur roi ;
Fruits purs de tout outrage et vierges de gerçures,
Dont la chair lisse et ferme appelait les morsures !

15 Le Poète aujourd'hui, quand il veut concevoir
Ces natives grandeurs, aux lieux[4] où se font voir
La nudité de l'homme et celle de la femme,
Sent un froid ténébreux envelopper son âme
Devant ce noir tableau plein d'épouvantement.
20 Ô monstruosités pleurant leur vêtement !
Ô ridicules troncs ! torses dignes des masques !
Ô pauvres corps tordus, maigres, ventrus ou flasques,
Que le dieu de l'Utile, implacable et serein,
Enfants, emmaillota dans ses langes d'airain !
25 Et vous, femmes, hélas ! pâles comme des cierges,
Que ronge et que nourrit la débauche, et vous, vierges,
Du vice maternel[5] traînant l'hérédité
Et toutes les hideurs de la fécondité !

---

1. Autre nom d'Apollon, dieu du soleil.   **2.** Employé au sens classique de corps.   **3.** Déesse de la terre, de la fécondité.   **4.** La critique s'accorde à reconnaître dans ces lieux les ateliers de peintre que Baudelaire fréquentait.   **5.** Il s'agit sans doute ici de la possibilité de mettre des enfants au monde. Voir commentaire, p. 268.

Nous avons, il est vrai, nations corrompues,
30 Aux peuples anciens des beautés inconnues :
Des visages rongés par les chancres du cœur,
Et comme qui dirait des beautés de langueur ;
Mais ces inventions de nos muses tardives
N'empêcheront jamais les races maladives
35 De rendre à la jeunesse un hommage profond,
— À la sainte jeunesse, à l'air simple, au doux front,
À l'œil limpide et clair ainsi qu'une eau courante,
Et qui va répandant sur tout, insouciante
Comme l'azur du ciel, les oiseaux et les fleurs,
40 Ses parfums, ses chansons et ses douces chaleurs !

VI

LES PHARES

Rubens[1], fleuve d'oubli, jardin de la paresse,
Oreiller de chair fraîche où l'on ne peut aimer,
Mais où la vie afflue et s'agite sans cesse,
4 Comme l'air dans le ciel et la mer dans la mer ;

Léonard de Vinci[2], miroir profond et sombre,
Où des anges charmants, avec un doux souris
Tout chargé de mystère, apparaissent à l'ombre
8 Des glaciers et des pins qui ferment leur pays ;

Rembrandt[3], triste hôpital tout rempli de murmures,
Et d'un grand crucifix décoré seulement,
Où la prière en pleurs s'exhale des ordures,
12 Et d'un rayon d'hiver traversé brusquement ;

Michel-Ange[4], lieu vague où l'on voit des Hercules
Se mêler à des Christs, et se lever tout droits

1. Peintre flamand (1577-1640). **2.** Peintre florentin (1452-1519). **3.** Peintre hollandais (1606-1669). **4.** Peintre et sculpteur toscan (1475-1564).

Des fantômes puissants qui dans les crépuscules
16 Déchirent leur suaire en étirant leurs doigts ;

Colères de boxeur, impudences de faune,
Toi qui sus ramasser la beauté des goujats[1],
Grand cœur gonflé d'orgueil, homme débile et jaune,
20 Puget[2], mélancolique empereur des forçats[3] ;

Watteau[4], ce carnaval où bien des cœurs illustres,
Comme des papillons, errent en flamboyant,
Décors frais et légers éclairés par des lustres
24 Qui versent la folie à ce bal tournoyant ;

Goya[5], cauchemar plein de choses inconnues,
De fœtus qu'on fait cuire au milieu des sabbats,
De vieilles au miroir et d'enfants toutes nues,
28 Pour tenter les démons ajustant bien leurs bas ;

Delacroix[6], lac de sang hanté des mauvais anges,
Ombragé par un bois de sapins toujours vert,
Où, sous un ciel chagrin, des fanfares étranges
32 Passent, comme un soupir étouffé de Weber[7] ;

Ces malédictions, ces blasphèmes, ces plaintes,
Ces extases, ces cris, ces pleurs, ces *Te Deum,*
Sont un écho redit par mille labyrinthes ;
36 C'est pour les cœurs mortels un divin opium !

---

1. Valet d'armée. **2.** Sculpteur français (1620-1694).
3. Puget avait pris des forçats comme modèles des Atlantes qu'il
sculpta pour la porte de l'Hôtel de ville de Toulon. **4.** Peintre français (1684-1721). **5.** Peintre espagnol (1746-1828). **6.** Peintre
français (1798-1863), l'artiste contemporain que Baudelaire a le plus
admiré et auquel il a consacré de nombreuses pages. **7.** Composi-
teur allemand (1786-1826). Baudelaire a lui-même commenté ce quatrain dans le chapitre consacré à Delacroix de son essai sur l'*Exposition
universelle* : « *Lac de sang* : le rouge ; — *hanté des mauvais anges* :
surnaturalisme ; — *un bois toujours vert* : le vert, complémentaire du
rouge ; — *un ciel chagrin* : les fonds tumultueux et orageux de ses
tableaux ; — *les fanfares de Weber* : idées de musique romantique que
réveillent les harmonies de sa couleur » (OC, II, 595). Voir commentaire, p. 268.

C'est un cri répété par mille sentinelles,
Un ordre renvoyé par mille porte-voix ;
C'est un phare allumé sur mille citadelles,
40 Un appel de chasseurs perdus dans les grands bois !

Car c'est vraiment, Seigneur, le meilleur témoignage
Que nous puissions donner de notre dignité
Que cet ardent sanglot qui roule d'âge en âge
44 Et vient mourir au bord de votre éternité !

VII

LA MUSE MALADE

Ma pauvre muse, hélas ! qu'as-tu donc ce matin ?
Tes yeux creux sont peuplés de visions nocturnes,
Et je vois tour à tour réfléchis sur ton teint
4 La folie et l'horreur, froides et taciturnes.

Le succube[1] verdâtre et le rose lutin
T'ont-ils versé la peur et l'amour de leurs urnes ?
Le cauchemar, d'un poing despotique et mutin,
8 T'a-t-il noyée au fond d'un fabuleux Minturnes[2] ?

Je voudrais qu'exhalant l'odeur de la santé
Ton sein de pensers forts fût toujours fréquenté,
11 Et que ton sang chrétien coulât à flots rythmiques,

Comme les sons nombreux des syllabes antiques,
Où règnent tour à tour le père des chansons,
14 Phœbus[3], et le grand Pan[4], le seigneur des moissons.

---

1. Démon qui prend la forme d'une femme pour tenter l'homme.
2. Marécage situé au sud de Rome. L'épithète a peut-être le sens de
« qui appartient à la fable ».   3. Voir note au v. 2 du poème V.
4. Divinité bucolique. Voir commentaire, p. 269.

VIII

LA MUSE VÉNALE

Ô muse de mon cœur, amante des palais,
Auras-tu, quand Janvier lâchera ses Borées[1],
Durant les noirs ennuis des neigeuses soirées,
4 Un tison pour chauffer tes deux pieds violets[2] ?

Ranimeras-tu donc tes épaules marbrées
Aux nocturnes rayons qui percent les volets ?
Sentant ta bourse à sec autant que ton palais,
8 Récolteras-tu l'or des voûtes azurées ?

Il te faut, pour gagner ton pain de chaque soir,
Comme un enfant de chœur, jouer de l'encensoir,
11 Chanter des *Te Deum* auxquels tu ne crois guère,

Ou, saltimbanque[3] à jeun, étaler tes appas
Et ton rire trempé de pleurs qu'on ne voit pas,
14 Pour faire épanouir la rate du vulgaire.

IX

LE MAUVAIS MOINE

Les cloîtres anciens sur leurs grandes murailles
Étalaient en tableaux la sainte Vérité,
Dont l'effet, réchauffant les pieuses entrailles,
4 Tempérait la froideur de leur austérité.

En ces temps où du Christ florissaient les semailles,
Plus d'un illustre moine, aujourd'hui peu cité,

---

1. Rafales de bise, vent du nord. Le froid est presque toujours un élément dysphorique dans *Les Fleurs du Mal*.   **2.** Ici trisyllabique.
3. Dans *Le Spleen de Paris*, Baudelaire consacrera un poème en prose à un « Vieux Saltimbanque ». Voir commentaire, p. 270.

Prenant pour atelier le champ des funérailles,
8 Glorifiait[1] la Mort avec simplicité.

— Mon âme est un tombeau que, mauvais cénobite[2],
Depuis l'éternité je parcours et j'habite ;
11 Rien n'embellit les murs de ce cloître odieux.

Ô moine fainéant ! quand saurai-je donc faire
Du spectacle vivant de ma triste misère
14 Le travail de mes mains et l'amour de mes yeux ?

X

L'ENNEMI

Ma jeunesse ne fut qu'un ténébreux orage,
Traversé çà et là par de brillants soleils ;
Le tonnerre et la pluie ont fait un tel ravage,
4 Qu'il reste en mon jardin bien peu de fruits vermeils.

Voilà que j'ai touché l'automne des idées,
Et qu'il faut employer la pelle et les râteaux
Pour rassembler à neuf les terres inondées,
8 Où l'eau creuse des trous grands comme des tombeaux.

Et qui sait si les fleurs nouvelles que je rêve
Trouveront dans ce sol lavé comme une grève
11 Le mystique aliment qui ferait leur vigueur ?

— Ô douleur ! ô douleur ! Le Temps mange la vie,
Et l'obscur Ennemi qui nous ronge le cœur
14 Du sang que nous perdons croît et se fortifie[3] !

---

1. La mesure du vers exige qu'on opère la diérèse fi/ait.
2. Moine. Voir commentaire, p. 270. **3.** Voir commentaire, p. 271.

XI

LE GUIGNON[1]

Pour soulever un poids si lourd,
Sisyphe[2], il faudrait ton courage !
Bien qu'on ait du cœur à l'ouvrage,
4 L'Art est long et le Temps est court[3].

Loin des sépultures célèbres,
Vers un cimetière isolé,
Mon cœur, comme un tambour voilé,
8 Va battant des marches funèbres.

— Maint joyau dort enseveli
Dans les ténèbres et l'oubli,
11 Bien loin des pioches et des sondes ;

Mainte fleur épanche à regret
Son parfum doux comme un secret[4]
14 Dans les solitudes profondes.

XII

LA VIE ANTÉRIEURE

J'ai longtemps habité sous de vastes portiques
Que les soleils marins teignaient de mille feux,

---

1. À la première page de l'essai « Edgar Allan Poe. Sa vie et ses ouvrages », paru dans la *Revue de Paris* au printemps 1852, Baudelaire écrivait : « Il y a des destinées fatales ; il existe dans la littérature de chaque pays des hommes qui portent le mot *guignon* écrit en caractères mystérieux dans les plis sinueux de leurs fronts » (OC, II, 249). **2.** Personnage de la mythologie grecque condamné à pousser perpétuellement un rocher jusqu'au sommet d'une montagne d'où il dévalait aussitôt.   **3.** Dans le manuscrit, Baudelaire avait noté : « Vita brevis, ars longa. Hippocratis aphorismorum Sectio prima. I. » **4.** Dans le manuscrit, Baudelaire avait d'abord écrit : « Mainte fleur épanche en secret / Son parfum doux comme un regret ». Voir commentaire, p. 271.

Et que leurs grands piliers, droits et majestueux,
4 Rendaient pareils, le soir, aux grottes basaltiques.

Les houles, en roulant les images des cieux,
Mêlaient d'une façon solennelle et mystique
Les tout-puissants accords de leur riche musique
8 Aux couleurs du couchant reflété par mes yeux.

C'est là que j'ai vécu dans les voluptés calmes,
Au milieu de l'azur, des vagues, des splendeurs
11 Et des esclaves nus, tout imprégnés d'odeurs,

Qui me rafraîchissaient le front avec des palmes,
Et dont l'unique soin était d'approfondir
14 Le secret douloureux qui me faisait languir[1].

XIII

BOHÉMIENS EN VOYAGE

La tribu prophétique aux prunelles ardentes
Hier s'est mise en route, emportant ses petits
Sur son dos, ou livrant à leurs fiers appétits
4 Le trésor toujours prêt des mamelles pendantes.

Les hommes vont à pied sous leurs armes luisantes
Le long des chariots où les leurs sont blottis,
Promenant sur le ciel des yeux appesantis
8 Par le morne regret des chimères absentes.

Du fond de son réduit sablonneux, le grillon,
Les regardant passer, redouble sa chanson ;
11 Cybèle[2], qui les aime, augmente ses verdures,

---

1. Voir commentaire, p. 272.   **2.** Voir note au v. 7 du poème V.
Voir commentaire, p. 272.

Fait couler le rocher et fleurir le désert
Devant ces voyageurs, pour lesquels est ouvert
14 L'empire familier des ténèbres futures.

XIV

L'HOMME ET LA MER

Homme libre, toujours tu chériras la mer !
La mer est ton miroir ; tu contemples ton âme
Dans le déroulement infini de sa lame,
4 Et ton esprit n'est pas un gouffre moins amer.

Tu te plais à plonger au sein de ton image ;
Tu l'embrasses des yeux et des bras, et ton cœur
Se distrait quelquefois de sa propre rumeur
8 Au bruit de cette plainte indomptable et sauvage.

Vous êtes tous les deux ténébreux et discrets :
Homme, nul n'a sondé le fond de tes abîmes ;
Ô mer, nul ne connaît tes richesses intimes,
12 Tant vous êtes jaloux de garder vos secrets !

Et cependant voilà des siècles innombrables
Que vous vous combattez sans pitié ni remord,
Tellement vous aimez le carnage et la mort,
16 Ô lutteurs éternels, ô frères implacables[1] !

XV

DON JUAN AUX ENFERS[2]

Quand Don Juan descendit vers l'onde souterraine
Et lorsqu'il eut donné son obole à Charon[3],

---

1. Voir commentaire, p. 273.   **2.** Le titre primitif était « L'Impénitent ».   **3.** Charon est celui qui fait traverser le Styx, le fleuve des Enfers, aux âmes des défunts.

Un sombre mendiant, l'œil fier comme Antisthène [1],
4 D'un bras vengeur et fort saisit chaque aviron.

Montrant leurs seins pendants et leurs robes ouvertes,
Des femmes se tordaient sous le noir firmament,
Et, comme un grand troupeau de victimes offertes,
8 Derrière lui traînaient un long mugissement.

Sganarelle [2] en riant lui réclamait ses gages,
Tandis que Don Luis [3] avec un doigt tremblant
Montrait à tous les morts errant sur les rivages
12 Le fils audacieux qui railla son front blanc.

Frissonnant sous son deuil, la chaste et maigre Elvire [4],
Près de l'époux perfide et qui fut son amant,
Semblait lui réclamer un suprême sourire
16 Où brillât la douceur de son premier serment.

Tout droit dans son armure, un grand homme de pierre [5]
Se tenait à la barre et coupait le flot noir ;
Mais le calme héros, courbé sur sa rapière [6],
20 Regardait le sillage et ne daignait rien voir.

XVI

CHÂTIMENT DE L'ORGUEIL

En ces temps merveilleux où la Théologie
Fleurit avec le plus de sève et d'énergie,

---

1. Philosophe grec (444-365) qui adopta, non sans orgueil, une vie de pauvreté pour vivre en accord avec ses principes. **2.** Dans le *Dom Juan* de Molière, Sganarelle est le valet de Don Juan. **3.** Père de Don Juan. **4.** Dernière en date des épouses du libertin. **5.** Il s'agit du Commandeur, que Don Juan a tué quelques mois plus tôt et à qui sa fille a fait dresser une statue. Dans un geste de défi, Don Juan, passant devant le tombeau, invite la statue, « l'homme de pierre », à dîner. Celle-ci accepte et, le lendemain, reviendra rappeler au libertin son invitation, l'exhortera à se repentir, puis, devant son refus d'obtempérer, l'entraînera en enfer. **6.** Épée. Voir commentaire, p. 273.

On raconte qu'un jour un docteur des plus grands,
— Après avoir forcé les cœurs indifférents ;
5   Les avoir remués dans leurs profondeurs noires ;
Après avoir franchi vers les célestes gloires
Des chemins singuliers à lui-même inconnus,
Où les purs Esprits seuls peut-être étaient venus, —
Comme un homme monté trop haut, pris de panique,
10 S'écria, transporté d'un orgueil satanique :
« Jésus, petit Jésus ! je t'ai poussé bien haut !
Mais, si j'avais voulu t'attaquer au défaut
De l'armure, ta honte égalerait ta gloire,
Et tu ne serais plus qu'un fœtus dérisoire ! »

15 Immédiatement sa raison s'en alla.
L'éclat de ce soleil d'un crêpe se voila ;
Tout le chaos roula dans cette intelligence,
Temple autrefois vivant, plein d'ordre et d'opulence,
Sous les plafonds duquel tant de pompe avait lui.
20 Le silence et la nuit s'installèrent en lui,
Comme dans un caveau dont la clef est perdue.
Dès lors il fut semblable aux bêtes de la rue,
Et, quand il s'en allait sans rien voir, à travers
Les champs, sans distinguer les étés des hivers,
25 Sale, inutile et laid comme une chose usée,
Il faisait des enfants la joie et la risée[1].

XVII

LA BEAUTÉ

Je suis belle, ô mortels ! comme un rêve de pierre,
Et mon sein, où chacun s'est meurtri tour à tour,
Est fait pour inspirer au poète un amour
4   Éternel et muet ainsi que la matière.

---

1. Voir commentaire, p. 273.

Je trône dans l'azur comme un sphinx incompris ;
J'unis un cœur de neige à la blancheur des cygnes ;
Je hais le mouvement qui déplace les lignes,
8 Et jamais je ne pleure et jamais je ne ris.

Les poètes, devant mes grandes attitudes,
Que j'ai l'air d'emprunter aux plus fiers monuments,
11 Consumeront leurs jours en d'austères études ;

Car j'ai, pour fasciner ces dociles amants,
De purs miroirs qui font toutes choses plus belles :
14 Mes yeux, mes larges yeux aux clartés éternelles[1] !

XVIII

L'IDÉAL

Ce ne seront jamais ces beautés de vignettes,
Produits avariés, nés d'un siècle vaurien,
Ces pieds à brodequins, ces doigts à castagnettes,
4 Qui sauront satisfaire un cœur comme le mien.

Je laisse à Gavarni[2], poète des chloroses[3],
Son troupeau gazouillant de beautés d'hôpital,
Car je ne puis trouver parmi ces pâles roses
8 Une fleur qui ressemble à mon rouge idéal.

Ce qu'il faut à ce cœur profond comme un abîme,
C'est vous, Lady Macbeth[4], âme puissante au crime,
11 Rêve d'Eschyle[5] éclos au climat des autans[6] ;

---

1. Voir commentaire, p. 274.   **2.** Dessinateur et caricaturiste français (1804-1866).   **3.** Forme d'anémie.   **4.** Dans la pièce de Shakespeare, c'est d'abord l'épouse de Macbeth qui fait preuve de résolution, allant jusqu'à s'écrier qu'elle fracasserait plutôt le crâne d'un nouveau-né que de renoncer à une entreprise commencée (acte I, scène 7).   **5.** Le premier et le plus puissant des grands tragiques grecs.   **6.** Vents violents. Le « climat des autans » désigne ici l'Écosse, patrie des Macbeth.

Ou bien toi, grande Nuit[1], fille de Michel-Ange,
Qui tors paisiblement dans une pose étrange
14 Tes appas façonnés aux bouches des Titans !

XIX

LA GÉANTE

Du temps que la Nature en sa verve puissante
Concevait chaque jour des enfants monstrueux,
J'eusse aimé vivre auprès d'une jeune géante,
4 Comme aux pieds d'une reine un chat voluptueux.

J'eusse aimé voir son corps fleurir avec son âme
Et grandir librement dans ses terribles jeux ;
Deviner si son cœur couve une sombre flamme
8 Aux humides brouillards qui nagent dans ses yeux ;

Parcourir à loisir ses magnifiques formes ;
Ramper sur le versant de ses genoux énormes,
11 Et parfois en été, quand les soleils malsains,

Lasse, la font s'étendre à travers la campagne,
Dormir nonchalamment à l'ombre de ses seins,
14 Comme un hameau paisible au pied d'une montagne[2].

---

1. Il s'agit de la statue de Michel-Ange placée sur le tombeau de
Julien dans la chapelle des Médicis à Florence. Les Titans sont les fils
de la Nuit. Voir commentaire, p. 274.   **2.** Voir commentaire, p. 275.

XX

LE MASQUE

STATUE ALLÉGORIQUE DANS LE GOÛT
DE LA RENAISSANCE [1]

À Ernest Christophe, statuaire.

Contemplons ce trésor de grâces florentines [2] ;
Dans l'ondulation de ce corps musculeux
L'Élégance et la Force abondent, sœurs divines.
Cette femme, morceau vraiment miraculeux,
5   Divinement robuste, adorablement mince,
Est faite pour trôner sur des lits somptueux,
Et charmer les loisirs d'un pontife [3] ou d'un prince.

— Aussi, vois ce souris [4] fin et voluptueux
Où la Fatuité promène son extase ;
10   Ce long regard sournois, langoureux et moqueur ;
Ce visage mignard, tout encadré de gaze,
Dont chaque trait nous dit avec un air vainqueur :
« La Volupté m'appelle et l'Amour me couronne ! »
À cet être doué de tant de majesté
15   Vois quel charme excitant la gentillesse donne !
Approchons, et tournons autour de sa beauté.

Ô blasphème de l'art ! ô surprise fatale !
La femme au corps divin, promettant le bonheur,
Par le haut se termine en monstre bicéphale !

---

1. Le caractère « allégorique » de la statue sera souligné dans le poème par la série des personnifications : l'Élégance, la Force (v. 3), la Fatuité (v. 9), la Volupté et l'Amour (v. 13), la Douleur (v. 28). **2.** Si l'on pense à « L'Idéal », l'épithète conviendrait peut-être à Michel-Ange, dont les corps féminins peuvent à bon droit être dits, eux aussi, « musculeux ».   **3.** Pape. La provocation est évidente. **4.** Forme archaïque de « sourire ».

20　— Mais non ! ce n'est qu'un masque, un décor
　　　　　　　　　　　　　　　　[suborneur [1],
　　Ce visage éclairé d'une exquise grimace,
　　Et, regarde, voici, crispée atrocement,
　　La véritable tête, et la sincère face
　　Renversée à l'abri de la face qui ment.
25　Pauvre grande beauté ! le magnifique fleuve
　　De tes pleurs aboutit dans mon cœur soucieux ;
　　Ton mensonge m'enivre, et mon âme s'abreuve
　　Aux flots que la Douleur fait jaillir de tes yeux !

　　— Mais pourquoi pleure-t-elle ? Elle, beauté parfaite
30　Qui mettrait à ses pieds le genre humain vaincu,
　　Quel mal mystérieux ronge son flanc d'athlète ?

　　— Elle pleure, insensé, parce qu'elle a vécu !
　　Et parce qu'elle vit ! Mais ce qu'elle déplore
　　Surtout, ce qui la fait frémir jusqu'aux genoux,
35　C'est que demain, hélas ! il faudra vivre encore !
　　Demain, après-demain et toujours ! — comme nous !

XXI

HYMNE À LA BEAUTÉ

　　Viens-tu du ciel profond ou sors-tu de l'abîme,
　　Ô Beauté ? ton regard, infernal et divin,
　　Verse confusément le bienfait et le crime,
4　Et l'on peut pour cela te comparer au vin.

　　Tu contiens dans ton œil le couchant et l'aurore ;
　　Tu répands des parfums comme un soir orageux ;
　　Tes baisers sont un philtre et ta bouche une amphore
8　Qui font le héros lâche et l'enfant courageux.

---

1. Trompeur. Voir commentaire, p. 275.

Sors-tu du gouffre noir ou descends-tu des astres ?
Le Destin charmé suit tes jupons comme un chien ;
Tu sèmes au hasard la joie et les désastres,
12 Et tu gouvernes tout et ne réponds de rien.

Tu marches sur des morts, Beauté, dont tu te moques ;
De tes bijoux l'Horreur n'est pas le moins charmant,
Et le Meurtre, parmi tes plus chères breloques,
16 Sur ton ventre orgueilleux danse amoureusement.

L'éphémère[1] ébloui vole vers toi, chandelle,
Crépite, flambe et dit : Bénissons ce flambeau !
L'amoureux pantelant incliné sur sa belle
20 A l'air d'un moribond caressant son tombeau.

Que tu viennes du ciel ou de l'enfer, qu'importe,
Ô Beauté ! monstre énorme, effrayant, ingénu !
Si ton œil, ton souris, ton pied, m'ouvrent la porte
24 D'un Infini que j'aime et n'ai jamais connu ?

De Satan ou de Dieu, qu'importe ? Ange ou Sirène,
Qu'importe, si tu rends, — fée aux yeux de velours,
Rythme, parfum, lueur, ô mon unique reine ! —
28 L'univers moins hideux et les instants moins lourds ?

XXII

PARFUM EXOTIQUE

Quand, les deux yeux fermés, en un soir chaud
                                            [d'automne,
Je respire l'odeur de ton sein chaleureux,
Je vois se dérouler des rivages heureux
4 Qu'éblouissent les feux d'un soleil monotone ;

---

1. Insecte qui ressemble à une libellule. Voir commentaire, p. 276.

Une île paresseuse où la nature donne
Des arbres singuliers et des fruits savoureux ;
Des hommes dont le corps est mince et vigoureux,
8 Et des femmes dont l'œil par sa franchise étonne.

Guidé par ton odeur vers de charmants climats,
Je vois un port rempli de voiles et de mâts
11 Encor tout fatigués par la vague marine,

Pendant que le parfum des verts tamariniers,
Qui circule dans l'air et m'enfle la narine,
14 Se mêle dans mon âme au chant des mariniers[1].

XXIII

LA CHEVELURE

Ô toison[2], moutonnant jusque sur l'encolure !
Ô boucles ! Ô parfum chargé de nonchaloir[3] !
Extase ! Pour peupler ce soir l'alcôve obscure
Des souvenirs dormant dans cette chevelure,
5 Je la veux agiter[4] dans l'air comme un mouchoir !

La langoureuse Asie et la brûlante Afrique,
Tout un monde lointain, absent, presque défunt,
Vit dans tes profondeurs, forêt aromatique !
Comme d'autres esprits voguent sur la musique,
10 Le mien, ô mon amour ! nage sur ton parfum.

J'irai là-bas où l'arbre et l'homme, pleins de sève,
Se pâment longuement sous l'ardeur des climats ;
Fortes tresses, soyez la houle qui m'enlève !

---

1. Voir commentaire, p. 276.   **2.** Chevelure. La connotation animale du mot annonce le verbe (qui joue lui-même sur le radical « mouton » et sur le sens figuré et marin « moutonner »), qui à son tour permet « encolure ». En même temps, le caractère hymnique de l'apostrophe atténue ce que ce côté animalisant pourrait avoir d'irrespectueux.   **3.** Forme archaïque de nonchalance.   **4.** L'antéposition du pronom est aussi un trait d'archaïsme classicisant.

Tu contiens, mer d'ébène, un éblouissant rêve
15 De voiles, de rameurs, de flammes et de mâts :

Un port retentissant où mon âme peut boire
À grands flots le parfum, le son et la couleur ;
Où les vaisseaux, glissant dans l'or et dans la moire,
Ouvrent leurs vastes bras pour embrasser la gloire
20 D'un ciel pur où frémit l'éternelle chaleur.

Je plongerai ma tête amoureuse d'ivresse
Dans ce noir océan où l'autre est enfermé ;
Et mon esprit subtil que le roulis caresse
Saura vous retrouver, ô féconde paresse,
25 Infinis bercements du loisir embaumé !

Cheveux bleus, pavillon[1] de ténèbres tendues,
Vous me rendez l'azur du ciel immense et rond ;
Sur les bords duvetés de vos mèches tordues
Je m'enivre ardemment des senteurs confondues
30 De l'huile de coco, du musc[2] et du goudron.

Longtemps ! toujours ! ma main dans ta crinière lourde
Sèmera le rubis, la perle et le saphir,
Afin qu'à mon désir tu ne sois jamais sourde !
N'es-tu pas l'oasis où je rêve, et la gourde
35 Où je hume à longs traits le vin du souvenir ?

XXIV

Je t'adore à l'égal de la voûte nocturne,
Ô vase de tristesse, ô grande taciturne,
Et t'aime d'autant plus, belle, que tu me fuis,
Et que tu me parais, ornement de mes nuits,
5 Plus ironiquement accumuler les lieues
Qui séparent mes bras des immensités bleues.

---

1. Tente.   **2.** Parfum. Voir commentaire, p. 277.

Je m'avance à l'attaque, et je grimpe aux assauts,
Comme après un cadavre un chœur de vermisseaux,
Et je chéris, ô bête implacable et cruelle !
10 Jusqu'à cette froideur par où tu m'es plus belle [1] !

XXV

Tu mettrais l'univers entier dans ta ruelle [2],
Femme impure ! L'ennui rend ton âme cruelle.
Pour exercer tes dents à ce jeu singulier,
Il te faut chaque jour un cœur au râtelier.
5 Tes yeux, illuminés ainsi que des boutiques
Et des ifs [3] flamboyants dans les fêtes publiques,
Usent insolemment d'un pouvoir emprunté,
Sans connaître jamais la loi de leur beauté.

Machine aveugle et sourde, en cruautés féconde !
10 Salutaire instrument, buveur du sang du monde,
Comment n'as-tu pas honte et comment n'as-tu pas
Devant tous les miroirs vu pâlir tes appas ?
La grandeur de ce mal où tu te crois savante
Ne t'a donc jamais fait reculer d'épouvante,
15 Quand la nature, grande en ses desseins cachés,
De toi se sert, ô femme, ô reine des péchés,
— De toi, vil animal, — pour pétrir un génie ?

Ô fangeuse grandeur ! sublime ignominie !

---

1. Voir commentaire, p. 277.   **2.** L'espace entre le lit et le mur.
Voir commentaire, p. 278.   **3.** Pièces triangulaires de charpente sur
lesquelles on posait des lampions les jours d'illuminations.

XXVI

SED NON SATIATA[1]

Bizarre déité, brune comme les nuits,
Au parfum mélangé de musc et de havane[2],
Œuvre de quelque obi[3], le Faust de la savane[4],
4 Sorcière au flanc d'ébène, enfant des noirs minuits,

Je préfère au constance[5], à l'opium, au nuits[6],
L'élixir de ta bouche où l'amour se pavane ;
Quand vers toi mes désirs partent en caravane,
8 Tes yeux sont la citerne où boivent mes ennuis.

Par ces deux grands yeux noirs, soupiraux de ton âme,
Ô démon sans pitié ! verse-moi moins de flamme ;
11 Je ne suis pas le Styx[7] pour t'embrasser neuf fois,

Hélas ! et je ne puis, Mégère[8] libertine,
Pour briser ton courage et te mettre aux abois,
14 Dans l'enfer de ton lit devenir Proserpine[9] !

XXVII

Avec ses vêtements ondoyants et nacrés,
Même quand elle marche on croirait qu'elle danse,
Comme ces longs serpents que les jongleurs sacrés
4 Au bout de leurs bâtons agitent en cadence.

---

1. La référence est empruntée à une satire du poète latin Juvénal où se trouve le vers, relatif à Messaline, la femme de l'empereur Claude : « *Et lassata viris, sed non satiata recessit* » (Et lassée des hommes, *mais non pas satisfaite*, elle se retira). **2.** Tabac. **3.** Magicien africain. **4.** Faust a ici le sens de magicien. **5.** Pichois rappelle qu'il s'agit d'un vin du Cap. **6.** Vin de Bourgogne (nuits-saint-georges). **7.** Le fleuve des Enfers, qui en faisait neuf fois le tour. **8.** Mégère est une Furie. **9.** Épouse de Pluton, le roi des Enfers. Voir commentaire, p. 278.

Comme le sable morne et l'azur des déserts,
Insensibles tous deux à l'humaine souffrance,
Comme les longs réseaux de la houle des mers,
8 Elle se développe avec indifférence.

Ses yeux polis sont faits de minéraux charmants,
Et dans cette nature étrange et symbolique
11 Où l'ange inviolé se mêle au sphinx antique,

Où tout n'est qu'or, acier, lumière et diamants,
Resplendit à jamais, comme un astre inutile,
14 La froide majesté de la femme stérile[1].

XXVIII

LE SERPENT QUI DANSE

Que j'aime voir, chère indolente,
De ton corps si beau,
Comme une étoffe vacillante,
4   Miroiter la peau !

Sur ta chevelure profonde
Aux âcres parfums,
Mer odorante et vagabonde
8   Aux flots bleus et bruns,

Comme un navire qui s'éveille
Au vent du matin,
Mon âme rêveuse appareille
12   Pour un ciel lointain.

Tes yeux, où rien ne se révèle
De doux ni d'amer,
Sont deux bijoux froids où se mêle
16   L'or avec le fer.

---

1. Voir commentaire, p. 279.

À te voir marcher en cadence,
        Belle d'abandon,
On dirait un serpent qui danse
20   Au bout d'un bâton.

Sous le fardeau de ta paresse
        Ta tête d'enfant
Se balance avec la mollesse
24   D'un jeune éléphant,

Et ton corps se penche et s'allonge
        Comme un fin vaisseau
Qui roule bord sur bord et plonge
28   Ses vergues[1] dans l'eau.

Comme un flot grossi par la fonte
        Des glaciers grondants,
Quand l'eau de ta bouche remonte
32   Au bord de tes dents,

Je crois boire un vin de Bohême,
        Amer et vainqueur,
Un ciel liquide qui parsème
36   D'étoiles mon cœur !

XXIX

UNE CHAROGNE

Rappelez-vous l'objet que nous vîmes, mon âme,
        Ce beau matin d'été si doux ;
Au détour d'un sentier une charogne infâme
4   Sur un lit semé de cailloux,

---

1. Pièces de bois sur lesquelles sont fixées les voiles. Voir commentaire, p. 279.

Les jambes en l'air, comme une femme lubrique,
        Brûlante et suant les poisons,
Ouvrait d'une façon nonchalante et cynique
8   Son ventre plein d'exhalaisons.

Le soleil rayonnait sur cette pourriture,
        Comme afin de la cuire à point,
Et de rendre au centuple à la grande Nature
12   Tout ce qu'ensemble elle avait joint ;

Et le ciel regardait la carcasse superbe
        Comme une fleur s'épanouir.
La puanteur était si forte, que sur l'herbe
16   Vous crûtes vous évanouir.

Les mouches bourdonnaient sur ce ventre putride,
        D'où sortaient de noirs bataillons
De larves, qui coulaient comme un épais liquide
20   Le long de ces vivants haillons.

Tout cela descendait, montait comme une vague,
        Ou s'élançait en pétillant ;
On eût dit que le corps, enflé d'un souffle vague,
24   Vivait en se multipliant.

Et ce monde rendait une étrange musique,
        Comme l'eau courante et le vent,
Ou le grain qu'un vanneur d'un mouvement rythmique
28   Agite et tourne dans son van.

Les formes s'effaçaient et n'étaient plus qu'un rêve,
        Une ébauche lente à venir,
Sur la toile oubliée, et que l'artiste achève
32   Seulement par le souvenir.

Derrière les rochers une chienne inquiète
        Nous regardait d'un œil fâché,

Épiant le moment de reprendre au squelette
36   Le morceau qu'elle avait lâché.

— Et pourtant vous serez semblable à cette ordure,
        À cette horrible infection,
Étoile de mes yeux, soleil de ma nature,
40   Vous, mon ange et ma passion !

Oui ! telle vous serez, ô la reine des grâces,
        Après les derniers sacrements,
Quand vous irez, sous l'herbe et les floraisons grasses,
44   Moisir parmi les ossements.

Alors, ô ma beauté ! dites à la vermine
        Qui vous mangera de baisers,
Que j'ai gardé la forme et l'essence divine
48   De mes amours décomposés[1] !

XXX

DE PROFUNDIS CLAMAVI[2]

J'implore ta pitié, Toi, l'unique que j'aime,
Du fond du gouffre obscur où mon cœur est tombé.
C'est un univers morne à l'horizon plombé,
4   Où nagent dans la nuit l'horreur et le blasphème ;

Un soleil sans chaleur plane au-dessus six mois,
Et les six autres mois la nuit couvre la terre ;
C'est un pays plus nu que la terre polaire ;
8   — Ni bêtes, ni ruisseaux, ni verdure, ni bois !

---

1. Voir commentaire, p. 280.   **2.** Ces trois mots, qui signifient
« J'ai crié depuis le fond de l'abîme », sont empruntés à la vulgate
latine du psaume CXXX. Lors de sa publication en revue, en 1851, ce
sonnet portait le titre de « La Béatrix », que Baudelaire préféra attribuer
par la suite au poème CXV.

Or il n'est pas d'horreur au monde qui surpasse
La froide cruauté de ce soleil de glace
11 Et cette immense nuit semblable au vieux Chaos[1] ;

Je jalouse le sort des plus vils animaux
Qui peuvent se plonger dans un sommeil stupide,
14 Tant l'écheveau du temps lentement se dévide !

XXXI

LE VAMPIRE

Toi qui, comme un coup de couteau,
Dans mon cœur plaintif es entrée ;
Toi qui, forte comme un troupeau
4 De démons, vins, folle et parée,

De mon esprit humilié
Faire ton lit et ton domaine ;
— Infâme à qui je suis lié
8 Comme le forçat à la chaîne,

Comme au jeu le joueur têtu,
Comme à la bouteille l'ivrogne,
Comme aux vermines la charogne,
12 — Maudite, maudite sois-tu !

J'ai prié le glaive rapide
De conquérir ma liberté,
Et j'ai dit au poison perfide
16 De secourir ma lâcheté.

Hélas ! le poison et le glaive
M'ont pris en dédain et m'ont dit :
« Tu n'es pas digne qu'on t'enlève
20 À ton esclavage maudit,

---

1. La majuscule ajoutée au substantif permet de désigner le Chaos qui, dans certaines théogonies grecques, marquait l'origine de l'univers. Voir commentaire, p. 281.

« Imbécile ! — de son empire
Si nos efforts te délivraient,
Tes baisers ressusciteraient
24 Le cadavre de ton vampire[1] ! »

XXXII

Une nuit que j'étais près d'une affreuse Juive[2],
Comme au long d'un cadavre un cadavre étendu,
Je me pris à songer près de ce corps vendu
4 À la triste beauté dont mon désir se prive.

Je me représentai sa majesté native,
Son regard de vigueur et de grâces armé,
Ses cheveux qui lui font un casque parfumé,
8 Et dont le souvenir pour l'amour me ravive.

Car j'eusse avec ferveur baisé ton noble corps,
Et depuis tes pieds frais jusqu'à tes noires tresses
11 Déroulé le trésor des profondes caresses,

Si, quelque soir, d'un pleur obtenu sans effort
Tu pouvais seulement, ô reine des cruelles !
14 Obscurcir la splendeur de tes froides prunelles.

---

1. Voir commentaire, p. 281.   **2.** Il n'y a pas lieu d'inférer de l'expression un trait d'antisémitisme. Sarah la Louchette — si c'est bien d'elle qu'il s'agit — était juive. Qu'elle ait été « affreuse », un autre poème de jeunesse, « Je n'ai pas pour maîtresse... », nous l'apprend : « ... elle porte perruque./ Tous ses beaux cheveux noirs ont fui sa blanche nuque ;/ Ce qui n'empêche pas les baisers amoureux/ De pleuvoir sur son front plus pelé qu'un lépreux. » Ce même texte parle, d'ailleurs, d'une manière valorisante, de son « œil juif et cerné ». Voir commentaire, p. 281.

XXXIII

REMORDS POSTHUME

Lorsque tu dormiras, ma belle ténébreuse,
Au fond d'un monument construit en marbre noir,
Et lorsque tu n'auras pour alcôve et manoir
4   Qu'un caveau pluvieux et qu'une fosse creuse ;

Quand la pierre, opprimant ta poitrine peureuse
Et tes flancs qu'assouplit un charmant nonchaloir,
Empêchera ton cœur de battre et de vouloir,
8   Et tes pieds de courir leur course aventureuse,

Le tombeau, confident de mon rêve infini
(Car le tombeau toujours comprendra le poète),
11   Durant ces grandes nuits d'où le somme est banni,

Te dira : « Que vous sert, courtisane imparfaite,
De n'avoir pas connu ce que pleurent les morts ? »
14   — Et le ver rongera ta peau comme un remords [1].

XXXIV

LE CHAT

Viens, mon beau chat, sur mon cœur amoureux ;
    Retiens les griffes de ta patte,
Et laisse-moi plonger dans tes beaux yeux,
4   Mêlés de métal et d'agate.

Lorsque mes doigts caressent à loisir
    Ta tête et ton dos élastique,
Et que ma main s'enivre du plaisir
8   De palper ton corps électrique,

---

1. Voir commentaire, p. 282.

Je vois ma femme en esprit. Son regard,
    Comme le tien, aimable bête,
11 Profond et froid, coupe et fend comme un dard,

    Et, des pieds jusques à la tête,
Un air subtil, un dangereux parfum
14   Nagent autour de son corps brun[1].

XXXV

DUELLUM[2]

Deux guerriers ont couru l'un sur l'autre ; leurs armes
Ont éclaboussé l'air de lueurs et de sang.
Ces jeux, ces cliquetis du fer sont les vacarmes
4   D'une jeunesse en proie à l'amour vagissant.

Les glaives sont brisés ! comme notre jeunesse,
Ma chère ! Mais les dents, les ongles acérés,
Vengent bientôt l'épée et la dague traîtresse.
8   Ô fureur des cœurs mûrs par l'amour ulcérés !

Dans le ravin hanté des chats-pards[3] et des onces[4]
Nos héros, s'étreignant méchamment, ont roulé,
11 Et leur peau fleurira l'aridité des ronces.

    — Ce gouffre, c'est l'enfer, de nos amis peuplé !
Roulons-y sans remords, amazone inhumaine,
14 Afin d'éterniser l'ardeur de notre haine !

---

1. Voir commentaire, p. 282. **2.** Latin archaïque pour guerre, combat. **3.** Lynx. **4.** Chats-onces, jaguars, panthères. Voir commentaire, p. 283.

XXXVI

LE BALCON

Mère des souvenirs, maîtresse des maîtresses,
Ô toi, tous mes plaisirs ! ô toi, tous mes devoirs !
Tu te rappelleras la beauté des caresses,
La douceur du foyer et le charme des soirs,
5   Mère des souvenirs, maîtresse des maîtresses !

Les soirs illuminés par l'ardeur du charbon,
Et les soirs au balcon, voilés de vapeurs roses.
Que ton sein m'était doux ! que ton cœur m'était bon !
Nous avons dit souvent d'impérissables choses
10   Les soirs illuminés par l'ardeur du charbon.

Que les soleils sont beaux dans les chaudes soirées !
Que l'espace est profond ! que le cœur est puissant !
En me penchant vers toi, reine des adorées,
Je croyais respirer le parfum de ton sang.
15   Que les soleils sont beaux dans les chaudes soirées !

La nuit s'épaississait ainsi qu'une cloison,
Et mes yeux dans le noir devinaient tes prunelles,
Et je buvais ton souffle, ô douceur ! ô poison !
Et tes pieds s'endormaient dans mes mains fraternelles.
20   La nuit s'épaississait ainsi qu'une cloison.

Je sais l'art d'évoquer les minutes heureuses,
Et revis mon passé blotti dans tes genoux.
Car à quoi bon chercher tes beautés langoureuses
Ailleurs qu'en ton cher corps et qu'en ton cœur si doux ?
25   Je sais l'art d'évoquer les minutes heureuses !

Ces serments, ces parfums, ces baisers infinis,
Renaîtront-ils d'un gouffre interdit à nos sondes,
Comme montent au ciel les soleils rajeunis

Après s'être lavés au fond des mers profondes ?
30 — Ô serments ! ô parfums ! ô baisers infinis [1] !

XXXVII

LE POSSÉDÉ

Le soleil s'est couvert d'un crêpe. Comme lui,
Ô Lune de ma vie ! emmitoufle-toi d'ombre ;
Dors ou fume à ton gré ; sois muette, sois sombre,
4 Et plonge tout entière au gouffre de l'Ennui ;

Je t'aime ainsi ! Pourtant, si tu veux aujourd'hui,
Comme un astre éclipsé qui sort de la pénombre,
Te pavaner aux lieux que la Folie encombre,
8 C'est bien ! Charmant poignard, jaillis de ton étui !

Allume ta prunelle à la flamme des lustres !
Allume le désir dans les regards des rustres !
11 Tout de toi m'est plaisir, morbide ou pétulant ;

Sois ce que tu voudras, nuit noire, rouge aurore ;
Il n'est pas une fibre en tout mon corps tremblant
14 Qui ne crie : *Ô mon cher Belzébuth, je t'adore* [2] !

XXXVIII

UN FANTÔME [3]

I

LES TÉNÈBRES

Dans les caveaux d'insondable tristesse
Où le Destin m'a déjà relégué ;

---

1. Voir commentaire, p. 283.   **2.** Voir commentaire, p. 284.
3. Voir commentaire, p. 284.

Où jamais n'entre un rayon rose et gai ;
4   Où, seul avec la Nuit, maussade hôtesse,

Je suis comme un peintre qu'un Dieu moqueur
Condamne à peindre, hélas ! sur les ténèbres[1] ;
Où, cuisinier aux appétits funèbres,
8   Je fais bouillir et je mange mon cœur[2],

Par instants brille, et s'allonge, et s'étale
Un spectre fait de grâce et de splendeur.
11   À sa rêveuse allure orientale,

Quand il atteint sa totale grandeur,
Je reconnais ma belle visiteuse :
14   C'est Elle ! noire et pourtant lumineuse.

II
LE PARFUM

Lecteur, as-tu quelquefois respiré
Avec ivresse et lente gourmandise
Ce grain d'encens qui remplit une église,
4   Ou d'un sachet le musc invétéré ?

Charme profond, magique, dont nous grise
Dans le présent le passé restauré !
Ainsi l'amant sur un corps adoré
8   Du souvenir cueille la fleur exquise.

De ses cheveux élastiques et lourds,

---

1. Pichois veut reconnaître ici l'influence de deux vers de Shelley, traduits dans *Un mangeur d'opium* : « *With hue like that when some great painter dips / His pencil in the gloom of earthquake and eclipse* » (*The Revolt of Islam*, chant V, str. 23).   **2.** Sur le motif du « cœur mangé », voir le livre de Mariella di Maio, *Il cuore mangiato. Storia di un tema letterario dal Medioevo all'Ottocento*, Milan, Guerini e Associati, 1996. L'association avec le cuisinier fait penser au mythe de Thyeste et d'Atrée.

Vivant sachet, encensoir de l'alcôve,
11 Une senteur montait, sauvage et fauve,

Et des habits, mousseline ou velours,
Tout imprégnés de sa jeunesse pure,
14 Se dégageait un parfum de fourrure [1].

III
LE CADRE

Comme un beau cadre ajoute à la peinture,
Bien qu'elle soit d'un pinceau très vanté,
Je ne sais quoi d'étrange et d'enchanté
4 En l'isolant de l'immense nature,

Ainsi bijoux, meubles, métaux, dorure,
S'adaptaient juste à sa rare beauté ;
Rien n'offusquait sa parfaite clarté,
8 Et tout semblait lui servir de bordure.

Même on eût dit parfois qu'elle croyait
Que tout voulait l'aimer ; elle noyait
11 Sa nudité voluptueusement

Dans les baisers du satin et du linge,
Et, lente ou brusque, à chaque mouvement
14 Montrait la grâce enfantine du singe [2].

IV
LE PORTRAIT

La Maladie et la Mort font des cendres
De tout le feu qui pour nous flamboya.
De ces grands yeux si fervents et si tendres,
4 De cette bouche où mon cœur se noya,

---

1. Voir commentaire, p. 285. **2.** Voir commentaire, p. 285.

De ces baisers puissants comme un dictame[1],
De ces transports plus vifs que des rayons,
Que reste-t-il ? C'est affreux, ô mon âme !
8 Rien qu'un dessin fort pâle, aux trois crayons[2],

Qui, comme moi, meurt dans la solitude,
Et que le Temps, injurieux vieillard,
11 Chaque jour frotte avec son aile rude...

Noir assassin de la Vie et de l'Art,
Tu ne tueras jamais dans ma mémoire
14 Celle qui fut mon plaisir et ma gloire !

XXXIX

Je te donne ces vers afin que si mon nom
Aborde heureusement aux époques lointaines,
Et fait rêver un soir les cervelles humaines,
4 Vaisseau favorisé par un grand aquilon[3],

Ta mémoire, pareille aux fables incertaines,
Fatigue le lecteur ainsi qu'un tympanon[4],
Et par un fraternel et mystique chaînon
8 Reste comme pendue à mes rimes hautaines ;

Être maudit à qui, de l'abîme profond
Jusqu'au plus haut du ciel, rien, hors moi, ne répond !
11 — Ô toi qui, comme une ombre à la trace éphémère,

Foules d'un pied léger et d'un regard serein
Les stupides mortels qui t'ont jugée amère,
14 Statue aux yeux de jais[5], grand ange au front d'airain !

---

1. Vulnéraire, remède.   **2.** D'après le *Dictionnaire des Beaux-Arts* d'Aubin-Louis Millin (Paris, Desray, 1806, t. I, p. 380), dessiner aux trois crayons « c'est lorsqu'on emploie trois sortes de crayons différents ; de la sanguine, pour faire les carnations ; du blanc pour les clairs, et de la pierre noire pour les membres et le corps du dessin ». Voir commentaire, p. 285.   **3.** Vent du nord ; archaïsme.   **4.** Tambour.   **5.** Bois noir et dur. Voir commentaire, p. 285.

XL

SEMPER EADEM [1]

« D'où vous vient, disiez-vous, cette tristesse étrange,
Montant comme la mer sur le roc noir et nu ? »
— Quand notre cœur a fait une fois sa vendange,
4   Vivre est un mal. C'est un secret de tous connu,

Une douleur très simple et non mystérieuse,
Et, comme votre joie, éclatante pour tous.
Cessez donc de chercher, ô belle curieuse !
8   Et, bien que votre voix soit douce, taisez-vous !

Taisez-vous, ignorante ! âme toujours ravie !
Bouche au rire enfantin ! Plus encor que la Vie,
11   La Mort nous tient souvent par des liens subtils.

Laissez, laissez mon cœur s'enivrer d'un *mensonge*,
Plonger dans vos beaux yeux comme dans un beau songe,
14   Et sommeiller longtemps à l'ombre de vos cils !

XLI

TOUT ENTIÈRE

Le Démon, dans ma chambre haute,
Ce matin est venu me voir,
Et, tâchant à me prendre en faute,
4   Me dit : « Je voudrais bien savoir,

« Parmi toutes les belles choses
Dont est fait son enchantement,

---

1. Formule latine voulant dire (vraisemblablement) « toujours la même » ou « toujours les mêmes choses ». Dans le premier cas *ea* est un féminin singulier, dans le second un neutre pluriel. Voir commentaire, p. 286.

Parmi les objets noirs ou roses
8 Qui composent son corps charmant,

« Quel est le plus doux. » — Ô mon âme !
Tu répondis à l'Abhorré :
« Puisqu'en Elle tout est dictame [1],
12 Rien ne peut être préféré.

« Lorsque tout me ravit, j'ignore
Si quelque chose me séduit.
Elle éblouit comme l'Aurore
16 Et console comme la Nuit ;

« Et l'harmonie est trop exquise,
Qui gouverne tout son beau corps,
Pour que l'impuissante analyse
20 En note les nombreux accords.

« Ô métamorphose mystique
De tous mes sens fondus en un !
Son haleine fait la musique,
24 Comme sa voix fait le parfum ! »

XLII

Que diras-tu ce soir, pauvre âme solitaire,
Que diras-tu, mon cœur, cœur autrefois flétri,
À la très belle, à la très bonne, à la très chère,
4 Dont le regard divin t'a soudain refleuri ?

— Nous mettrons notre orgueil à chanter ses louanges :
Rien ne vaut la douceur de son autorité ;
Sa chair spirituelle a le parfum des Anges,
8 Et son œil nous revêt d'un habit de clarté.

---

1. Voir note au v. 5 du poème IV de « Un fantôme ». Voir commentaire, p. 286.

Que ce soit dans la nuit et dans la solitude,
Que ce soit dans la rue et dans la multitude,
11 Son fantôme dans l'air danse comme un flambeau.

Parfois il parle et dit : « Je suis belle, et j'ordonne
Que pour l'amour de moi vous n'aimiez que le Beau ;
14 Je suis l'Ange gardien, la Muse et la Madone[1]. »

XLIII

LE FLAMBEAU VIVANT

Ils marchent devant moi, ces Yeux pleins de lumières,
Qu'un Ange très savant a sans doute aimantés ;
Ils marchent, ces divins frères qui sont mes frères,
4 Secouant dans mes yeux leurs feux diamantés[2].

Me sauvant de tout piège et de tout péché grave,
Ils conduisent mes pas dans la route du Beau ;
Ils sont mes serviteurs et je suis leur esclave ;
8 Tout mon être obéit à ce vivant flambeau.

Charmants Yeux, vous brillez de la clarté mystique
Qu'ont les cierges brûlant en plein jour ; le soleil
11 Rougit, mais n'éteint pas leur flamme fantastique ;

Ils célèbrent la Mort, vous chantez le Réveil ;
Vous marchez en chantant le réveil de mon âme,
14 Astres dont nul soleil ne peut flétrir la flamme !

---

1. Voir commentaire, p. 287.   **2.** Le mot est tétrasyllabique ici du fait de la diérèse exigée par la mesure. Voir commentaire, p. 287.

XLIV

RÉVERSIBILITÉ[1]

Ange plein de gaieté, connaissez-vous l'angoisse,
La honte, les remords, les sanglots, les ennuis,
Et les vagues terreurs de ces affreuses nuits
Qui compriment le cœur comme un papier qu'on froisse ?
5   Ange plein de gaieté, connaissez-vous l'angoisse ?

Ange plein de bonté, connaissez-vous la haine,
Les poings crispés dans l'ombre et les larmes de fiel,
Quand la Vengeance bat son infernal rappel,
Et de nos facultés se fait le capitaine ?
10 Ange plein de bonté, connaissez-vous la haine ?

Ange plein de santé, connaissez-vous les Fièvres[2],
Qui, le long des grands murs de l'hospice blafard,
Comme des exilés, s'en vont d'un pied traînard,
Cherchant le soleil rare et remuant les lèvres ?
15 Ange plein de santé, connaissez-vous les Fièvres ?

Ange plein de beauté, connaissez-vous les rides,
Et la peur de vieillir, et ce hideux tourment
De lire la secrète horreur du dévouement
Dans des yeux où longtemps burent nos yeux avides ?
20 Ange plein de beauté, connaissez-vous les rides ?

Ange plein de bonheur, de joie et de lumières,
David[3] mourant aurait demandé la santé

---

1. Sur la notion de « réversibilité », dans le sens théologique où Baude-laire la reprend à Joseph de Maistre, A. Adam rappelle que « les mérites des saints et des fidèles forment un trésor de grâces dont les pécheurs peu-vent avoir, s'il plaît à Dieu, le bénéfice. De même, la gaieté, la bonté, la santé, la beauté de Mme Sabatier sont la compensation, pour Baudelaire, de l'angoisse, de la haine, des fièvres et des rides » (A. Adam, p. 329). **2.** Métonymie pour *malades atteints de fièvre*. Rilke, au début des *Cahiers de Malte Laurids Brigge*, se souviendra de ces « Fièvres » qui longent les murs de l'Hôtel-Dieu.   **3.** Dans sa vieillesse, le roi David, malade et mélancolique, eut besoin d'une jeune fille, Abischag, la Sunamite, pour se réchauffer (I Rois, I, 1-4). Voir commentaire, p. 287.

Aux émanations de ton corps enchanté ;
Mais de toi je n'implore, ange, que tes prières,
25 Ange plein de bonheur, de joie et de lumières !

XLV

CONFESSION

Une fois, une seule, aimable et douce femme,
    À mon bras votre bras poli
S'appuya (sur le fond ténébreux de mon âme
4   Ce souvenir n'est point pâli) ;

Il était tard ; ainsi qu'une médaille neuve
    La pleine lune s'étalait,
Et la solennité de la nuit, comme un fleuve,
8   Sur Paris dormant ruisselait.

Et le long des maisons, sous les portes cochères,
    Des chats passaient furtivement,
L'oreille au guet, ou bien, comme des ombres chères,
12   Nous accompagnaient lentement.

Tout à coup, au milieu de l'intimité libre
    Éclose à la pâle clarté,
De vous, riche et sonore instrument où ne vibre
16   Que la radieuse gaieté,

De vous, claire et joyeuse ainsi qu'une fanfare
    Dans le matin étincelant,
Une note plaintive, une note bizarre
20   S'échappa, tout en chancelant

Comme une enfant chétive, horrible, sombre, immonde,
    Dont sa famille rougirait,
Et qu'elle aurait longtemps, pour la cacher au monde,
24   Dans un caveau mise au secret.

Pauvre ange, elle chantait, votre note criarde :
        « Que rien ici-bas n'est certain,
Et que toujours, avec quelque soin qu'il se farde,
28   Se trahit l'égoïsme humain ;

« Que c'est un dur métier que d'être belle femme,
        Et que c'est le travail banal
De la danseuse folle et froide qui se pâme
32   Dans un sourire machinal ;

« Que bâtir sur les cœurs est une chose sotte ;
        Que tout craque, amour et beauté,
Jusqu'à ce que l'Oubli les jette dans sa hotte
36   Pour les rendre à l'Éternité ! »

J'ai souvent évoqué cette lune enchantée,
        Ce silence et cette langueur,
Et cette confidence horrible chuchotée
40   Au confessionnal du cœur [1].

XLVI

L'AUBE SPIRITUELLE

Quand chez les débauchés l'aube blanche et vermeille
Entre en société de l'Idéal rongeur,
Par l'opération d'un mystère vengeur
4 Dans la brute assoupie un ange se réveille.

Des Cieux Spirituels l'inaccessible azur,
Pour l'homme terrassé qui rêve encore et souffre,
S'ouvre et s'enfonce avec l'attirance du gouffre.
8 Ainsi, chère Déesse, Être lucide et pur,

---

1. Voir commentaire, p. 288.

Sur les débris fumeux des stupides orgies
Ton souvenir plus clair, plus rose, plus charmant,
11 À mes yeux agrandis voltige incessamment.

Le soleil a noirci la flamme des bougies ;
Ainsi, toujours vainqueur, ton fantôme est pareil,
14 Âme resplendissante, à l'immortel soleil[1] !

XLVII

HARMONIE DU SOIR

Voici venir les temps où vibrant sur sa tige
Chaque fleur s'évapore ainsi qu'un encensoir ;
Les sons et les parfums tournent dans l'air du soir ;
4 Valse mélancolique et langoureux vertige !

Chaque fleur s'évapore ainsi qu'un encensoir ;
Le violon frémit comme un cœur qu'on afflige ;
Valse mélancolique et langoureux vertige !
8 Le ciel est triste et beau comme un grand reposoir[2].

Le violon frémit comme un cœur qu'on afflige,
Un cœur tendre, qui hait le néant vaste et noir !
Le ciel est triste et beau comme un grand reposoir ;
12 Le soleil s'est noyé dans son sang qui se fige.

Un cœur tendre, qui hait le néant vaste et noir,
Du passé lumineux recueille tout vestige !
Le soleil s'est noyé dans son sang qui se fige...
16 Ton souvenir en moi luit comme un ostensoir[3] !

---

1. Voir commentaire, p. 288.   **2.** Meuble ou autel sur lequel on dépose l'hostie consacrée au cours d'une procession.   **3.** Pièce d'orfèvrerie destinée à contenir l'hostie. Voir commentaire, p. 288.

XLVIII

LE FLACON

Il est de forts parfums pour qui toute matière
Est poreuse. On dirait qu'ils pénètrent le verre.
En ouvrant un coffret venu de l'Orient
4 Dont la serrure grince et rechigne en criant,

Ou dans une maison déserte quelque armoire
Pleine de l'âcre odeur des temps, poudreuse et noire,
Parfois on trouve un vieux flacon qui se souvient,
8 D'où jaillit toute vive une âme qui revient.

Mille pensers dormaient, chrysalides funèbres,
Frémissant doucement dans les lourdes ténèbres,
Qui dégagent leur aile et prennent leur essor,
12 Teintés d'azur, glacés de rose, lamés d'or.

Voilà le souvenir enivrant qui voltige
Dans l'air troublé ; les yeux se ferment ; le Vertige
Saisit l'âme vaincue et la pousse à deux mains
16 Vers un gouffre obscurci de miasmes humains ;

Il la terrasse au bord d'un gouffre séculaire,
Où, Lazare odorant déchirant son suaire,
Se meut dans son réveil le cadavre spectral
20 D'un vieil amour ranci, charmant et sépulcral.

Ainsi, quand je serai perdu dans la mémoire
Des hommes, dans le coin d'une sinistre armoire
Quand on m'aura jeté, vieux flacon désolé,
24 Décrépit, poudreux, sale, abject, visqueux, fêlé,

Je serai ton cercueil, aimable pestilence !
Le témoin de ta force et de ta virulence,
Cher poison préparé par les anges ! liqueur
28 Qui me ronge, ô la vie et la mort de mon cœur[1] !

---

1. Voir commentaire, p. 289.

XLIX

LE POISON

Le vin sait revêtir le plus sordide bouge
    D'un luxe miraculeux,
Et fait surgir plus d'un portique fabuleux
    Dans l'or de sa vapeur rouge,
5 Comme un soleil couchant dans un ciel nébuleux.

L'opium agrandit ce qui n'a pas de bornes,
    Allonge l'illimité,
Approfondit le temps, creuse la volupté,
    Et de plaisirs noirs et mornes
10 Remplit l'âme au-delà de sa capacité.

Tout cela ne vaut pas le poison qui découle
    De tes yeux, de tes yeux verts,
Lacs où mon âme tremble et se voit à l'envers...
    Mes songes viennent en foule
15 Pour se désaltérer à ces gouffres amers.

Tout cela ne vaut pas le terrible prodige
    De ta salive qui mord,
Qui plonge dans l'oubli mon âme sans remords,
    Et, charriant le vertige,
20 La roule défaillante aux rives de la mort[1] !

L

CIEL BROUILLÉ

On dirait ton regard d'une vapeur couvert ;
Ton œil mystérieux (est-il bleu, gris ou vert ?)
Alternativement tendre, rêveur, cruel,
4 Réfléchit l'indolence et la pâleur du ciel.

---

1. Voir commentaire, p. 290.

Tu rappelles ces jours blancs, tièdes et voilés,
Qui font se fondre en pleurs les cœurs ensorcelés,
Quand, agités d'un mal inconnu qui les tord,
8 Les nerfs trop éveillés raillent l'esprit qui dort.

Tu ressembles parfois à ces beaux horizons
Qu'allument les soleils des brumeuses saisons...
Comme tu resplendis, paysage mouillé
12 Qu'enflamment les rayons tombant d'un ciel brouillé !

Ô femme dangereuse, ô séduisants climats !
Adorerai-je aussi ta neige et vos frimas,
Et saurai-je tirer de l'implacable hiver
16 Des plaisirs plus aigus que la glace et le fer[1] ?

LI

LE CHAT

I

Dans ma cervelle se promène,
Ainsi qu'en son appartement,
Un beau chat, fort, doux et charmant.
4 Quand il miaule, on l'entend à peine,

Tant son timbre est tendre et discret ;
Mais que sa voix s'apaise ou gronde,
Elle est toujours riche et profonde.
8 C'est là son charme et son secret.

Cette voix, qui perle et qui filtre
Dans mon fonds le plus ténébreux,
Me remplit comme un vers nombreux
12 Et me réjouit comme un philtre.

---

1. Voir commentaire, p. 290.

Elle endort les plus cruels maux
Et contient toutes les extases ;
Pour dire les plus longues phrases,
16 Elle n'a pas besoin de mots.

Non, il n'est pas d'archet qui morde
Sur mon cœur, parfait instrument,
Et fasse plus royalement
20 Chanter sa plus vibrante corde,

Que ta voix, chat mystérieux,
Chat séraphique, chat étrange,
En qui tout est, comme en un ange,
24 Aussi subtil qu'harmonieux !

II

De sa fourrure blonde et brune
Sort un parfum si doux, qu'un soir
J'en fus embaumé, pour l'avoir
28 Caressée une fois, rien qu'une.

C'est l'esprit familier du lieu ;
Il juge, il préside, il inspire
Toutes choses dans son empire ;
32 Peut-être est-il fée, est-il dieu ?

Quand mes yeux, vers ce chat que j'aime
Tirés comme par un aimant,
Se retournent docilement
36 Et que je regarde en moi-même,

Je vois avec étonnement
Le feu de ses prunelles pâles,
Clairs fanaux, vivantes opales,
40 Qui me contemplent fixement [1].

---

1. Voir commentaire, p. 290.

LII

LE BEAU NAVIRE

Je veux te raconter, ô molle enchanteresse !
Les diverses beautés qui parent ta jeunesse ;
  Je veux te peindre ta beauté,
4 Où l'enfance s'allie à la maturité.

Quand tu vas balayant l'air de ta jupe large,
Tu fais l'effet d'un beau vaisseau qui prend le large,
  Chargé de toile, et va roulant
8 Suivant un rythme doux, et paresseux, et lent.

Sur ton cou large et rond, sur tes épaules grasses,
Ta tête se pavane avec d'étranges grâces ;
  D'un air placide et triomphant
12 Tu passes ton chemin, majestueuse enfant.

Je veux te raconter, ô molle enchanteresse !
Les diverses beautés qui parent ta jeunesse ;
  Je veux te peindre ta beauté,
16 Où l'enfance s'allie à la maturité.

Ta gorge qui s'avance et qui pousse la moire,
Ta gorge triomphante est une belle armoire
  Dont les panneaux bombés et clairs
20 Comme les boucliers accrochent des éclairs ;

Boucliers provocants, armés de pointes roses !
Armoire à doux secrets, pleine de bonnes choses,
  De vins, de parfums, de liqueurs
24 Qui feraient délirer les cerveaux et les cœurs !

Quand tu vas balayant l'air de ta jupe large,
Tu fais l'effet d'un beau vaisseau qui prend le large,
  Chargé de toile, et va roulant
28 Suivant un rythme doux, et paresseux, et lent.

Tes nobles jambes, sous les volants qu'elles chassent,
Tourmentent les désirs obscurs et les agacent,
    Comme deux sorcières qui font
32 Tourner un philtre noir dans un vase profond.

Tes bras, qui se joueraient des précoces hercules,
Sont des boas luisants les solides émules,
    Faits pour serrer obstinément,
36 Comme pour l'imprimer dans ton cœur, ton amant.

Sur ton cou large et rond, sur tes épaules grasses,
Ta tête se pavane avec d'étranges grâces ;
    D'un air placide et triomphant
40 Tu passes ton chemin, majestueuse enfant[1].

LIII

L'INVITATION AU VOYAGE

    Mon enfant, ma sœur,
    Songe à la douceur
D'aller là-bas vivre ensemble !
    Aimer à loisir,
    Aimer et mourir
6 Au pays qui te ressemble !
    Les soleils mouillés
    De ces ciels brouillés
Pour mon esprit ont les charmes
    Si mystérieux
    De tes traîtres yeux,
12 Brillant à travers leurs larmes.

    Là, tout n'est qu'ordre et beauté,
    Luxe, calme et volupté.

---

1. Voir commentaire, p. 291.

15 Des meubles luisants,
        Polis par les ans,
    Décoreraient notre chambre ;
        Les plus rares fleurs
        Mêlant leurs odeurs
20 Aux vagues senteurs de l'ambre,
        Les riches plafonds,
        Les miroirs profonds,
    La splendeur orientale,
        Tout y parlerait
        À l'âme en secret
26 Sa douce langue natale.

    Là, tout n'est qu'ordre et beauté,
    Luxe, calme et volupté.

29   Vois sur ces canaux
        Dormir ces vaisseaux
    Dont l'humeur est vagabonde ;
        C'est pour assouvir
        Ton moindre désir
34 Qu'ils viennent du bout du monde.
        — Les soleils couchants
        Revêtent les champs,
    Les canaux, la ville entière,
        D'hyacinthe et d'or ;
        Le monde s'endort
40 Dans une chaude lumière.

    Là, tout n'est qu'ordre et beauté,
    Luxe, calme et volupté [1].

---

1. Voir commentaire, p. 291.

LIV

L'IRRÉPARABLE[1]

Pouvons-nous étouffer le vieux, le long Remords,
    Qui vit, s'agite et se tortille,
Et se nourrit de nous comme le ver des morts,
    Comme du chêne la chenille ?
5 Pouvons-nous étouffer l'implacable Remords ?

Dans quel philtre, dans quel vin, dans quelle tisane,
    Noierons-nous ce vieil ennemi,
Destructeur et gourmand comme la courtisane,
    Patient comme la fourmi ?
10 Dans quel philtre ? — dans quel vin ? — dans quelle
                            [tisane ?

Dis-le, belle sorcière, oh ! dis, si tu le sais,
    À cet esprit comblé d'angoisse
Et pareil au mourant qu'écrasent les blessés,
    Que le sabot du cheval froisse,
15 Dis-le, belle sorcière, oh ! dis, si tu le sais,

À cet agonisant que le loup déjà flaire
    Et que surveille le corbeau,
À ce soldat brisé ! s'il faut qu'il désespère
    D'avoir sa croix et son tombeau ;
20 Ce pauvre agonisant que déjà le loup flaire !

Peut-on illuminer un ciel bourbeux et noir ?
    Peut-on déchirer des ténèbres
Plus denses que la poix, sans matin et sans soir,
    Sans astres, sans éclairs funèbres ?
25 Peut-on illuminer un ciel bourbeux et noir ?

---

1. Lors de sa publication dans *La Revue des Deux Mondes* du 1er juin 1855, le poème était intitulé « À la Belle aux cheveux d'or ». Dix strophes de 5 vers dans lesquelles 3 alexandrins alternent avec 2 octosyllabes rimant entre eux. Le 5e vers répète le premier, à l'exception des strophes 6 et 10. Voir commentaire, p. 292.

L'Espérance qui brille aux carreaux de l'Auberge
        Est soufflée, est morte à jamais !
Sans lune et sans rayons, trouver où l'on héberge
        Les martyrs d'un chemin mauvais !
30   Le Diable a tout éteint aux carreaux de l'Auberge !

Adorable sorcière, aimes-tu les damnés ?
        Dis, connais-tu l'irrémissible ?
Connais-tu le Remords, aux traits empoisonnés,
        À qui notre cœur sert de cible ?
35   Adorable sorcière, aimes-tu les damnés ?

L'Irréparable ronge avec sa dent maudite
        Notre âme, piteux monument,
Et souvent il attaque, ainsi que le termite,
        Par la base le bâtiment.
40   L'Irréparable ronge avec sa dent maudite !

— J'ai vu parfois, au fond d'un théâtre banal
        Qu'enflammait l'orchestre sonore,
Une fée allumer dans un ciel infernal
        Une miraculeuse aurore ;
45   J'ai vu parfois au fond d'un théâtre banal

Un être, qui n'était que lumière, or et gaze,
        Terrasser l'énorme Satan ;
Mais mon cœur, que jamais ne visite l'extase,
        Est un théâtre où l'on attend
50   Toujours, toujours en vain, l'Être aux ailes de gaze !

LV

CAUSERIE

Vous êtes un beau ciel d'automne, clair et rose !
Mais la tristesse en moi monte comme la mer,
Et laisse, en refluant, sur ma lèvre morose
4   Le souvenir cuisant de son limon amer.

— Ta main se glisse en vain sur mon sein qui se pâme ;
Ce qu'elle cherche, amie, est un lieu saccagé
Par la griffe et la dent féroce de la femme.
8 Ne cherchez plus mon cœur ; les bêtes l'ont mangé.

Mon cœur est un palais flétri par la cohue ;
On s'y soûle, on s'y tue, on s'y prend aux cheveux !
11 — Un parfum nage autour de votre gorge nue !...

Ô Beauté, dur fléau des âmes, tu le veux !
Avec tes yeux de feu, brillants comme des fêtes,
14 Calcine ces lambeaux qu'ont épargnés les bêtes[1] !

LVI

CHANT D'AUTOMNE

I

Bientôt nous plongerons dans les froides ténèbres ;
Adieu, vive clarté de nos étés trop courts[2] !
J'entends déjà tomber avec des chocs funèbres
4 Le bois retentissant sur le pavé des cours.

Tout l'hiver va rentrer dans mon être : colère,
Haine, frissons, horreur, labeur dur et forcé,
Et, comme le soleil dans son enfer polaire[3],
8 Mon cœur ne sera plus qu'un bloc rouge et glacé.

J'écoute en frémissant chaque bûche qui tombe ;
L'échafaud qu'on bâtit n'a pas d'écho plus sourd.

---

1. Voir commentaire, p. 293.   **2.** Noter la coupe inhabituelle. De façon générale, la prosodie de ce poème multiplie les coupes irrégulières au profit d'une « dramatisation » qui vise à intensifier le sentiment de la mort (voir en particulier la quatrième et la septième strophe). Henri Meschonnic développe ce point dans « Un poème est lu : *Chant d'automne* de Baudelaire », *Pour la poétique III*, Paris, Gallimard, 1973, p. 275-336.   **3.** Cf. la « froide cruauté de ce soleil de glace » du poème XXX.

Mon esprit est pareil à la tour qui succombe
12 Sous les coups du bélier[1] infatigable et lourd.

Il me semble, bercé par ce choc monotone,
Qu'on cloue en grande hâte un cercueil quelque part.
Pour qui ? — C'était hier l'été ; voici l'automne !
16 Ce bruit mystérieux sonne comme un départ.

II

J'aime de vos longs yeux la lumière verdâtre,
Douce beauté, mais tout aujourd'hui m'est amer,
Et rien, ni votre amour, ni le boudoir, ni l'âtre,
20 Ne me vaut le soleil rayonnant sur la mer.

Et pourtant aimez-moi, tendre cœur ! soyez mère,
Même pour un ingrat, même pour un méchant ;
Amante ou sœur, soyez la douceur éphémère
24 D'un glorieux automne ou d'un soleil couchant.

Courte tâche ! La tombe attend ; elle est avide !
Ah ! laissez-moi, mon front posé sur vos genoux,
Goûter, en regrettant l'été blanc et torride,
29 De l'arrière-saison le rayon jaune et doux !

---

1. Il s'agit de la poutre à tête de bélier qui sert à enfoncer des portes. Voir commentaire, p. 293.

LVII

À UNE MADONE[1]

EX-VOTO[2] DANS LE GOÛT ESPAGNOL

Je veux bâtir pour toi, Madone, ma maîtresse,
Un autel souterrain au fond de ma détresse,
Et creuser dans le coin le plus noir de mon cœur,
Loin du désir mondain et du regard moqueur,
5 Une niche[3], d'azur et d'or tout émaillée,
Où tu te dresseras, Statue émerveillée.
Avec mes Vers polis, treillis d'un pur métal
Savamment constellé de rimes de cristal,
Je ferai pour ta tête une énorme Couronne ;
10 Et dans ma Jalousie, ô mortelle Madone,
Je saurai te tailler un Manteau, de façon
Barbare, roide et lourd, et doublé de soupçon,
Qui, comme une guérite, enfermera tes charmes ;
Non de Perles brodé, mais de toutes mes Larmes !
15 Ta Robe, ce sera mon Désir, frémissant,
Onduleux, mon Désir qui monte et qui descend,
Aux pointes se balance, aux vallons se repose,
Et revêt d'un baiser tout ton corps blanc et rose.
Je te ferai de mon Respect de beaux Souliers
20 De satin, par tes pieds divins humiliés,
Qui, les emprisonnant dans une molle étreinte,
Comme un moule fidèle en garderont l'empreinte.
Si je ne puis, malgré tout mon art diligent,

---

1. Dans *Fusées*, Baudelaire note que « l'Espagne met dans la religion la férocité naturelle de l'amour ». Le sens du sous-titre se comprend à partir de là. Ce n'est pas la première fois que Baudelaire assimile implicitement le métier de poète à celui de sculpteur — c'était déjà le cas dans « J'aime le souvenir... » —, mais ce sculpteur, ici, est amoureux. L'identification de l'Aimée à une Madone était déjà réalisée dans le poème XLII. Elle se proposait d'autant plus facilement que cet ex-voto est dédié à Marie (Daubrun), comme il ressort du jeu de mots du v. 37.   **2.** Tableau ou plaque portant une formule de reconnaissance dans une église.   **3.** Au sens technique d'emplacement réservé pour une statue dans un édifice religieux.

Pour Marchepied[1] tailler une Lune d'argent,
25 Je mettrai le Serpent qui me mord les entrailles
Sous tes talons, afin que tu foules et railles,
Reine victorieuse et féconde en rachats,
Ce monstre tout gonflé de haine et de crachats.
Tu verras mes Pensers, rangés comme les Cierges
30 Devant l'autel fleuri de la Reine des Vierges,
Étoilant de reflets le plafond peint en bleu,
Te regarder toujours avec des yeux de feu ;
Et comme tout en moi te chérit et t'admire,
Tout se fera Benjoin, Encens, Oliban[2], Myrrhe,
35 Et sans cesse vers toi, sommet blanc et neigeux,
En Vapeurs montera mon Esprit orageux.

Enfin, pour compléter ton rôle de Marie,
Et pour mêler l'amour avec la barbarie,
Volupté noire ! des sept Péchés capitaux,
40 Bourreau plein de remords, je ferai sept Couteaux[3]
Bien affilés, et, comme un jongleur insensible,
Prenant le plus profond de ton amour pour cible,
Je les planterai tous dans ton Cœur pantelant,
Dans ton Cœur sanglotant, dans ton Cœur ruisselant !

---

1. Dans l'iconographie religieuse, Marie est représentée avec un croissant de lune (symbole de virginité) et un serpent (symbole de péché) sous les pieds. **2.** Résine nommée aussi encens. **3.** Vierge aux sept glaives. C'est la Vierge aux sept douleurs. Les sept glaives représentent les épisodes suivants : 1) la prophétie de Siméon dans Luc II, 34-35 (« cet enfant est destiné (...) à devenir un signe qui provoquera la contradiction, et à toi-même une épée qui te transpercera l'âme ») ; 2) la fuite en Égypte ; 3) le Christ enfant que sa mère croit perdu lorsqu'il dispute avec les docteurs ; 4) le portement de la croix ; 5) la crucifixion ; 6) la descente de la croix ; 7) la mise au tombeau. Cf. L. Réau, *Iconographie de l'art chrétien*, Paris, PUF, 1956-1959, 3 vol. Voir commentaire, p. 294.

LVIII

CHANSON D'APRÈS-MIDI

Quoique tes sourcils méchants
Te donnent un air étrange
Qui n'est pas celui d'un ange,
4 Sorcière aux yeux alléchants,

Je t'adore, ô ma frivole,
Ma terrible passion !
Avec la dévotion
8 Du prêtre pour son idole.

Le désert et la forêt
Embaument tes tresses rudes,
Ta tête a les attitudes
12 De l'énigme et du secret.

Sur ta chair le parfum rôde
Comme autour d'un encensoir ;
Tu charmes comme le soir,
16 Nymphe ténébreuse et chaude.

Ah ! les philtres les plus forts
Ne valent pas ta paresse,
Et tu connais la caresse
20 Qui fait revivre les morts !

Tes hanches sont amoureuses
De ton dos et de tes seins,
Et tu ravis les coussins
24 Par tes poses langoureuses.

Quelquefois, pour apaiser
Ta rage mystérieuse,
Tu prodigues, sérieuse,
28 La morsure et le baiser ;

Tu me déchires, ma brune,
Avec un rire moqueur,
Et puis tu mets sur mon cœur
32 Ton œil doux comme la lune.

Sous tes souliers de satin,
Sous tes charmants pieds de soie,
Moi, je mets ma grande joie,
36 Mon génie et mon destin,

Mon âme par toi guérie,
Par toi, lumière et couleur !
Explosion de chaleur
40 Dans ma noire Sibérie[1] !

LIX

SISINA

Imaginez Diane[2] en galant équipage,
Parcourant les forêts ou battant les halliers,
Cheveux et gorge au vent, s'enivrant de tapage,
4 Superbe et défiant les meilleurs cavaliers !

Avez-vous vu Théroigne[3], amante du carnage,
Excitant à l'assaut un peuple sans souliers,
La joue et l'œil en feu, jouant son personnage,
8 Et montant, sabre au poing, les royaux escaliers ?

Telle la Sisina ! Mais la douce guerrière
A l'âme charitable autant que meurtrière ;
11 Son courage, affolé de poudre et de tambours,

Devant les suppliants sait mettre bas les armes,
Et son cœur, ravagé par la flamme, a toujours,
14 Pour qui s'en montre digne, un réservoir de larmes.

---

1. Voir commentaire, p. 294.   **2.** La déesse de la chasse.
3. Théroigne de Méricourt se distingua par sa bravoure lors de la prise
de la Bastille. Voir commentaire, p. 295.

LX

FRANCISCÆ MEÆ LAUDES

Novis te cantabo chordis,
O novelletum quod ludis
3 In solitudine cordis.

Esto sertis implicata,
O femina delicata
6 Per quam solvuntur peccata !

Sicut beneficum Lethe,
Hauriam oscula de te,
9 Quæ imbuta es magnete.

Quum vitiorum tempestas
Turbabat omnes semitas,
12 Apparuisti, Deitas,

Velut stella salutaris
In naufragiis amaris...
15 Suspendam cor tuis aris !

Piscina plena virtutis,
Fons æternæ juventutis,
18 Labris vocem redde mutis !

Quod erat spurcum, cremasti ;
Quod rudius, exæquasti ;
21 Quod debile, confirmasti.

In fame mea taberna,
In nocte mea lucerna,
24 Recte me semper guberna.

Adde nunc vires viribus,
Dulce balneum suavibus
27 Unguentatum odoribus !

Meos circa lumbos mica,
O castitatis lorica,
30   Aqua tincta seraphica ;

Patera gemmis corusca,
Panis salsus, mollis esca,
33   Divinum vinum, Francisca[1] !

LXI

À UNE DAME CRÉOLE

Au pays parfumé que le soleil caresse,
J'ai connu, sous un dais d'arbres tout empourprés
Et de palmiers d'où pleut sur les yeux la paresse,
4   Une dame créole aux charmes ignorés.

Son teint est pâle et chaud ; la brune enchanteresse
À dans le cou des airs noblement maniérés ;
Grande et svelte en marchant comme une chasseresse,
8   Son sourire est tranquille et ses yeux assurés.

Si vous alliez, Madame, au vrai pays de gloire,
Sur les bords de la Seine ou de la verte Loire,
11   Belle digne d'orner les antiques manoirs,

Vous feriez, à l'abri des ombreuses retraites,
Germer mille sonnets dans le cœur des poètes,
14   Que vos grands yeux rendraient plus soumis que vos
                                          [noirs[2].

---

1. Voir commentaire, p. 295.   **2.** Voir commentaire, p. 297.

LXII

MŒSTA ET ERRABUNDA[1]

Dis-moi, ton cœur parfois s'envole-t-il, Agathe[2],
Loin du noir océan de l'immonde cité,
Vers un autre océan où la splendeur éclate,
Bleu, clair, profond, ainsi que la virginité ?
5 Dis-moi, ton cœur parfois s'envole-t-il, Agathe ?

La mer, la vaste mer, console nos labeurs !
Quel démon a doté la mer, rauque chanteuse
Qu'accompagne l'immense orgue des vents grondeurs,
De cette fonction sublime de berceuse ?
10 La mer, la vaste mer, console nos labeurs !

Emporte-moi, wagon ! enlève-moi, frégate !
Loin ! loin ! ici la boue est faite de nos pleurs !
— Est-il vrai que parfois le triste cœur d'Agathe
Dise : Loin des remords, des crimes, des douleurs,
15 Emporte-moi, wagon, enlève-moi, frégate ?

Comme vous êtes loin, paradis parfumé,
Où sous un clair azur tout n'est qu'amour et joie,
Où tout ce que l'on aime est digne d'être aimé,
Où dans la volupté pure le cœur se noie !
20 Comme vous êtes loin, paradis parfumé !

Mais le vert paradis des amours enfantines,
Les courses, les chansons, les baisers, les bouquets,
Les violons vibrant derrière les collines,
Avec les brocs[3] de vin, le soir, dans les bosquets,
25 — Mais le vert paradis des amours enfantines,

L'innocent paradis, plein de plaisirs furtifs,
Est-il déjà plus loin que l'Inde et que la Chine ?

---

1. Deux adjectifs latins signifiant « triste et vagabonde ».
2. On rappellera qu'en grec, l'adjectif à la base de ce nom signifie
« bon(ne) ».   **3.** Ici : coupes. Voir commentaire, p. 297.

Peut-on le rappeler avec des cris plaintifs,
Et l'animer encor d'une voix argentine,
30 L'innocent paradis plein de plaisirs furtifs ?

LXIII

LE REVENANT

Comme les anges à l'œil fauve,
Je reviendrai dans ton alcôve
Et vers toi glisserai sans bruit
4 Avec les ombres de la nuit ;

Et je te donnerai, ma brune,
Des baisers froids comme la lune
Et des caresses de serpent
8 Autour d'une fosse rampant.

Quand viendra le matin livide,
Tu trouveras ma place vide,
11 Où jusqu'au soir il fera froid.

Comme d'autres par la tendresse,
Sur ta vie et sur ta jeunesse,
14 Moi, je veux régner par l'effroi[1].

LXIV

SONNET D'AUTOMNE

Ils me disent, tes yeux, clairs comme le cristal :
« Pour toi, bizarre amant, quel est donc mon mérite ? »
— Sois charmante et tais-toi ! Mon cœur, que tout irrite,
4 Excepté la candeur de l'antique animal,

---

1. Voir commentaire, p. 298.

Ne veut pas te montrer son secret infernal,
Berceuse dont la main aux longs sommeils m'invite,
Ni sa noire légende avec la flamme écrite.
8 Je hais la passion et l'esprit me fait mal !

Aimons-nous doucement. L'Amour dans sa guérite[1],
Ténébreux, embusqué, bande son arc fatal.
11 Je connais les engins de son vieil arsenal :

Crime, horreur et folie ! — Ô pâle marguerite !
Comme moi n'es-tu pas un soleil automnal,
14 Ô ma si blanche, ô ma si froide Marguerite[2] ?

LXV

TRISTESSES DE LA LUNE

Ce soir, la lune rêve avec plus de paresse ;
Ainsi qu'une beauté, sur de nombreux coussins,
Qui d'une main distraite et légère caresse
4 Avant de s'endormir le contour de ses seins,

Sur le dos satiné des molles avalanches,
Mourante, elle se livre aux longues pâmoisons,
Et promène ses yeux sur les visions blanches
8 Qui montent dans l'azur comme des floraisons.

Quand parfois sur ce globe, en sa langueur oisive,
Elle laisse filer une larme furtive,
11 Un poète pieux, ennemi du sommeil,

Dans le creux de sa main prend cette larme pâle,
Aux reflet irisés comme un fragment d'opale,
14 Et la met dans son cœur loin des yeux du soleil[3].

---

1. Abri d'une sentinelle. **2.** Le nom est celui de l'Aimée de Faust chez Goethe, que Baudelaire pouvait connaître par la traduction de Nerval ou par *La Comédie de la Mort* de Gautier. Voir commentaire, p. 298. **3.** Voir commentaire, p. 298.

LXVI

LES CHATS

Les amoureux fervents et les savants austères
Aiment également, dans leur mûre saison,
Les chats puissants et doux, orgueil de la maison,
4 Qui comme eux sont frileux et comme eux sédentaires.

Amis de la science[1] et de la volupté,
Ils cherchent le silence et l'horreur des ténèbres ;
L'Érèbe[2] les eût pris pour ses coursiers[3] funèbres,
8 S'ils pouvaient au servage incliner leur fierté.

Ils prennent en songeant les nobles attitudes
Des grands sphinx allongés au fond des solitudes,
11 Qui semblent s'endormir dans un rêve sans fin ;

Leurs reins féconds sont pleins d'étincelles magiques,
Et des parcelles d'or, ainsi qu'un sable fin,
14 Étoilent vaguement leurs prunelles mystiques.

LXVII

LES HIBOUX

Sous les ifs noirs qui les abritent,
Les hiboux se tiennent rangés,
Ainsi que des dieux étrangers,
4 Dardant leur œil rouge. Ils méditent.

Sans remuer ils se tiendront
Jusqu'à l'heure mélancolique
Où, poussant le soleil oblique,
8 Les ténèbres s'établiront.

---

1. Ici, dissyllabique.   **2.** Région souterraine et ténébreuse située au-dessus des Enfers.   **3.** Terme classique et noble pour « chevaux ». Voir commentaire, p. 299.

Leur attitude au sage enseigne
Qu'il faut en ce monde qu'il craigne
11 Le tumulte et le mouvement ;

L'homme ivre d'une ombre qui passe
Porte toujours le châtiment
14 D'avoir voulu changer de place[1].

LXVIII

LA PIPE

Je suis la pipe d'un auteur ;
On voit, à contempler ma mine
D'Abyssinienne ou de Cafrine[2],
4 Que mon maître est un grand fumeur.

Quand il est comblé de douleur,
Je fume comme la chaumine
Où se prépare la cuisine
8 Pour le retour du laboureur.

J'enlace et je berce son âme
Dans le réseau mobile et bleu
11 Qui monte de ma bouche en feu,

Et je roule un puissant dictame[3]
Qui charme son cœur et guérit
14 De ses fatigues son esprit.

---

1. Voir commentaire, p. 299.   **2.** Originaire de Cafrerie, région du sud-est de l'Afrique.   **3.** Voir note au vers 5 du poème « Le Portrait », p. 88. Voir commentaire, p. 300.

LXIX

LA MUSIQUE

La musique souvent me prend comme une mer !
          Vers ma pâle étoile,
Sous un plafond de brume ou dans un vaste éther,
4   Je mets à la voile ;

La poitrine en avant et les poumons gonflés
          Comme de la toile,
J'escalade le dos des flots amoncelés
8   Que la nuit me voile ;

Je sens vibrer en moi toutes les passions
          D'un vaisseau qui souffre ;
11 Le bon vent, la tempête et ses convulsions

          Sur l'immense gouffre
Me bercent. D'autres fois, calme plat, grand miroir
14   De mon désespoir[1] !

LXX

SÉPULTURE

Si par une nuit lourde et sombre
Un bon chrétien, par charité,
Derrière quelque vieux décombre
4 Enterre votre corps vanté,

À l'heure où les chastes étoiles
Ferment leurs yeux appesantis,
L'araignée y fera ses toiles,
8 Et la vipère ses petits ;

---

1. Voir commentaire, p. 300.

Vous entendrez toute l'année
Sur votre tête condamnée
11   Les cris lamentables des loups

Et des sorcières faméliques,
Les ébats des vieillards lubriques
14   Et les complots des noirs filous[1].

LXXI

UNE GRAVURE FANTASTIQUE[2]

Ce spectre singulier[3] n'a pour toute toilette,
Grotesquement campé sur son front de squelette,
Qu'un diadème affreux sentant le carnaval.
Sans éperons, sans fouet, il essouffle un cheval,
5   Fantôme comme lui, rosse apocalyptique,
Qui bave des naseaux comme un épileptique.
Au travers de l'espace ils s'enfoncent tous deux,
Et foulent l'infini d'un sabot hasardeux.
Le cavalier promène un sabre qui flamboie
10   Sur les foules sans nom que sa monture broie,
Et parcourt, comme un prince inspectant sa maison,
Le cimetière immense et froid, sans horizon,
Où gisent, aux lueurs d'un soleil blanc et terne,
Les peuples de l'histoire ancienne et moderne.

---

1. Voir commentaire, p. 300.   **2.** Lors de sa première publication, le poème portait le titre de « Une gravure de Mortimer ». Félix Leakey (« Baudelaire and Mortimer », *French Studies*, avril 1953, p. 101-115) a montré qu'il s'agissait d'un dessin de John Hamilton Mortimer (1740-1779), gravé par son élève Joseph Haynes (1760-1829). Le titre définitif déplace l'accent de la source vers l'effet que le spectre produit.   **3.** Le dessin de Mortimer illustre un passage de l'Apocalypse (VI, 8) qui décrit la Mort assise sur un cheval et suivie par le Sépulcre. Voir commentaire, p. 301.

LXXII

LE MORT JOYEUX

Dans une terre grasse et pleine d'escargots
Je veux creuser moi-même une fosse profonde,
Où je puisse à loisir étaler mes vieux os
4 Et dormir dans l'oubli comme un requin dans l'onde.

Je hais les testaments et je hais les tombeaux ;
Plutôt que d'implorer une larme du monde,
Vivant, j'aimerais mieux inviter les corbeaux
8 À saigner tous les bouts de ma carcasse immonde.

Ô vers ! noirs compagnons sans oreille et sans yeux,
Voyez venir à vous un mort libre et joyeux ;
11 Philosophes viveurs, fils de la pourriture,

À travers ma ruine allez donc sans remords,
Et dites-moi s'il est encor quelque torture
14 Pour ce vieux corps sans âme et mort parmi les morts[1] !

LXXIII

LE TONNEAU DE LA HAINE

La Haine est le tonneau des pâles Danaïdes[2] ;
La Vengeance éperdue aux bras rouges et forts
A beau précipiter dans ses ténèbres vides
4 De grands seaux pleins du sang et des larmes des morts,

Le Démon fait des trous secrets à ces abîmes,
Par où fuiraient mille ans de sueurs et d'efforts,
Quand même elle saurait ranimer ses victimes,
8 Et pour les pressurer ressusciter leurs corps.

---

1. Voir commentaire, p. 301. 2. Filles de Danaos qui, ayant tué leurs époux pendant leur nuit de noces, furent condamnées à remplir de l'eau du Tartare des tonneaux sans fond.

La Haine est un ivrogne au fond d'une taverne,
Qui sent toujours la soif naître de la liqueur
11 Et se multiplier comme l'hydre de Lerne[1].

— Mais les buveurs heureux connaissent leur
[vainqueur,
Et la Haine est vouée à ce sort lamentable
14 De ne pouvoir jamais s'endormir sous la table.

LXXIV
LA CLOCHE FÊLÉE

Il est amer et doux, pendant les nuits d'hiver,
D'écouter, près du feu qui palpite et qui fume,
Les souvenirs lointains lentement s'élever
4 Au bruit des carillons qui chantent dans la brume.

Bienheureuse la cloche au gosier vigoureux
Qui, malgré sa vieillesse, alerte et bien portante,
Jette fidèlement son cri religieux,
8 Ainsi qu'un vieux soldat qui veille sous la tente !

Moi, mon âme est fêlée, et lorsqu'en ses ennuis
Elle veut de ses chants peupler l'air froid des nuits,
11 Il arrive souvent que sa voix affaiblie

Semble le râle épais d'un blessé qu'on oublie
Au bord d'un lac de sang, sous un grand tas de morts[2],
14 Et qui meurt, sans bouger, dans d'immenses efforts.

---

1. Serpent monstrueux dont les sept têtes repoussaient à mesure qu'on les coupait. Voir commentaire, p. 301.   **2.** Voir commentaire, p. 302.

LXXV

SPLEEN

Pluviôse[1], irrité contre la ville entière,
De son urne à grands flots verse un froid ténébreux
Aux pâles habitants du voisin cimetière
4 Et la mortalité sur les faubourgs brumeux.

Mon chat sur le carreau cherchant une litière
Agite sans repos son corps maigre et galeux ;
L'âme d'un vieux poète erre dans la gouttière
8 Avec la triste voix d'un fantôme frileux.

Le bourdon[2] se lamente, et la bûche enfumée
Accompagne en fausset la pendule enrhumée,
11 Cependant qu'en un jeu plein de sales parfums,

Héritage fatal d'une vieille hydropique[3],
Le beau valet de cœur et la dame de pique
14 Causent sinistrement de leurs amours défunts.

LXXVI

SPLEEN

J'ai plus de souvenirs que si j'avais mille ans.

Un gros meuble à tiroirs encombré de bilans,
De vers, de billets doux, de procès, de romances,
Avec de lourds cheveux roulés dans des quittances,
5 Cache moins de secrets que mon triste cerveau.
C'est une pyramide, un immense caveau,
Qui contient plus de morts que la fosse commune.

---

1. Cinquième mois du calendrier républicain (du 20 janvier au 18 février).   2. Il s'agit ici de la grosse cloche à son grave. 3. Atteinte d'hydropisie, accumulation de sérosité dans une cavité du corps. Voir commentaire, p. 302.

— Je suis un cimetière abhorré de la lune,
Où comme des remords se traînent de longs vers
10 Qui s'acharnent toujours sur mes morts les plus chers.
Je suis un vieux boudoir plein de roses fanées,
Où gît tout un fouillis de modes surannées,
Où les pastels plaintifs et les pâles Boucher [1],
Seuls, respirent l'odeur d'un flacon débouché.

15 Rien n'égale en longueur les boiteuses journées,
Quand sous les lourds flocons des neigeuses années
L'ennui, fruit de la morne incuriosité,
Prend les proportions de l'immortalité.
— Désormais tu n'es plus, ô matière vivante !
20 Qu'un granit entouré d'une vague épouvante,
Assoupi dans le fond d'un Sahara brumeux ;
Un vieux sphinx ignoré du monde insoucieux,
Oublié sur la carte, et dont l'humeur farouche
Ne chante qu'aux rayons du soleil qui se couche [2].

LXXVII

SPLEEN

Je suis comme le roi d'un pays pluvieux,
Riche, mais impuissant, jeune et pourtant très vieux,
Qui, de ses précepteurs méprisant les courbettes,
S'ennuie avec ses chiens comme avec d'autres bêtes.
5 Rien ne peut l'égayer, ni gibier, ni faucon,
Ni son peuple mourant en face du balcon.
Du bouffon favori la grotesque ballade
Ne distrait plus le front de ce cruel malade ;
Son lit fleurdelisé se transforme en tombeau,
10 Et les dames d'atour, pour qui tout prince est beau,
Ne savent plus trouver d'impudique toilette

---

1. Tableaux du peintre François Boucher (1703-1770), dont c'est la seule mention dans l'œuvre de Baudelaire.   **2.** Baudelaire recompose ici le *topos* de la statue de Memnon qui, elle, chantait aux rayons du soleil levant. L'inversion est révélatrice. Voir commentaire, p. 303.

Pour tirer un souris de ce jeune squelette.
Le savant qui lui fait de l'or n'a jamais pu
De son être extirper l'élément corrompu,
15 Et dans ces bains de sang qui des Romains nous viennent,
Et dont sur leurs vieux jours les puissants se souviennent,
Il n'a su réchauffer ce cadavre hébété
Où coule au lieu de sang l'eau verte du Léthé[1].

LXXVIII

SPLEEN

Quand le ciel bas et lourd pèse comme un couvercle
Sur l'esprit gémissant en proie aux longs ennuis,
Et que de l'horizon embrassant tout le cercle
4 Il nous verse un jour noir plus triste que les nuits ;

Quand la terre est changée en un cachot humide,
Où l'Espérance, comme une chauve-souris,
S'en va battant les murs de son aile timide
8 Et se cognant la tête à des plafonds pourris[2] ;

Quand la pluie étalant ses immenses traînées
D'une vaste prison imite les barreaux,
Et qu'un peuple muet d'infâmes araignées
12 Vient tendre ses filets au fond de nos cerveaux,

Des cloches tout à coup sautent avec furie
Et lancent vers le ciel un affreux hurlement,
Ainsi que des esprits errants et sans patrie
16 Qui se mettent à geindre opiniâtrement.

---

1. Cl. Pichois note à juste titre que le Léthé dont il s'agit ici n'est pas le fleuve de l'oubli, mais celui de la léthargie. Voir commentaire, p. 303. 2. On peut s'étonner du fait que la chauve-souris cogne sa tête au plafond, elle à qui son système d'orientation permet d'éviter de tels heurts. L'explication de Michael Riffaterre, qui voit dans cette chauve-souris un substitut de la colombe, symbole d'espérance, permet de lever la difficulté. Voir commentaire, p. 304.

— Et de longs corbillards, sans tambours ni musique,
Défilent lentement dans mon âme ; l'Espoir,
Vaincu, pleure, et l'Angoisse atroce, despotique,
20 Sur mon crâne incliné plante son drapeau noir.

LXXIX

OBSESSION

Grands bois, vous m'effrayez comme des cathédrales ;
Vous hurlez comme l'orgue ; et dans nos cœurs maudits,
Chambres d'éternel deuil où vibrent de vieux râles,
4 Répondent les échos de vos *De profundis.*

Je te hais, Océan ! tes bonds et tes tumultes,
Mon esprit les retrouve en lui ; ce rire amer
De l'homme vaincu, plein de sanglots et d'insultes,
8 Je l'entends dans le rire énorme de la mer[1].

Comme tu me plairais, ô nuit ! sans ces étoiles
Dont la lumière parle un langage connu !
11 Car je cherche le vide, et le noir, et le nu !

Mais les ténèbres sont elles-mêmes des toiles
Où vivent, jaillissant de mon œil par milliers,
14 Des êtres disparus aux regards familiers.

LXXX

LE GOÛT DU NÉANT

Morne esprit, autrefois amoureux de la lutte,
L'Espoir, dont l'éperon attisait ton ardeur,
Ne veut plus t'enfourcher ! Couche-toi sans pudeur,
Vieux cheval dont le pied à chaque obstacle bute.

---

1. Voir commentaire, p. 304.

5 Résigne-toi, mon cœur ; dors ton sommeil de brute.

Esprit vaincu, fourbu ! Pour toi, vieux maraudeur,
L'amour n'a plus de goût, non plus que la dispute ;
Adieu donc, chants du cuivre et soupirs de la flûte !
Plaisirs, ne tentez plus un cœur sombre et boudeur !

10 Le Printemps adorable a perdu son odeur !

Et le Temps m'engloutit minute par minute,
Comme la neige immense un corps pris de roideur ;
Je contemple d'en haut le globe en sa rondeur
Et je n'y cherche plus l'abri d'une cahute.

15 Avalanche, veux-tu m'emporter dans ta chute[1] ?

. LXXXI

ALCHIMIE DE LA DOULEUR

L'un t'éclaire avec son ardeur,
L'autre en toi met son deuil, Nature !
Ce qui dit à l'un : Sépulture !
4 Dit à l'autre : Vie et splendeur !

Hermès[2] inconnu qui m'assistes
Et qui toujours m'intimidas,
Tu me rends l'égal de Midas[3],
8 Le plus triste des alchimistes ;

Par toi je change l'or en fer
Et le paradis en enfer ;
11 Dans le suaire des nuages

---

1. Voir commentaire, p. 305.   **2.** Voir p. 49, n. 2.   **3.** Roi dont les mains transformaient en or tout ce qu'il touchait, y compris l'eau et la nourriture. Voir commentaire, p. 305.

Je découvre un cadavre cher,
Et sur les célestes rivages
14 Je bâtis de grands sarcophages.

LXXXII

HORREUR SYMPATHIQUE [1]

De ce ciel bizarre et livide,
Tourmenté comme ton destin,
Quels pensers dans ton âme vide
4 Descendent ? réponds, libertin [2].

— Insatiablement avide
De l'obscur et de l'incertain,
Je ne geindrai pas comme Ovide [3]
8 Chassé du paradis latin.

Cieux déchirés comme des grèves,
En vous se mire mon orgueil ;
11 Vos vastes nuages en deuil

Sont les corbillards de mes rêves,
Et vos lueurs sont le reflet
14 De l'Enfer où mon cœur se plaît.

---

1. L'adjectif doit se comprendre comme signifiant « qui appartient à la théorie des sympathies », terme que Baudelaire remplace par « correspondances ». Le libertin interpellé est donc en relation de « sympathie » avec « l'horreur » du ciel livide et tourmenté qui le surplombe. **2.** Le mot peut renvoyer aussi bien au sens de « esprit fort, athée » qu'à celui de « débauché ».   **3.** Le poète latin Ovide (43 av. J.-C.-16 ap.) avait été chassé de Rome et exilé chez les Scythes. Baudelaire a dressé un vibrant éloge du tableau de Delacroix, *Ovide chez les Scythes*, dans son *Salon de 1859* (OC, II, 635-636). Voir commentaire, p. 305.

LXXXIII

L'HÉAUTONTIMOROUMÉNOS[1]

À J. G. F.[2]

Je te frapperai sans colère
Et sans haine, comme un boucher,
Comme Moïse le rocher[3] !
4   Et je ferai de ta paupière,

Pour abreuver mon Sahara[4],
Jaillir les eaux de la souffrance.
Mon désir gonflé d'espérance
8   Sur tes pleurs salés nagera

Comme un vaisseau qui prend le large,
Et dans mon cœur qu'ils soûleront
Tes chers sanglots retentiront
12   Comme un tambour qui bat la charge !

Ne suis-je pas un faux accord
Dans la divine symphonie,
Grâce à la vorace Ironie
16   Qui me secoue et qui me mord ?

Elle est dans ma voix, la criarde !
C'est tout mon sang, ce poison noir !
Je suis le sinistre miroir
20   Où la mégère se regarde.

Je suis la plaie et le couteau !
Je suis le soufflet et la joue !

---

1. Mot grec signifiant « celui qui se venge sur soi-même ». C'est le titre d'une comédie de Térence.   **2.** Ces trois lettres ont gardé leur mystère.   **3.** Dans l'Exode (XVII, 5-7), Moïse frappe le rocher de son bâton pour en faire jaillir l'eau qui désaltérera le peuple d'Israël. **4.** La cohérence biblique voudrait plutôt le Sinaï. Voir commentaire, p. 305.

Je suis les membres et la roue,
24 Et la victime et le bourreau !

Je suis de mon cœur le vampire,
— Un de ces grands abandonnés
Au rire éternel condamnés,
28 Et qui ne peuvent plus sourire !

LXXXIV

L'IRRÉMÉDIABLE

I

Une Idée, une Forme, un Être [1]
Parti de l'azur et tombé
Dans un Styx [2] bourbeux et plombé
4 Où nul œil du Ciel ne pénètre ;

Un Ange, imprudent voyageur
Qu'a tenté l'amour du difforme,
Au fond d'un cauchemar énorme
8 Se débattant comme un nageur,

Et luttant, angoisses funèbres !
Contre un gigantesque remous
Qui va chantant comme les fous
12 Et pirouettant dans les ténèbres ;

Un malheureux ensorcelé
Dans ses tâtonnements futiles,
Pour fuir d'un lieu plein de reptiles,
16 Cherchant la lumière et la clé ;

Un damné descendant sans lampe,
Au bord d'un gouffre dont l'odeur

---

1. Termes appartenant au langage de la gnose, qui voit la création comme une chute.   **2.** Fleuve des Enfers. Voir commentaire, p. 306.

Trahit l'humide profondeur,
20 D'éternels escaliers sans rampe,

Où veillent des monstres visqueux
Dont les larges yeux de phosphore
Font une nuit plus noire encore
24 Et ne rendent visibles qu'eux ;

Un navire pris dans le pôle,
Comme en un piège de cristal,
Cherchant par quel détroit fatal
28 Il est tombé dans cette geôle ;

— Emblèmes nets, tableau parfait
D'une fortune irrémédiable,
Qui donne à penser que le Diable
32 Fait toujours bien tout ce qu'il fait !

II

Tête-à-tête sombre et limpide
Qu'un cœur devenu son miroir !
Puits de Vérité, clair et noir,
36 Où tremble une étoile livide,

Un phare ironique, infernal,
Flambeau des grâces sataniques,
Soulagement et gloire uniques,
40 — La conscience dans le Mal !

LXXXV

L'HORLOGE [1]

Horloge ! dieu sinistre, effrayant, impassible,
Dont le doigt nous menace et nous dit : « *Souviens-toi !*

---

1. Titre repris d'un poème d'*España* de Théophile Gautier, que Baudelaire récrit ici.

Les vibrantes Douleurs dans ton cœur plein d'effroi
4 Se planteront bientôt comme dans une cible ;

« Le Plaisir vaporeux fuira vers l'horizon
Ainsi qu'une sylphide[1] au fond de la coulisse ;
Chaque instant te dévore un morceau du délice
8 À chaque homme accordé pour toute sa saison.

« Trois mille six cents fois par heure, la Seconde
Chuchote : *Souviens-toi !* — Rapide, avec sa voix
D'insecte, Maintenant dit : Je suis Autrefois,
12 Et j'ai pompé ta vie avec ma trompe immonde !

« *Remember ! Souviens-toi*, prodigue ! *Esto memor*[2] !
(Mon gosier de métal parle toutes les langues.)
Les minutes, mortel folâtre, sont des gangues
16 Qu'il ne faut pas lâcher sans en extraire l'or !

« *Souviens-toi* que le Temps est un joueur avide
Qui gagne sans tricher, à tout coup ! c'est la loi.
Le jour décroît ; la nuit augmente ; *souviens-toi !*
20 Le gouffre a toujours soif ; la clepsydre[3] se vide.

« Tantôt sonnera l'heure où le divin Hasard,
Où l'auguste Vertu, ton épouse encor vierge,
Où le Repentir même (oh ! la dernière auberge !),
24 Où tout te dira : Meurs, vieux lâche ! il est trop tard ! »

---

1. Génie aérien féminin. **2.** Équivalents anglais et latin de « souviens-toi ! » **3.** Horloge à eau. Voir commentaire, p. 306.

TABLEAUX PARISIENS[1]

LXXXVI

PAYSAGE

Je veux, pour composer chastement mes églogues[2],
Coucher auprès du ciel, comme les astrologues,
Et, voisin des clochers, écouter en rêvant
Leurs hymnes solennels emportés par le vent.
5 Les deux mains au menton, du haut de ma mansarde,
Je verrai l'atelier qui chante et qui bavarde ;
Les tuyaux, les clochers, ces mâts de la cité,
Et les grands ciels qui font rêver d'éternité.

Il est doux, à travers les brumes, de voir naître
10 L'étoile dans l'azur, la lampe à la fenêtre,
Les fleuves de charbon monter au firmament
Et la lune verser son pâle enchantement.
Je verrai les printemps, les étés, les automnes ;
Et quand viendra l'hiver aux neiges monotones,
15 Je fermerai partout portières et volets
Pour bâtir dans la nuit mes féeriques palais.
Alors, je rêverai des horizons bleuâtres,
Des jardins, des jets d'eau pleurant dans les albâtres[3],
Des baisers, des oiseaux chantant soir et matin,

---

1. Karlheinz Stierle a montré ce que ce titre, introduit pour l'édition de 1861, devait à la tradition du *Tableau de Paris*, inaugurée en 1781 par l'ouvrage du même nom de Louis Sébastien Mercier.   **2.** Terme de poétique latine désignant un poème traitant d'un sujet pastoral. Cf. au v. 20 le terme, apparenté ici, de « l'Idylle ».   **3.** Vases d'albâtre, sorte de plâtre.

20 Et tout ce que l'Idylle a de plus enfantin.
L'Émeute[1], tempêtant vainement à ma vitre,
Ne fera pas lever mon front de mon pupitre ;
Car je serai plongé dans cette volupté
D'évoquer le Printemps avec ma volonté,
25 De tirer un soleil de mon cœur, et de faire
De mes pensers brûlants une tiède atmosphère.

LXXXVII

LE SOLEIL

Le long du vieux faubourg, où pendent aux masures
Les persiennes, abri des secrètes luxures,
Quand le soleil cruel frappe à traits redoublés
Sur la ville et les champs, sur les toits et les blés,
5 Je vais m'exercer seul à ma fantasque escrime,
Flairant dans tous les coins les hasards de la rime,
Trébuchant sur les mots comme sur les pavés,
Heurtant parfois des vers depuis longtemps rêvés.

Ce père nourricier, ennemi des chloroses[2],
10 Éveille dans les champs les vers comme les roses ;
Il fait s'évaporer les soucis vers le ciel,
Et remplit les cerveaux et les ruches de miel.
C'est lui qui rajeunit les porteurs de béquilles
Et les rend gais et doux comme des jeunes filles,
15 Et commande aux moissons de croître et de mûrir
Dans le cœur immortel qui toujours veut fleurir !

Quand, ainsi qu'un poète, il descend dans les villes,
Il ennoblit le sort des choses les plus viles,
Et s'introduit en roi, sans bruit et sans valets,
20 Dans tous les hôpitaux et dans tous les palais.

---

1. La majuscule allégorise et décontextualise l'allusion possible au coup d'État de 1851. Mais le poème ne paraît qu'après la première édition. Voir commentaire, p. 306. **2.** Voir la note au v. 5 du poème « L'Idéal », p. 67. Voir commentaire, p. 307.

LXXXVIII

À UNE MENDIANTE ROUSSE

Blanche fille aux cheveux roux,
Dont la robe par ses trous
Laisse voir la pauvreté
4   Et la beauté,

Pour moi, poète chétif,
Ton jeune corps maladif,
Plein de taches de rousseur,
8   A sa douceur.

Tu portes plus galamment
Qu'une reine de roman
Ses cothurnes[1] de velours
12   Tes sabots lourds.

Au lieu d'un haillon trop court,
Qu'un superbe habit de cour
Traîne à plis bruyants et longs
16   Sur tes talons ;

En place de bas troués,
Que pour les yeux des roués
Sur ta jambe un poignard d'or
20   Reluise encor ;

Que des nœuds mal attachés
Dévoilent pour nos péchés
Tes deux beaux seins, radieux
24   Comme des yeux ;

Que pour te déshabiller
Tes bras se fassent prier

---

1. Chaussures montantes à semelle épaisse.

Et chassent à coups mutins
28   Les doigts lutins,

Perles de la plus belle eau,
Sonnets de maître Belleau[1]
Par tes galants mis aux fers
32   Sans cesse offerts,

Valetaille de rimeurs
Te dédiant leurs primeurs
Et contemplant ton soulier
36   Sous l'escalier,

Maint page épris du hasard,
Maint seigneur et maint Ronsard[2]
Épieraient pour le déduit[3]
40   Ton frais réduit[4] !

Tu compterais dans tes lits
Plus de baisers que de lis
Et rangerais sous tes lois
44   Plus d'un Valois ![5]

— Cependant tu vas gueusant[6]
Quelque vieux débris gisant
Au seuil de quelque Véfour[7]
48   De carrefour ;

Tu vas lorgnant en dessous
Des bijoux de vingt-neuf sous
Dont je ne puis, oh ! pardon !
52   Te faire don.

---

1. Rémi Belleau (1528-1577), poète de la Pléiade.   **2.** Le nom du grand poète est pris ici pour un synonyme d'admirateur de la beauté féminine.   **3.** Terme archaïque signifiant le plaisir.   **4.** Archaïsme pour désigner le sexe féminin.   **5.** La dynastie des rois de France qui précède celle des Bourbons.   **6.** Mendiant.   **7.** Restaurant de luxe. Voir commentaire, p. 307.

Va donc, sans autre ornement,
Parfum, perles, diamant,
Que ta maigre nudité,
56   Ô ma beauté !

LXXXIX

LE CYGNE

À Victor Hugo.

I

Andromaque [1], je pense à vous ! Ce petit fleuve,
Pauvre et triste miroir où jadis resplendit
L'immense majesté de vos douleurs de veuve,
4 Ce Simoïs menteur [2] qui par vos pleurs grandit,

A fécondé soudain ma mémoire fertile,
Comme je traversais le nouveau Carrousel [3].
Le vieux Paris n'est plus (la forme d'une ville
8 Change plus vite, hélas ! que le cœur d'un mortel) ;

Je ne vois qu'en esprit tout ce camp de baraques,
Ces tas de chapiteaux ébauchés et de fûts,
Les herbes, les gros blocs verdis par l'eau des flaques,
12 Et, brillant aux carreaux, le bric-à-brac confus.

---

1. Il s'agit de la veuve d'Hector, le héros de Troie tombé sous les coups d'Achille. Plutôt qu'à l'*Iliade*, Baudelaire pense toutefois d'abord à un passage du 3ᵉ chant de *l'Enéide* de Virgile, dont il détacha un hémistiche pour le placer en exergue de la version parue en revue. Exilée en Epire après la chute de Troie, Andromaque a reconstitué le paysage de sa ville natale ainsi que le cénotaphe d'Hector auquel elle rend un culte fervent. Mais Baudelaire pense aussi à la figure de la pièce de Racine, *Andromaque*, symbole de la fidélité endeuillée. **2.** C'est le « *falsi Simoentis* », le faux Simoïs qu'Andromaque fait couler devant le simulacre de Troie. **3.** La place du Carrousel devant le Louvre subit les bouleversements liés à la mise en œuvre du Plan Haussmann.

Là s'étalait jadis une ménagerie ;
Là je vis, un matin, à l'heure où sous les cieux
Froids et clairs le Travail s'éveille, où la voirie
16 Pousse un sombre ouragan dans l'air silencieux,

Un cygne qui s'était évadé de sa cage,
Et, de ses pieds palmés frottant le pavé sec,
Sur le sol raboteux traînait son blanc plumage.
20 Près d'un ruisseau sans eau la bête ouvrant le bec

Baignait nerveusement ses ailes dans la poudre,
Et disait, le cœur plein de son beau lac natal :
« Eau, quand donc pleuvras-tu ? quand tonneras-tu,
[foudre ? »
24 Je vois ce malheureux, mythe étrange et fatal,

Vers le ciel quelquefois, comme l'homme d'Ovide[1],
Vers le ciel ironique et cruellement bleu,
Sur son cou convulsif tendant sa tête avide,
28 Comme s'il adressait des reproches à Dieu[2] !

II

Paris change ! mais rien dans ma mélancolie
N'a bougé ! palais neufs, échafaudages, blocs,
Vieux faubourgs, tout pour moi devient allégorie,
32 Et mes chers souvenirs sont plus lourds que des rocs.

---

1. Il s'agit d'une allusion aux vers du premier Livre des *Métamorphoses* dans lequel le créateur a ordonné à l'homme (à la différence des animaux qui fixent le sol) de regarder le ciel et de tourner son visage vers les astres : « *Pronaque cum spectent animalia cetera terram, /Os homini sublime dedit, cœlumque tueri /Jussit et erectos ad sidera tollere vultus* » (I, v. 84-86). Le contexte permet toutefois de penser que Baudelaire songe en même temps à l'homme Ovide lui-même, symbole du poète exilé tel qu'il apparaît dans « Horreur sympathique ». **2.** Jean Deprun a proposé un rapprochement intéressant entre ce cygne et un passage de la *VIe Étude de la Nature* de Bernardin de Saint-Pierre. Voir « Du canard au cygne : Baudelaire et Bernardin de Saint-Pierre », *Bulletin baudelairien* 24, 2, 1989, p. 69-73.

Aussi devant ce Louvre une image m'opprime :
Je pense à mon grand cygne, avec ses gestes fous,
Comme les exilés, ridicule et sublime,
36 Et rongé d'un désir sans trêve ! et puis à vous,

Andromaque, des bras d'un grand époux tombée,
Vil bétail, sous la main du superbe Pyrrhus [1],
Auprès d'un tombeau vide en extase courbée ;
40 Veuve d'Hector, hélas ! et femme d'Hélénus !

Je pense à la négresse, amaigrie et phtisique,
Piétinant dans la boue, et cherchant, l'œil hagard,
Les cocotiers absents de la superbe Afrique
44 Derrière la muraille immense du brouillard ;

À quiconque a perdu ce qui ne se retrouve
Jamais, jamais ! à ceux qui s'abreuvent de pleurs
Et tètent la Douleur comme une bonne louve !
48 Aux maigres orphelins séchant comme des fleurs !

Ainsi dans la forêt où mon esprit s'exile
Un vieux Souvenir sonne à plein souffle du cor !
Je pense aux matelots oubliés dans une île,
52 Aux captifs, aux vaincus !... à bien d'autres encor [2] !

---

1. L'épithète a le sens latin d'« orgueilleux ». Andromaque avait été donnée en partage à Pyrrhus, le fils d'Achille, qui la céda ensuite à Hélénus, un des frères d'Hector.   **2.** L'expression finale, après la mention des matelots oubliés dans une île, fait discrètement signe vers Victor Hugo, le dédicataire, qui, à ce moment-là, est en exil sur l'île de Guernesey. Voir commentaire, p. 308.

XC

LES SEPT VIEILLARDS[1]

À Victor Hugo.

Fourmillante cité, cité pleine de rêves[2],
Où le spectre en plein jour raccroche le passant !
Les mystères partout coulent comme des sèves
4 Dans les canaux étroits du colosse puissant.

Un matin, cependant que dans la triste rue
Les maisons, dont la brume allongeait la hauteur,
Simulaient les deux quais d'une rivière accrue,
8 Et que, décor semblable à l'âme de l'acteur,

Un brouillard sale et jaune inondait tout l'espace,
Je suivais, roidissant mes nerfs comme un héros
Et discutant avec mon âme déjà lasse,
12 Le faubourg secoué par les lourds tombereaux[3].

Tout à coup, un vieillard dont les guenilles jaunes
Imitaient la couleur de ce ciel pluvieux,
Et dont l'aspect aurait fait pleuvoir les aumônes,
16 Sans la méchanceté qui luisait dans ses yeux,

M'apparut. On eût dit sa prunelle trempée
Dans le fiel ; son regard aiguisait les frimas,
Et sa barbe à longs poils, roide comme une épée,
20 Se projetait, pareille à celle de Judas.

Il n'était pas voûté, mais cassé, son échine
Faisant avec sa jambe un parfait angle droit,

---

1. Dans la *Revue contemporaine* comme dans la lettre à Hugo, le poème est associé avec le suivant sous le titre « Fantômes parisiens, I, Les Sept Vieillards / II, Les Petites Vieilles ». **2.** T. S. Eliot a indiqué ce vers comme l'origine de la fin de la première section de son grand poème « The Waste Land ». **3.** Charrettes.

Si bien que son bâton, parachevant sa mine,
24 Lui donnait la tournure et le pas maladroit

D'un quadrupède infirme ou d'un juif à trois pattes[1].
Dans la neige et la boue il allait s'empêtrant,
Comme s'il écrasait des morts sous ses savates,
28 Hostile à l'univers plutôt qu'indifférent.

Son pareil le suivait : barbe, œil, dos, bâton, loques,
Nul trait ne distinguait, du même enfer venu,
Ce jumeau centenaire, et ces spectres baroques
32 Marchaient du même pas vers un but inconnu.

À quel complot infâme étais-je donc en butte,
Ou quel méchant hasard ainsi m'humiliait ?
Car je comptai sept fois, de minute en minute,
36 Ce sinistre vieillard qui se multipliait !

Que celui-là qui rit de mon inquiétude,
Et qui n'est pas saisi d'un frisson fraternel,
Songe bien que malgré tant de décrépitude
40 Ces sept monstres hideux avaient l'air éternel !

Aurais-je, sans mourir, contemplé le huitième,
Sosie inexorable, ironique et fatal,
Dégoûtant Phénix[2], fils et père de lui-même ?
44 — Mais je tournai le dos au cortège infernal.

Exaspéré comme un ivrogne qui voit double,
Je rentrai, je fermai ma porte, épouvanté,
Malade et morfondu, l'esprit fiévreux et trouble,
48 Blessé par le mystère et par l'absurdité !

Vainement ma raison voulait prendre la barre ;
La tempête en jouant déroutait ses efforts,

---

1. Variation sur l'image traditionnelle du Juif errant appuyé sur sa canne.   **2.** Oiseau fabuleux qui renaissait de ses propres cendres.

Et mon âme dansait, dansait, vieille gabarre [1]
52 Sans mâts, sur une mer monstrueuse et sans bords !

XCI

LES PETITES VIEILLES

À Victor Hugo.

I

Dans les plis sinueux des vieilles capitales,
Où tout, même l'horreur, tourne aux enchantements,
Je guette, obéissant à mes humeurs fatales,
4 Des êtres singuliers, décrépits et charmants.

Ces monstres disloqués furent jadis des femmes,
Éponine ou Laïs [2] ! Monstres brisés, bossus
Ou tordus, aimons-les [3] ! ce sont encor des âmes.
8 Sous des jupons troués et sous de froids tissus

Ils rampent, flagellés par les bises iniques,
Frémissant au fracas roulant des omnibus,
Et serrant sur leur flanc, ainsi que des reliques,
12 Un petit sac brodé de fleurs ou de rébus [4] ;

Ils trottent, tout pareils à des marionnettes ;
Se traînent, comme font les animaux blessés,
Ou dansent, sans vouloir danser, pauvres sonnettes
16 Où se pend un Démon sans pitié ! Tout cassés

---

1. Embarcation à voiles et à rames, vaisseau pour transporter le sel (selon Littré, qui ne met qu'un « r » au mot). Voir commentaire, p. 309.   **2.** Éponine était un symbole de vertu ; Laïs, au contraire, une courtisane de Corinthe.   **3.** Sur une épreuve, Baudelaire avait d'abord écrit : « aimez-les ! ». On mesure l'importance du changement. **4.** Baudelaire avait d'abord prévu la note suivante : « Le ridicule, ou réticule, a été souvent orné de rébus, d'une nature galante, comme le prouvent les vieilles gravures de mode. »

Qu'ils sont, ils ont des yeux perçants comme une
                                          [vrille,
Luisants comme ces trous où l'eau dort dans la nuit ;
Ils ont les yeux divins de la petite fille
20 Qui s'étonne et qui rit à tout ce qui reluit.

— Avez-vous observé que maints cercueils de vieilles
Sont presque aussi petits que celui d'un enfant ?
La Mort savante met dans ces bières pareilles
24 Un symbole d'un goût bizarre et captivant,

Et lorsque j'entrevois un fantôme débile [1]
Traversant de Paris le fourmillant tableau,
Il me semble toujours que cet être fragile
28 S'en va tout doucement vers un nouveau berceau ;

À moins que, méditant sur la géométrie,
Je ne cherche, à l'aspect de ces membres discords,
Combien de fois il faut que l'ouvrier varie
32 La forme de la boîte où l'on met tous ces corps.

— Ces yeux sont des puits faits d'un million de larmes,
Des creusets qu'un métal refroidi pailleta...
Ces yeux mystérieux ont d'invincibles charmes
36 Pour celui que l'austère Infortune allaita !

II

De Frascati [2] défunt Vestale [3] enamourée ;
Prêtresse de Thalie [4â6], hélas ! dont le souffleur
Enterré sait le nom ; célèbre évaporée
40 Que Tivoli [5] jadis ombragea dans sa fleur,

_____

1. Faible.   **2.** Nom d'une maison de jeux, où l'on dansait et sou-
pait, fermée à la fin de 1837.   **3.** Ironie, puisqu'une vestale était une
prêtresse de Vesta consacrée à la virginité.   **4.** Muse de la comédie.
5. Jardin, lieu de plaisir.

Toutes m'enivrent ! mais parmi ces êtres frêles
Il en est qui, faisant de la douleur un miel,
Ont dit au Dévouement qui leur prêtait ses ailes :
44 Hippogriffe [1] puissant, mène-moi jusqu'au ciel !

L'une, par sa patrie au malheur exercée,
L'autre, que son époux surchargea de douleurs,
L'autre, par son enfant Madone transpercée,
48 Toutes auraient pu faire un fleuve avec leurs pleurs !

III

Ah ! que j'en ai suivi de ces petites vieilles !
Une, entre autres, à l'heure où le soleil tombant
Ensanglante le ciel de blessures vermeilles,
52 Pensive, s'asseyait à l'écart sur un banc,

Pour entendre un de ces concerts, riches de cuivre,
Dont les soldats parfois inondent nos jardins,
Et qui, dans ces soirs d'or où l'on se sent revivre,
56 Versent quelque héroïsme au cœur des citadins.

Celle-là, droite encor, fière et sentant la règle,
Humait avidement ce chant vif et guerrier ;
Son œil parfois s'ouvrait comme l'œil d'un vieil aigle ;
60 Son front de marbre avait l'air fait pour le laurier !

IV

Telles vous cheminez, stoïques et sans plaintes,
À travers le chaos des vivantes cités,
Mères au cœur saignant, courtisanes ou saintes,
64 Dont autrefois les noms par tous étaient cités.

---

1. Monstre fabuleux moitié cheval, moitié griffon. Voir commentaire, p. 310.

Vous qui fûtes la grâce ou qui fûtes la gloire,
Nul ne vous reconnaît ! un ivrogne incivil
Vous insulte en passant d'un amour dérisoire ;
68 Sur vos talons gambade un enfant lâche et vil.

Honteuses d'exister, ombres ratatinées,
Peureuses, le dos bas, vous côtoyez les murs ;
Et nul ne vous salue, étranges destinées !
72 Débris d'humanité pour l'éternité mûrs !

Mais moi, moi qui de loin tendrement vous surveille,
L'œil inquiet, fixé sur vos pas incertains,
Tout comme si j'étais votre père, ô merveille !
76 Je goûte à votre insu des plaisirs clandestins :

Je vois s'épanouir vos passions novices ;
Sombres ou lumineux, je vis vos jours perdus ;
Mon cœur multiplié jouit de tous vos vices !
80 Mon âme resplendit de toutes vos vertus !

Ruines ! ma famille ! ô cerveaux congénères !
Je vous fais chaque soir un solennel adieu !
Où serez-vous demain, Èves octogénaires,
84 Sur qui pèse la griffe effroyable de Dieu ?

XCII

LES AVEUGLES

Contemple-les, mon âme ; ils sont vraiment affreux !
Pareils aux mannequins ; vaguement ridicules ;
Terribles, singuliers comme les somnambules ;
4 Dardant on ne sait où leurs globes ténébreux.

Leurs yeux, d'où la divine étincelle est partie,
Comme s'ils regardaient au loin, restent levés
Au ciel ; on ne les voit jamais vers les pavés
8 Pencher rêveusement leur tête appesantie.

Ils traversent ainsi le noir illimité,
Ce frère du silence éternel. Ô cité !
11 Pendant qu'autour de nous tu chantes, ris et beugles,

Éprise du plaisir jusqu'à l'atrocité,
Vois ! je me traîne aussi ! mais, plus qu'eux hébété,
14 Je dis : Que cherchent-ils au Ciel, tous ces aveugles[1] ?

XCIII

À UNE PASSANTE

La rue assourdissante autour de moi hurlait.
Longue, mince, en grand deuil, douleur majestueuse,
Une femme passa, d'une main fastueuse
4 Soulevant, balançant le feston et l'ourlet ;

Agile et noble, avec sa jambe de statue.
Moi, je buvais, crispé comme un extravagant,
Dans son œil, ciel livide où germe l'ouragan,
8 La douceur qui fascine et le plaisir qui tue.

Un éclair... puis la nuit ! — Fugitive beauté
Dont le regard m'a fait soudainement renaître,
11 Ne te verrai-je plus que dans l'éternité ?

Ailleurs, bien loin d'ici ! trop tard ! *jamais* peut-être !
Car j'ignore où tu fuis, tu ne sais où je vais,
14 Ô toi que j'eusse aimée, ô toi qui le savais[2] !

---

1. Voir commentaire, p. 312.   **2.** Voir commentaire, p. 312.

XCIV

LE SQUELETTE LABOUREUR

I

Dans les planches d'anatomie[1]
Qui traînent sur ces quais poudreux
Où maint livre cadavéreux
4   Dort comme une antique momie,

Dessins auxquels la gravité
Et le savoir d'un vieil artiste,
Bien que le sujet en soit triste,
8   Ont communiqué la Beauté,

On voit, ce qui rend plus complètes
Ces mystérieuses horreurs,
Bêchant comme des laboureurs,
12 Des Écorchés et des Squelettes.

II

De ce terrain que vous fouillez,
Manants[2] résignés et funèbres,
De tout l'effort de vos vertèbres,
16 Ou de vos muscles dépouillés,

Dites, quelle moisson étrange,
Forçats arrachés au charnier,
Tirez-vous, et de quel fermier
20 Avez-vous à remplir la grange ?

---

1. Depuis Jean Prévost, la critique s'accorde à voir ici une allusion à des gravures faites d'après des dessins de Titien illustrant le traité du médecin hollandais Vésale *De corporis humani fabrica libri septem*, publié à Bâle en 1543.   **2.** Terme ancien pour désigner les paysans-laboureurs. Le choix du terme se justifie par la métaphore féodale. Voir commentaire, p. 313.

Voulez-vous (d'un destin trop dur
Épouvantable et clair emblème !)
Montrer que dans la fosse même
24 Le sommeil promis n'est pas sûr ;

Qu'envers nous le Néant est traître ;
Que tout, même la Mort, nous ment,
Et que sempiternellement,
28 Hélas ! il nous faudra peut-être

Dans quelque pays inconnu
Écorcher la terre revêche
Et pousser une lourde bêche
32 Sous notre pied sanglant et nu ?

XCV

LE CRÉPUSCULE DU SOIR

Voici le soir charmant, ami du criminel ;
Il vient comme un complice, à pas de loup ; le ciel
Se ferme lentement comme une grande alcôve,
Et l'homme impatient se change en bête fauve.

5 Ô soir, aimable soir, désiré par celui
Dont les bras, sans mentir, peuvent dire : Aujourd'hui
Nous avons travaillé ! — C'est le soir qui soulage
Les esprits que dévore une douleur sauvage,
Le savant obstiné dont le front s'alourdit,
10 Et l'ouvrier courbé qui regagne son lit.
Cependant des démons malsains dans l'atmosphère
S'éveillent lourdement, comme des gens d'affaire,
Et cognent en volant les volets et l'auvent.
À travers les lueurs que tourmente le vent
15 La Prostitution s'allume dans les rues ;
Comme une fourmilière elle ouvre ses issues ;
Partout elle se fraye un occulte chemin,
Ainsi que l'ennemi qui tente un coup de main ;
Elle remue au sein de la cité de fange

20 Comme un ver qui dérobe à l'Homme ce qu'il mange.
   On entend çà et là les cuisines siffler,
   Les théâtres glapir, les orchestres ronfler ;
   Les tables d'hôte, dont le jeu fait les délices,
   S'emplissent de catins et d'escrocs, leurs complices,
25 Et les voleurs, qui n'ont ni trêve ni merci,
   Vont bientôt commencer leur travail, eux aussi,
   Et forcer doucement les portes et les caisses
   Pour vivre quelques jours et vêtir leurs maîtresses.

   Recueille-toi, mon âme, en ce grave moment,
30 Et ferme ton oreille à ce rugissement.
   C'est l'heure où les douleurs des malades s'aigrissent !
   La sombre Nuit les prend à la gorge ; ils finissent
   Leur destinée et vont vers le gouffre commun ;
   L'hôpital se remplit de leurs soupirs. — Plus d'un
35 Ne viendra plus chercher la soupe parfumée,
   Au coin du feu, le soir, auprès d'une âme aimée.

   Encore la plupart n'ont-ils jamais connu
   La douceur du foyer et n'ont jamais vécu[1] !

XCVI

LE JEU

   Dans des fauteuils fanés des courtisanes vieilles,
   Pâles, le sourcil peint, l'œil câlin et fatal,
   Minaudant, et faisant de leurs maigres oreilles
4 Tomber un cliquetis de pierre et de métal ;

   Autour des verts tapis des visages sans lèvre,
   Des lèvres sans couleur, des mâchoires sans dent,
   Et des doigts convulsés d'une infernale fièvre,
8 Fouillant la poche vide ou le sein palpitant ;

   Sous de sales plafonds un rang de pâles lustres
   Et d'énormes quinquets[2] projetant leurs lueurs

---

1. Voir commentaire, p. 313.   **2.** Lampes à huile. Voir commentaire, p. 314.

Sur des fronts ténébreux de poètes illustres
12 Qui viennent gaspiller leurs sanglantes sueurs ;

Voilà le noir tableau qu'en un rêve nocturne
Je vis se dérouler sous mon œil clairvoyant.
Moi-même, dans un coin de l'antre taciturne,
16 Je me vis accoudé, froid, muet, enviant,

Enviant de ces gens la passion tenace,
De ces vieilles putains la funèbre gaieté,
Et tous gaillardement trafiquant à ma face,
20 L'un de son vieil honneur, l'autre de sa beauté !

Et mon cœur s'effraya d'envier maint pauvre homme
Courant avec ferveur à l'abîme béant,
Et qui, soûl de son sang, préférerait en somme
24 La douleur à la mort et l'enfer au néant !

XCVII

DANSE MACABRE [1]

À Ernest Christophe.

Fière, autant qu'un vivant, de sa noble stature,
Avec son gros bouquet, son mouchoir et ses gants,
Elle a la nonchalance et la désinvolture
4 D'une coquette maigre aux airs extravagants.

Vit-on jamais au bal une taille plus mince ?
Sa robe exagérée, en sa royale ampleur,
S'écroule abondamment sur un pied sec que pince
8 Un soulier pomponné, joli comme une fleur.

---

1. Les danses macabres sont des représentations médiévales de la Mort dans lesquelles, le plus souvent, une ronde de vivants est figurée dansant avec son double défunt. Ici, il s'agit plutôt d'une statue allégorique de la Mort, squelette déguisé en femme.

La ruche[1] qui se joue au bord des clavicules,
Comme un ruisseau lascif qui se frotte au rocher,
Défend pudiquement des lazzi[2] ridicules
12 Les funèbres appas qu'elle tient à cacher.

Ses yeux profonds sont faits de vide et de ténèbres,
Et son crâne, de fleurs artistement coiffé,
Oscille mollement sur ses frêles vertèbres.
16 Ô charme d'un néant follement attifé !

Aucuns t'appelleront une caricature,
Qui ne comprennent pas, amants ivres de chair,
L'élégance sans nom de l'humaine armature.
20 Tu réponds, grand squelette, à mon goût le plus cher !

Viens-tu troubler, avec ta puissante grimace,
La fête de la Vie ? ou quelque vieux désir,
Éperonnant encor ta vivante carcasse,
24 Te pousse-t-il, crédule, au sabbat[3] du Plaisir ?

Au chant des violons, aux flammes des bougies,
Espères-tu chasser ton cauchemar moqueur,
Et viens-tu demander au torrent des orgies
28 De rafraîchir l'enfer allumé dans ton cœur ?

Inépuisable puits de sottise et de fautes !
De l'antique douleur éternel alambic[4] !
À travers le treillis recourbé de tes côtes
32 Je vois, errant encor, l'insatiable aspic[5].

Pour dire vrai, je crains que ta coquetterie
Ne trouve pas un prix digne de ses efforts ;
Qui, de ces cœurs mortels, entend la raillerie ?
36 Les charmes de l'horreur n'enivrent que les forts !

---

1. Tulle ou dentelle qui sert d'ornement, foulard. **2.** Mauvaises plaisanteries. **3.** Ici, au sens de bal. **4.** Appareil qui sert à distiller. **5.** Vipère.

Le gouffre de tes yeux, plein d'horribles pensées,
Exhale le vertige, et les danseurs prudents
Ne contempleront pas sans d'amères nausées
40 Le sourire éternel de tes trente-deux dents.

Pourtant, qui n'a serré dans ses bras un squelette,
Et qui ne s'est nourri des choses du tombeau ?
Qu'importe le parfum, l'habit ou la toilette ?
44 Qui fait le dégoûté montre qu'il se croit beau.

Bayadère[1] sans nez, irrésistible gouge[2],
Dis donc à ces danseurs qui font les offusqués :
« Fiers mignons, malgré l'art des poudres et du rouge
48 Vous sentez tous la mort ! Ô squelettes musqués,

« Antinoüs[3] flétris, dandys à face glabre,
Cadavres vernissés[4], lovelaces[5] chenus,
Le branle universel de la danse macabre[6]
52 Vous entraîne en des lieux qui ne sont pas connus !

---

1. Danseuse orientale.   2. Justifiant le choix de ce mot dans une lettre adressée à Alphonse de Calonne en date du 11 février 1859, Baudelaire précise ceci : « *Gouge* est un excellent mot, mot unique, mot de *vieille* langue, applicable à une *danse macabre*, mot contemporain des *danses macabres*. UNITÉ DE STYLE, primitivement, *une belle gouge* n'est qu'une belle femme ; postérieurement, la gouge, c'est une courtisane qui suit l'armée, à l'époque où le soldat, non plus que le prêtre, ne marche pas sans une arrière-garde de courtisanes. Il y avait même des règlements qui autorisaient cette volupté ambulante. Or, la Mort n'est-elle pas la Gouge qui suit en tous lieux la *Grande Armée universelle*, et n'est-elle pas une courtisane dont les embrassements sont *positivement irrésistibles* ? Couleur, antithèse, métaphore, tout est exact. »   3. Favori de l'empereur Hadrien. Modèle de beauté virile grecque.   4. Vernis.   5. Héros d'un roman sentimental de Richardson, *Clarissa* (1747-1748).   6. Toujours dans la lettre à Calonne : « *Danse macabre* n'est pas une personne, c'est une allégorie. Il me semble *qu'il ne faut pas de majuscules*. Allégorie archi-connue, qui veut dire : *le train de ce monde conduit par la Mort*. »

« Des quais froids de la Seine aux bords brûlants du
[Gange[1],
Le troupeau mortel saute et se pâme, sans voir
Dans un trou du plafond la trompette de l'Ange
56 Sinistrement béante ainsi qu'un tromblon[2] noir.

« En tout climat, sous tout soleil ; la Mort t'admire
En tes contorsions, risible Humanité,
Et souvent, comme toi, se parfumant de myrrhe,
60 Mêle son ironie à ton insanité ! »

XCVIII

L'AMOUR DU MENSONGE

Quand je te vois passer, ô ma chère indolente,
Au chant des instruments qui se brise au plafond
Suspendant ton allure harmonieuse et lente,
4 Et promenant l'ennui de ton regard profond ;

Quand je contemple, aux feux du gaz qui le colore,
Ton front pâle, embelli par un morbide attrait,
Où les torches du soir allument une aurore,
8 Et tes yeux attirants comme ceux d'un portrait,

Je me dis : Qu'elle est belle ! et bizarrement fraîche !
Le souvenir massif, royale et lourde tour[3],

---

1. Voir « Qu'est-ce que cette grande mort noire armée de sa faux qui, traversant les montagnes et les mers, est venue comme une de ces terribles pagodes adorées aux bords du Gange nous écraser aux rives de la Seine sous les roues de son char ? » Chateaubriand, *Mémoires d'outre-tombe*, livre XXXX, chap. 15, Paris, Bibl. de la Pléiade, 1951, t. II, p. 534. **2.** Arme à feu. Voir commentaire, p. 314. **3.** Dans une lettre à Calonne, le directeur de la *Revue contemporaine*, Baudelaire commente ainsi : « Le mot *royale* facilitera pour le lecteur l'intelligence de cette métaphore qui fait du souvenir une Couronne de tours, comme celles qui inclinent le front des déesses de *maturité*, de *fécondité* et de *sagesse*. L'amour (sens et esprit) est niais à vingt ans, et il est *savant* à quarante » (CPl, II,15). Voir commentaire, p. 315.

La couronne, et son cœur, meurtri comme une pêche,
12 Est mûr, comme son corps, pour le savant amour.

Es-tu le fruit d'automne aux saveurs souveraines ?
Es-tu vase funèbre attendant quelques pleurs,
Parfum qui fait rêver aux oasis lointaines,
16 Oreiller caressant, ou corbeille de fleurs ?

Je sais qu'il est des yeux, des plus mélancoliques,
Qui ne recèlent point de secrets précieux ;
Beaux écrins sans joyaux, médaillons sans reliques,
20 Plus vides, plus profonds que vous-mêmes, ô Cieux !

Mais ne suffit-il pas que tu sois l'apparence,
Pour réjouir un cœur qui fuit la vérité ?
Qu'importe ta bêtise ou ton indifférence ?
24 Masque ou décor, salut ! J'adore ta beauté.

XCIX

Je n'ai pas oublié, voisine de la ville,
Notre blanche maison, petite mais tranquille ;
Sa Pomone[1] de plâtre et sa vieille Vénus
Dans un bosquet chétif cachant leurs membres nus,
5 Et le soleil, le soir, ruisselant et superbe,
Qui, derrière la vitre où se brisait sa gerbe,
Semblait, grand œil ouvert dans le ciel curieux,
Contempler nos dîners longs et silencieux,
Répandant largement ses beaux reflets de cierge
10 Sur la nappe frugale et les rideaux de serge.

---

1. Divinité des fruits et des jardins. Voir commentaire, p. 316.

C

La servante au grand cœur dont vous étiez jalouse,
Et qui dort son sommeil[1] sous une humble pelouse,
Nous devrions pourtant lui porter quelques fleurs.
Les morts, les pauvres morts, ont de grandes douleurs,
5 Et quand Octobre souffle, émondeur des vieux arbres,
Son vent mélancolique à l'entour de leurs marbres[2],
Certe[3], ils doivent trouver les vivants bien ingrats,
À dormir, comme ils font, chaudement dans leurs draps,
Tandis que, dévorés de noires songeries,
10 Sans compagnon de lit, sans bonnes causeries,
Vieux squelettes gelés travaillés par le ver,
Ils sentent s'égoutter les neiges de l'hiver
Et le siècle couler, sans qu'amis ni famille
Remplacent les lambeaux qui pendent à leur grille.

15 Lorsque la bûche siffle et chante, si le soir,
Calme, dans le fauteuil je la voyais s'asseoir,
Si, par une nuit bleue et froide de décembre,
Je la trouvais tapie en un coin de ma chambre,
Grave, et venant du fond de son lit éternel
20 Couver l'enfant grandi de son œil maternel,
Que pourrais-je répondre à cette âme pieuse,
Voyant tomber des pleurs de sa paupière creuse ?

CI

BRUMES ET PLUIES

Ô fins d'automne, hivers, printemps trempés de boue
Endormeuses saisons ! je vous aime et vous loue
D'envelopper ainsi mon cœur et mon cerveau
4 D'un linceul vaporeux et d'un vague tombeau.

---

1. Tournure archaïsante qui crée un effet de discours familier.
2. On remarquera la place de l'apposition, placée entre le verbe
(« souffle ») et le complément d'objet direct.   **3.** L'absence du « s »
s'explique par le besoin métrique de l'élision du « e » avec la voyelle
suivante. Voir commentaire, p. 317.

Dans cette grande plaine où l'autan[1] froid se joue,
Où par les longues nuits la girouette s'enroue,
Mon âme mieux qu'au temps du tiède renouveau
8 Ouvrira largement ses ailes de corbeau.

Rien n'est plus doux au cœur plein de choses funèbres,
Et sur qui dès longtemps descendent les frimas,
11 Ô blafardes saisons, reines de nos climats,

Que l'aspect permanent de vos pâles ténèbres,
— Si ce n'est, par un soir sans lune, deux à deux,
14 D'endormir la douleur sur un lit hasardeux[2].

CII

RÊVE PARISIEN[3]

À Constantin Guys[4].

I

De ce terrible paysage,
Tel que jamais mortel n'en vit,
Ce matin encore l'image,
4 Vague et lointaine, me ravit.

Le sommeil est plein de miracles !
Par un caprice singulier,

---

1. Pichois relève que Baudelaire semble s'être mépris sur le sens exact du mot qui désigne en vérité un vent du sud ou du sud-ouest. 2. Ici : de hasard. Voir commentaire, p. 317.   3. L'épithète signifie sans doute à la fois fait à Paris et propre à Paris.   4. Baudelaire a consacré à Constantin Guys (1805-1892) une étude capitale intitulée *Le Peintre de la vie moderne*, parue en novembre et décembre 1863, dans laquelle il définit, en même temps que l'art de Guys, sa propre esthétique. Dans la lettre qui accompagne l'envoi du poème à Poulet-Malassis, le 13 mars 1860, il note non sans ironie que la pièce « n'a pas avec lui [Guys] d'autre rapport *positif et matériel* que celui-ci : c'est que, comme le poète de la pièce, *il se lève généralement à midi* » (CPl, II, 10).

J'avais banni de ces spectacles
8 Le végétal irrégulier [1],

Et, peintre fier de mon génie,
Je savourais dans mon tableau
L'enivrante monotonie
12 Du métal, du marbre et de l'eau.

Babel [2] d'escaliers et d'arcades,
C'était un palais infini,
Plein de bassins et de cascades
16 Tombant dans l'or mat ou bruni ;

Et des cataractes pesantes,
Comme des rideaux de cristal,
Se suspendaient, éblouissantes,
20 À des murailles de métal.

Non d'arbres, mais de colonnades
Les étangs dormants s'entouraient,
Où de gigantesques naïades,
24 Comme des femmes, se miraient.

Des nappes d'eau s'épanchaient, bleues,
Entre des quais roses et verts,
Pendant des millions de lieues,
28 Vers les confins de l'univers ;

C'était des pierres inouïes
Et des flots magiques ; c'était
D'immenses glaces éblouies
32 Par tout ce qu'elles reflétaient !

---

1. Voir la lettre à F. Desnoyers citée p. 313 à propos du « Crépuscule du soir ». **2.** Allusion à la tour de Babel (Genèse, xi), prise ici dans le sens de confusion gigantesque.

Insouciants et taciturnes,
Des Ganges [1], dans le firmament,
Versaient le trésor de leurs urnes
36 Dans des gouffres de diamant.

Architecte de mes féeries,
Je faisais, à ma volonté,
Sous un tunnel de pierreries
40 Passer un océan dompté ;

Et tout, même la couleur noire,
Semblait fourbi [2], clair, irisé ;
Le liquide enchâssait sa gloire
44 Dans le rayon cristallisé.

Nul astre d'ailleurs, nuls vestiges
De soleil, même au bas du ciel,
Pour illuminer ces prodiges,
48 Qui brillaient d'un feu personnel !

Et sur ces mouvantes merveilles
Planait (terrible nouveauté !
Tout pour l'œil, rien pour les oreilles !)
52 Un silence d'éternité.

II

En rouvrant mes yeux pleins de flamme
J'ai vu l'horreur de mon taudis,
Et senti, rentrant dans mon âme,
56 La pointe des soucis maudits ;

La pendule aux accents funèbres
Sonnait brutalement midi,
Et le ciel versait des ténèbres
60 Sur le triste monde engourdi.

---

1. Fleuve sacré de l'Inde. Ici pris pour synonyme de grand fleuve.
Voir commentaire, p. 317.   **2.** Poli, reluisant.

CIII

LE CRÉPUSCULE DU MATIN

La diane[1] chantait dans les cours des casernes,
Et le vent du matin soufflait sur les lanternes.

C'était l'heure où l'essaim des rêves malfaisants
Tord sur leurs oreillers les bruns adolescents ;
5 Où, comme un œil sanglant qui palpite et qui bouge,
La lampe sur le jour fait une tache rouge ;
Où l'âme, sous le poids du corps revêche et lourd,
Imite les combats de la lampe et du jour.
Comme un visage en pleurs que les brises essuient,
10 L'air est plein du frisson des choses qui s'enfuient,
Et l'homme est las d'écrire et la femme d'aimer.

Les maisons çà et là commençaient à fumer.
Les femmes de plaisir, la paupière livide,
Bouche ouverte, dormaient de leur sommeil stupide ;
15 Les pauvresses, traînant leurs seins maigres et froids,
Soufflaient sur leurs tisons et soufflaient sur leurs doigts.
C'était l'heure où parmi le froid et la lésine[2]
S'aggravent les douleurs des femmes en gésine[3] ;
Comme un sanglot coupé par un sang écumeux
20 Le chant du coq au loin déchirait l'air brumeux ;
Une mer de brouillards baignait les édifices,
Et les agonisants dans le fond des hospices
Poussaient leur dernier râle en hoquets inégaux.
Les débauchés rentraient, brisés par leurs travaux.

25 L'aurore grelottanté en robe rose et verte
S'avançait lentement sur la Seine déserte,
Et le sombre Paris, en se frottant les yeux,
Empoignait ses outils, vieillard laborieux.

---

1. Batterie de tambours.   **2.** Voir p. 49 la note au v. 1 du poème
« Au Lecteur ».   **3.** Femmes en couches. Voir commentaire, p. 318.

LE VIN[1]

CIV

L'ÂME DU VIN

Un soir, l'âme du vin chantait dans les bouteilles :
« Homme, vers toi je pousse, ô cher déshérité,
Sous ma prison de verre et mes cires vermeilles,
4 Un chant plein de lumière et de fraternité !

« Je sais combien il faut, sur la colline en flamme,
De peine, de sueur et de soleil cuisant
Pour engendrer ma vie et pour me donner l'âme ;
8 Mais je ne serai point ingrat ni malfaisant,

« Car j'éprouve une joie immense quand je tombe
Dans le gosier d'un homme usé par ses travaux,
Et sa chaude poitrine est une douce tombe
12 Où je me plais bien mieux que dans mes froids
                                     [caveaux.

« Entends-tu retentir les refrains des dimanches
Et l'espoir qui gazouille en mon sein palpitant ?
Les coudes sur la table et retroussant tes manches,
18 Tu me glorifieras et tu seras content ;

« J'allumerai les yeux de ta femme ravie ;
À ton fils je rendrai sa force et ses couleurs

---

1. Dans l'édition de 1857, cette section était l'avant-dernière du recueil.

Et serai pour ce frêle athlète de la vie
20 L'huile qui raffermit les muscles des lutteurs.

« En toi je tomberai, végétale ambroisie[1],
Grain précieux jeté par l'éternel Semeur,
Pour que de notre amour naisse la poésie
24 Qui jaillira vers Dieu comme une rare fleur ! »

CV

LE VIN DES CHIFFONNIERS

Souvent, à la clarté rouge d'un réverbère
Dont le vent bat la flamme et tourmente le verre,
Au cœur d'un vieux faubourg, labyrinthe fangeux[2]
4 Où l'humanité grouille en ferments orageux,

On voit un chiffonnier qui vient, hochant la tête,
Butant, et se cognant aux murs comme un poète,
Et, sans prendre souci des mouchards[3], ses sujets,
8 Épanche tout son cœur en glorieux projets.

Il prête des serments, dicte des lois sublimes,
Terrasse les méchants, relève les victimes,
Et sous le firmament comme un dais suspendu
12 S'enivre des splendeurs de sa propre vertu.

Oui, ces gens harcelés de chagrins de ménage,
Moulus par le travail et tourmentés par l'âge,
Éreintés et pliant sous un tas de débris,
16 Vomissement confus de l'énorme Paris,

Reviennent, parfumés d'une odeur de futailles,
Suivis de compagnons, blanchis dans les batailles,

---

1. Nourriture des dieux qui donnait l'immortalité. Voir commentaire, p. 318.   **2.** C'était l'expression dont Rousseau se servait dans Les *Confessions* pour désigner sa propre histoire.   **3.** De la police.

Dont la moustache pend comme les vieux drapeaux.
20 Les bannières, les fleurs et les arcs triomphaux

Se dressent devant eux, solennelle magie !
Et dans l'étourdissante et lumineuse orgie
Des clairons, du soleil, des cris et du tambour,
24 Ils apportent la gloire au peuple ivre d'amour !

C'est ainsi qu'à travers l'Humanité frivole
Le vin roule de l'or, éblouissant Pactole[1] ;
Par le gosier de l'homme il chante ses exploits
28 Et règne par ses dons ainsi que les vrais rois.

Pour noyer la rancœur et bercer l'indolence
De tous ces vieux maudits qui meurent en silence,
Dieu, touché de remords, avait fait le sommeil ;
32 L'Homme ajouta le Vin, fils sacré du Soleil[2] !

CVI

LE VIN DE L'ASSASSIN

Ma femme est morte, je suis libre !
Je puis donc boire tout mon soûl.
Lorsque je rentrais sans un sou,
4 Ses cris me déchiraient la fibre.

Autant qu'un roi je suis heureux ;
L'air est pur, le ciel admirable...
Nous avions un été semblable
8 Lorsque j'en devins amoureux !

L'horrible soif qui me déchire
Aurait besoin pour s'assouvir

---

1. Rivière de Lydie qui roulait de l'or.   **2.** Les trois majuscules comme celle du v. 25 accentuent l'importance du vin, qui devient ainsi une composante fondamentale de l'existence. Voir commentaire, p. 319.

D'autant de vin qu'en peut tenir
12 Son tombeau ; — ce n'est pas peu dire :

Je l'ai jetée au fond d'un puits,
Et j'ai même poussé sur elle
Tous les pavés de la margelle.
16 — Je l'oublierai si je le puis !

Au nom des serments de tendresse,
Dont rien ne peut nous délier,
Et pour nous réconcilier
20 Comme au beau temps de notre ivresse,

J'implorai d'elle un rendez-vous,
Le soir, sur une route obscure.
Elle y vint ! — folle créature !
24 Nous sommes tous plus ou moins fous !

Elle était encore jolie,
Quoique bien fatiguée ! et moi,
Je l'aimais trop ! voilà pourquoi
28 Je lui dis : Sors de cette vie !

Nul ne peut me comprendre. Un seul
Parmi ces ivrognes stupides
Songea-t-il dans ses nuits morbides
32 À faire du vin un linceul ?

Cette crapule [1] invulnérable
Comme les machines de fer
Jamais, ni l'été ni l'hiver,
36 N'a connu l'amour véritable,

Avec ses noirs enchantements,
Son cortège infernal d'alarmes,
Ses fioles de poison, ses larmes,
40 Ses bruits de chaîne et d'ossements !

---

1. Le démonstratif « cette » se rapporte aux « ivrognes stupides » dont il a été question dans la strophe précédente. Voir commentaire, p. 319.

— Me voilà libre et solitaire !
Je serai ce soir ivre mort ;
Alors, sans peur et sans remords,
44 Je me coucherai sur la terre,

Et je dormirai comme un chien !
Le chariot aux lourdes roues
Chargé de pierres et de boues,
48 Le wagon enragé peut bien

Écraser ma tête coupable
Ou me couper par le milieu,
Je m'en moque comme de Dieu,
52 Du Diable ou de la Sainte Table[1] !

CVII

LE VIN DU SOLITAIRE

Le regard singulier d'une femme galante
Qui se glisse vers nous comme le rayon blanc
Que la lune onduleuse envoie au lac tremblant,
4 Quand elle y veut baigner[2] sa beauté nonchalante ;

Le dernier sac d'écus[3] dans les doigts d'un joueur ;
Un baiser libertin de la maigre Adeline ;
Les sons d'une musique énervante et câline,
8 Semblable au cri lointain de l'humaine douleur,

Tout cela ne vaut pas, ô bouteille profonde,
Les baumes pénétrants que ta panse féconde
11 Garde au cœur altéré du poète pieux ;

---

1. De la Communion.   **2.** L'antéposition de l'adverbe de lieu, conforme à l'usage classique, crée un effet volontairement archaïsant. **3.** Archaïsme délibéré, là aussi. Voir commentaire, p. 320.

Tu lui verses l'espoir, la jeunesse et la vie,
— Et l'orgueil, ce trésor de toute gueuserie,
14 Qui nous rend triomphants et semblables aux Dieux !

CVIII

LE VIN DES AMANTS

Aujourd'hui l'espace est splendide !
Sans mors, sans éperons, sans bride,
Partons à cheval sur le vin
4 Pour un ciel féerique et divin !

Comme deux anges que torture
Une implacable calenture[1],
Dans le bleu cristal du matin
8 Suivons le mirage lointain !

Mollement balancés sur l'aile
Du tourbillon intelligent,
11 Dans un délire parallèle,

Ma sœur, côte à côte nageant,
Nous fuirons sans repos ni trêves
14 Vers le paradis de mes rêves !

---

1. Selon Littré, « espèce de délire furieux auquel les navigateurs sont sujets sous la zone torride ». Voir commentaire, p. 320.

FLEURS DU MAL [1]

CIX

LA DESTRUCTION [2]

Sans cesse à mes côtés s'agite le Démon ;
Il nage autour de moi comme un air impalpable ;
Je l'avale et le sens qui brûle mon poumon
4 Et l'emplit d'un désir éternel et coupable.

Parfois il prend, sachant mon grand amour de l'Art,
La forme de la plus séduisante des femmes,
Et, sous de spécieux prétextes de cafard [3],
8 Accoutume ma lèvre à des philtres infâmes.

Il me conduit ainsi, loin du regard de Dieu,
Haletant et brisé de fatigue, au milieu
11 Des plaines de l'Ennui, profondes et désertes,

Et jette dans mes yeux pleins de confusion
Des vêtements souillés, des blessures ouvertes,
14 Et l'appareil sanglant de la Destruction !

---

1. Dans l'édition de 1857, cette section venait à la suite de « Spleen et Idéal ».   **2.** Curieusement, lors de sa publication originale dans *La Revue des Deux Mondes* du 1er juin 1855, ce poème portait le titre « La Volupté ». A. Adam fait le rapprochement avec le roman de Sainte-Beuve, *Volupté*.   **3.** Hypocrite, menteur. Voir commentaire, p. 320.

CX

UNE MARTYRE

DESSIN D'UN MAÎTRE INCONNU [1]

Au milieu des flacons, des étoffes lamées
    Et des meubles voluptueux,
Des marbres, des tableaux, des robes parfumées
4   Qui traînent à plis somptueux,

Dans une chambre tiède où, comme en une serre,
    L'air est dangereux et fatal,
Où des bouquets mourants dans leurs cercueils de
                            [verre
8   Exhalent leur soupir final,

Un cadavre sans tête épanche, comme un fleuve,
    Sur l'oreiller désaltéré
Un sang rouge et vivant, dont la toile s'abreuve
12   Avec l'avidité d'un pré.

Semblable aux visions pâles qu'enfante l'ombre
    Et qui nous enchaînent les yeux,
La tête, avec l'amas de sa crinière sombre
16   Et de ses bijoux précieux,

Sur la table de nuit, comme une renoncule,
    Repose ; et, vide de pensers,
Un regard vague et blanc comme le crépuscule
20   S'échappe des yeux révulsés.

Sur le lit, le tronc nu sans scrupules étale
    Dans le plus complet abandon
La secrète splendeur et la beauté fatale
24   Dont la nature lui fit don ;

---

1. Ce maître, c'est probablement Baudelaire lui-même. Comme souvent dans *Les Fleurs du Mal*, le poème se donne comme l'équivalent versifié d'une œuvre d'art. Voir commentaire, p. 321.

Un bas rosâtre, orné de coins d'or, à la jambe,
    Comme un souvenir est resté ;
La jarretière, ainsi qu'un œil secret qui flambe,
28   Darde un regard diamanté.

Le singulier aspect de cette solitude
    Et d'un grand portrait langoureux,
Aux yeux provocateurs comme son attitude,
32   Révèle un amour ténébreux,

Une coupable joie et des fêtes étranges
    Pleines de baisers infernaux,
Dont se réjouissait l'essaim des mauvais anges
36   Nageant dans les plis des rideaux ;

Et cependant, à voir la maigreur élégante
    De l'épaule au contour heurté,
La hanche un peu pointue et la taille fringante
40   Ainsi qu'un reptile irrité,

Elle est bien jeune encor ! — Son âme exaspérée
    Et ses sens par l'ennui mordus
S'étaient-ils entr'ouverts à la meute altérée
44   Des désirs errants et perdus ?

L'homme vindicatif que tu n'as pu, vivante,
    Malgré tant d'amour, assouvir,
Combla-t-il sur ta chair inerte et complaisante
48   L'immensité de son désir ?

Réponds, cadavre impur ! et par tes tresses roides
    Te soulevant d'un bras fiévreux,
Dis-moi, tête effrayante, a-t-il sur tes dents froides
52   Collé les suprêmes adieux ?

— Loin du monde railleur, loin de la foule impure,
    Loin des magistrats curieux,
Dors en paix, dors en paix, étrange créature,
56   Dans ton tombeau mystérieux ;

Ton époux court le monde, et ta forme immortelle
      Veille près de lui quand il dort ;
Autant que toi sans doute il te sera fidèle,
60   Et constant jusques à la mort.

CXI

FEMMES DAMNÉES

Comme un bétail pensif sur le sable couchées,
Elles tournent leurs yeux vers l'horizon des mers,
Et leurs pieds se cherchant et leurs mains rapprochées
4 Ont de douces langueurs et des frissons amers.

Les unes, cœurs épris des longues confidences,
Dans le fond des bosquets où jasent les ruisseaux,
Vont épelant l'amour des craintives enfances
8 Et creusent le bois vert des jeunes arbrisseaux [1] ;

D'autres, comme des sœurs, marchent lentes et graves
À travers les rochers pleins d'apparitions,
Où saint Antoine [2] a vu surgir comme des laves
12 Les seins nus et pourprés de ses tentations ;

Il en est, aux lueurs des résines croulantes,
Qui dans le creux muet des vieux antres païens
T'appellent au secours de leurs fièvres hurlantes,
16 Ô Bacchus, endormeur des remords anciens !

Et d'autres, dont la gorge aime les scapulaires [3],
Qui, recélant un fouet sous leurs longs vêtements,
Mêlent, dans le bois sombre et les nuits solitaires,
20 L'écume du plaisir aux larmes des tourments.

---

1. Pour y graver leurs noms.   **2.** Patriarche des cénobites, il vécut de 250 à 356. Retiré au désert, il y lutta contre les démons qui l'incitaient à la révolte et à l'impudicité.   **3.** Pièce d'étoffe que les religieux portent sur l'épaule. Voir commentaire, p. 321.

Ô vierges, ô démons, ô monstres, ô martyres,
De la réalité grands esprits contempteurs,
Chercheuses d'infini, dévotes et satyres,
24 Tantôt pleines de cris, tantôt pleines de pleurs,

Vous que dans votre enfer mon âme a poursuivies,
Pauvres sœurs, je vous aime autant que je vous plains,
Pour vos mornes douleurs, vos soifs inassouvies,
28 Et les urnes d'amour dont vos grands cœurs sont pleins !

CXII

LES DEUX BONNES SŒURS

La Débauche et la Mort sont deux aimables filles,
Prodigues de baisers et riches de santé,
Dont le flanc toujours vierge et drapé de guenilles
4 Sous l'éternel labeur n'a jamais enfanté.

Au poète sinistre, ennemi des familles,
Favori de l'enfer, courtisan mal renté,
Tombeaux et lupanars [1] montrent sous leurs charmilles
8 Un lit que le remords n'a jamais fréquenté.

Et la bière et l'alcôve en blasphèmes fécondes
Nous offrent tour à tour, comme deux bonnes sœurs,
11 De terribles plaisirs et d'affreuses douceurs.

Quand veux-tu m'enterrer, Débauche aux bras
                           [immondes ?
Ô Mort, quand viendras-tu, sa rivale en attraits,
14 Sur ses myrtes infects enter tes noirs cyprès [2] ?

---

1. Maisons closes, bordels.   **2.** Le myrte est l'arbre de Vénus, le cyprès celui des cimetières. Voir commentaire, p. 322. *Enter* veut dire *greffer*.

CXIII

LA FONTAINE DE SANG

Il me semble parfois que mon sang coule à flots,
Ainsi qu'une fontaine aux rythmiques sanglots.
Je l'entends bien qui coule avec un long murmure,
4 Mais je me tâte en vain pour trouver la blessure.

À travers la cité, comme dans un champ clos,
Il s'en va, transformant les pavés en îlots,
Désaltérant la soif de chaque créature,
8 Et partout colorant en rouge la nature.

J'ai demandé souvent à des vins captieux
D'endormir pour un jour la terreur qui me mine ;
11 Le vin rend l'œil plus clair et l'oreille plus fine !

J'ai cherché dans l'amour un sommeil oublieux ;
Mais l'amour n'est pour moi qu'un matelas d'aiguilles
14 Fait pour donner à boire à ces cruelles filles[1] !

CXIV

ALLÉGORIE

C'est une femme belle et de riche encolure[2],
Qui laisse dans son vin traîner sa chevelure.
Les griffes de l'amour, les poisons du tripot,
Tout glisse et tout s'émousse au granit de sa peau.
5 Elle rit à la Mort et nargue la Débauche,
Ces monstres dont la main, qui toujours gratte et

[fauche,

Dans ses jeux destructeurs a pourtant respecté

---

1. Voir commentaire, p. 322.   **2.** Pichois remarque que le mot,
lorsqu'il est appliqué aux êtres humains, signifie la tournure, la manière
d'être. L'association entre la chevelure au vers suivant rappelle toutefois le premier vers de « La Chevelure », où l'animalisation du corps
n'était pas évitée. Voir commentaire, p. 323.

De ce corps ferme et droit la rude majesté.
Elle marche en déesse et repose en sultane ;
10 Elle a dans le plaisir la foi mahométane,
Et dans ses bras ouverts, que remplissent ses seins,
Elle appelle des yeux la race des humains.
Elle croit, elle sait, cette vierge inféconde
Et pourtant nécessaire à la marche du monde,
15 Que la beauté du corps est un sublime don
Qui de toute infamie arrache le pardon.
Elle ignore l'Enfer comme le Purgatoire,
Et quand l'heure viendra d'entrer dans la Nuit noire,
Elle regardera la face de la Mort,
20 Ainsi qu'un nouveau-né, — sans haine et sans remords.

CXV

LA BÉATRICE[1]

Dans des terrains cendreux, calcinés, sans verdure,
Comme je me plaignais un jour à la nature,
Et que de ma pensée, en vaguant au hasard,
J'aiguisais lentement sur mon cœur le poignard,
5 Je vis en plein midi descendre sur ma tête
Un nuage funèbre et gros d'une tempête,
Qui portait un troupeau de démons vicieux[2],
Semblables à des nains cruels et curieux.
À me considérer froidement ils se mirent,
10 Et, comme des passants sur un fou qu'ils admirent[3],
Je les entendis rire et chuchoter entre eux,
En échangeant maint signe et maint clignement d'yeux :

---

1. Sur l'épreuve, Baudelaire s'interroge s'il faut Beatrix, Béatrice ou Beatrice. Il ajoute : « Remarquez que Béatrice est français et Beatrice italien, et qu'ici Beatrice est forcément italien, voulant dire : la déité, la maîtresse du poète. » Béatrice était, bien sûr, la Muse de Dante.   **2.** Ici trisyllabique.   **3.** Au sens classique de « prendre pour sujet d'étonnement ».

— « Contemplons à loisir cette caricature
Et cette ombre d'Hamlet[1] imitant sa posture,
15 Le regard indécis et les cheveux au vent.
N'est-ce pas grand-pitié de voir ce bon vivant,
Ce gueux, cet histrion[2] en vacances, ce drôle,
Parce qu'il sait jouer artistement son rôle,
Vouloir intéresser au chant de ses douleurs
20 Les aigles, les grillons, les ruisseaux et les fleurs,
Et même à nous, auteurs de ces vieilles rubriques[3],
Réciter en hurlant ses tirades publiques ? »

J'aurais pu (mon orgueil aussi haut que les monts
Domine la nuée et le cri des démons)
25 Détourner simplement ma tête souveraine,
Si je n'eusse pas vu parmi leur troupe obscène,
Crime qui n'a pas fait chanceler le soleil !
La reine de mon cœur au regard nonpareil[4],
Qui riait avec eux de ma sombre détresse
30 Et leur versait parfois quelque sale caresse.

CXVI

UN VOYAGE À CYTHÈRE[5]

Mon cœur, comme un oiseau, voltigeait tout joyeux
Et planait librement à l'entour des cordages ;

---

1. L'expression est deux fois dévalorisante dans la mesure où Hamlet se fait lui-même comédien. Le poète serait ainsi, au jugement des démons, l'ombre d'un comédien jouant un rôle préfixé. **2.** Mauvais comédien. **3.** D'après Pichois, qui cite Littré, le mot signifierait ruses. **4.** Terme volontairement archaïque emprunté au vocabulaire du pétrarquisme et signifiant « incomparable ». Voir commentaire, p. 323. **5.** Le titre est d'abord celui d'un tableau de Watteau, puis, par allusion, celui d'un chapitre de *Sylvie* de Gérard de Nerval. C'est d'ailleurs Nerval qui est à l'origine du poème, qui, dans le manuscrit, lui était dédié, avec cette indication : « Ici mettre en épigraphe quelques lignes de prose qui m'ont servi de programme et que je crois avoir lues dans *L'Artiste*. » Ces lignes sont, selon toute vraisemblance, les suivantes : « Pendant que nous rasions la côte, avant de nous abriter à San Nicolò, j'avais aperçu un petit monument, vaguement découpé sur l'azur du ciel, et qui, du haut d'un rocher, semblait la statue encore

Le navire roulait sous un ciel sans nuages,
4 Comme un ange enivré d'un soleil radieux.

Quelle est cette île triste et noire ? — C'est Cythère,
Nous dit-on, un pays fameux dans les chansons,
Eldorado[1] banal de tous les vieux garçons.
8 Regardez, après tout, c'est une pauvre terre.

— Île des doux secrets et des fêtes du cœur !
De l'antique Vénus le superbe fantôme
Au-dessus de tes mers plane comme un arome,
12 Et charge les esprits d'amour et de langueur.

Belle île aux myrtes verts[2], pleine de fleurs écloses,
Vénérée à jamais par toute nation,
Où les soupirs des cœurs en adoration
16 Roulent comme l'encens sur un jardin de roses

Ou le roucoulement éternel d'un ramier !
— Cythère n'était plus qu'un terrain des plus maigres,
Un désert rocailleux troublé par des cris aigres.
20 J'entrevoyais pourtant un objet singulier !

Ce n'était pas un temple aux ombres bocagères,
Où la jeune prêtresse, amoureuse des fleurs,
Allait, le corps brûlé de secrètes chaleurs,
24 Entrebâillant sa robe aux brises passagères ;

---

debout de quelque divinité protectrice... Mais, en approchant davantage, nous avons distingué clairement l'objet qui signalait cette côte à
l'attention des voyageurs. C'était un gibet, un gibet à trois branches,
dont une seule était garnie. Le premier gibet réel que j'aie vu encore,
c'est sur le sol de Cythère, possession anglaise, qu'il m'a été donné de
l'apercevoir ! » Dans la lettre qui accompagne le manuscrit du poème
que Baudelaire adresse à Gautier, on peut lire : « L'*incorrigible* Gérard
prétend que c'est pour avoir abandonné le bon culte que Cythère est
réduite en cet état » (CPl, I, 180). Cythère étant l'île de Vénus, déesse
de l'amour, c'est donc l'abandon du culte de l'amour qui aurait causé
la dégradation de l'île. Baudelaire, pour qui l'amour est au contraire
inséparable du Mal, prend ici le contre-pied de son aîné.

1. Ici, au sens de lieu utopique de l'amour libre. **2.** Voir p. 169
la note au vers 14 du poème CXII. Voir commentaire, p. 323.

Mais voilà qu'en rasant la côte d'assez près
Pour troubler les oiseaux avec nos voiles blanches,
Nous vîmes que c'était un gibet à trois branches,
28 Du ciel se détachant en noir, comme un cyprès.

De féroces oiseaux perchés sur leur pâture
Détruisaient avec rage un pendu déjà mûr,
Chacun plantant, comme un outil, son bec impur
32 Dans tous les coins saignants de cette pourriture ;

Les yeux étaient deux trous, et du ventre effondré
Les intestins pesants lui coulaient sur les cuisses,
Et ses bourreaux, gorgés de hideuses délices,
36 L'avaient à coups de bec absolument châtré.

Sous les pieds, un troupeau de jaloux quadrupèdes,
Le museau relevé, tournoyait et rôdait ;
Une plus grande bête au milieu s'agitait
40 Comme un exécuteur entouré de ses aides.

Habitant de Cythère, enfant d'un ciel si beau,
Silencieusement tu souffrais ces insultes
En expiation de tes infâmes cultes
44 Et des péchés qui t'ont interdit le tombeau.

Ridicule pendu, tes douleurs sont les miennes !
Je sentis, à l'aspect de tes membres flottants,
Comme un vomissement, remonter vers mes dents
48 Le long fleuve de fiel des douleurs anciennes ;

Devant toi, pauvre diable au souvenir si cher,
J'ai senti tous les becs et toutes les mâchoires
Des corbeaux lancinants et des panthères noires
52 Qui jadis aimaient tant à triturer ma chair.

— Le ciel était charmant, la mer était unie ;
Pour moi tout était noir et sanglant désormais,
Hélas ! et j'avais, comme en un suaire épais,
56 Le cœur enseveli dans cette allégorie.

Dans ton île, ô Vénus ! je n'ai trouvé debout
Qu'un gibet symbolique où pendait mon image...
— Ah ! Seigneur ! donnez-moi la force et le courage
60 De contempler mon cœur et mon corps sans dégoût !

CXVII

L'AMOUR ET LE CRÂNE

VIEUX CUL-DE-LAMPE [1]

L'Amour est assis sur le crâne
De l'Humanité,
Et sur ce trône le profane,
4   Au rire effronté,

Souffle gaiement des bulles rondes
Qui montent dans l'air,
Comme pour rejoindre les mondes
8   Au fond de l'éther.

Le globe lumineux et frêle
Prend un grand essor,
Crève et crache son âme grêle
12   Comme un songe d'or.

J'entends le crâne à chaque bulle
Prier et gémir :
— « Ce jeu féroce et ridicule,
16   Quand doit-il finir ?

« Car ce que ta bouche cruelle
Éparpille en l'air,
Monstre assassin, c'est ma cervelle,
20   Mon sang et ma chair ! »

---

1. Un cul-de-lampe est une vignette gravée à la fin d'un chapitre, dont la forme triangulaire rappelle le fond des lampes d'église. Voir commentaire, p. 324.

RÉVOLTE [1]

CXVIII

LE RENIEMENT DE SAINT PIERRE

Qu'est-ce que Dieu fait donc de ce flot d'anathèmes
Qui monte tous les jours vers ses chers Séraphins [2] ?
Comme un tyran gorgé de viande et de vins,
4 Il s'endort au doux bruit de nos affreux blasphèmes.

Les sanglots des martyrs et des suppliciés
Sont une symphonie enivrante sans doute,
Puisque, malgré le sang que leur volupté coûte,
8 Les cieux ne s'en sont point encor rassasiés !

---

1. La plus courte des sections des *Fleurs du Mal*, composée de trois poèmes qui sont aussi parmi les plus anciens. Dans une note ajoutée au premier d'entre eux pour l'édition de 1857, Baudelaire les donne pour « le pastiche des raisonnements de l'ignorance et de la fureur » et il ajoute que « fidèle à son douloureux programme, l'auteur des *Fleurs du Mal* a dû, en parfait comédien, façonner son esprit à tous les sophismes comme à toutes les corruptions ». Certes, le recul qu'opère cette note a d'abord pour fin de soustraire le recueil au reproche d'impiété. Mais au-delà de leur prudence, ces lignes donnent peut-être à entendre, tout de même, une certaine distance. En fait, Baudelaire n'est qu'imparfaitement un révolté, au sens théologique et romantique du mot. Sa vision de la divinité est trop pessimiste, trop angoissée pour se contenter d'une contestation qui confirme Celui même auquel elle entend s'opposer. Sans doute, dans les *Journaux intimes*, il n'hésite pas à écrire : « Dieu est un scandale, — un scandale qui rapporte » (OC, I, 660). Mais Baudelaire a trop profondément intériorisé ce « scandale » pour se borner à le dénoncer.   **2.** Anges de la première hiérarchie.

— Ah ! Jésus, souviens-toi du Jardin des Olives[1] !
Dans ta simplicité tu priais à genoux
Celui qui dans son ciel riait au bruit des clous
12 Que d'ignobles bourreaux plantaient dans tes chairs
[vives,

Lorsque tu vis cracher sur ta divinité
La crapule du corps de garde et des cuisines,
Et lorsque tu sentis s'enfoncer les épines
16 Dans ton crâne où vivait l'immense Humanité ;

Quand de ton corps brisé la pesanteur horrible
Allongeait tes deux bras distendus, que ton sang
Et ta sueur coulaient de ton front pâlissant,
20 Quand tu fus devant tous posé comme une cible,

Rêvais-tu de ces jours si brillants et si beaux
Où tu vins pour remplir l'éternelle promesse,
Où tu foulais, monté sur une douce ânesse,
24 Des chemins tout jonchés de fleurs et de rameaux[2],

Où, le cœur tout gonflé d'espoir et de vaillance,
Tu fouettais tous ces vils marchands à tour de bras,
Où tu fus maître enfin ? Le remords n'a-t-il pas
28 Pénétré dans ton flanc plus avant que la lance ?

— Certes, je sortirai, quant à moi, satisfait
D'un monde où l'action n'est pas la sœur du rêve ;
Puissé-je user du glaive et périr par le glaive !
32 Saint Pierre a renié Jésus[3]... il a bien fait !

---

1. Plus communément connu sous la dénomination de Mont des Oliviers. Mont de Jérusalem où Jésus passa sa dernière nuit.   2. Allusion à l'entrée triomphale de Jésus dans Jérusalem, le dimanche précédant sa mort, dimanche dit des Rameaux.   3. Le triple reniement de saint Pierre est rapporté par les quatre Évangélistes. Voir, par exemple, Matthieu, XXVI, 69-75. Voir commentaire, p. 324.

CXIX

ABEL ET CAÏN

I

Race d'Abel, dors, bois et mange ;
2 Dieu te sourit complaisamment.

Race de Caïn, dans la fange
4 Rampe et meurs misérablement.

Race d'Abel, ton sacrifice
6 Flatte le nez du Séraphin !

Race de Caïn, ton supplice
8 Aura-t-il jamais une fin ?

Race d'Abel, vois tes semailles
10 Et ton bétail venir à bien ;

Race de Caïn, tes entrailles
12 Hurlent la faim comme un vieux chien.

Race d'Abel, chauffe ton ventre
14 À ton foyer patriarcal ;

Race de Caïn, dans ton antre
16 Tremble de froid, pauvre chacal !

Race d'Abel, aime et pullule !
18 Ton or fait aussi des petits.

Race de Caïn, cœur qui brûle,
20 Prends garde à ces grands appétits.

Race d'Abel, tu croîs et broutes
22 Comme les punaises des bois !

Race de Caïn, sur les routes
24 Traîne ta famille aux abois.

II

Ah ! race d'Abel, ta charogne
26 Engraissera le sol fumant !

Race de Caïn, ta besogne
28 N'est pas faite suffisamment ;

Race d'Abel, voici ta honte :
30 Le fer est vaincu par l'épieu[1] !

Race de Caïn, au ciel monte,
32 Et sur la terre jette Dieu !

CXX

LES LITANIES DE SATAN

Ô toi, le plus savant et le plus beau des Anges,
2 Dieu trahi par le sort et privé de louanges,

Ô Satan, prends pitié de ma longue misère !

Ô Prince de l'exil, à qui l'on a fait tort,
5 Et qui, vaincu, toujours te redresses plus fort,

Ô Satan, prends pitié de ma longue misère !

---

1. Comme le note A. Adam, Baudelaire a renversé les indications de la Genèse qui font, au contraire, d'Abel un nomade. Adam interprète avec vraisemblance le fer comme celui du soc de la charrue et l'épieu comme l'instrument du chasseur que serait Caïn. Voir commentaire, p. 325.

Toi qui sais tout, grand roi des choses souterraines,
8 Guérisseur familier des angoisses humaines,

Ô Satan, prends pitié de ma longue misère !

Toi qui, même aux lépreux, aux parias maudits,
11 Enseignes par l'amour le goût du Paradis,

Ô Satan, prends pitié de ma longue misère !

Ô toi qui de la Mort, ta vieille et forte amante,
14 Engendras l'Espérance, — une folle charmante !

Ô Satan, prends pitié de ma longue misère !

Toi qui fais au proscrit ce regard calme et haut
17 Qui damne tout un peuple autour d'un échafaud,

Ô Satan, prends pitié de ma longue misère !

Toi qui sais en quels coins des terres envieuses
20 Le Dieu jaloux cacha les pierres précieuses,

Ô Satan, prends pitié de ma longue misère !

Toi dont l'œil clair connaît les profonds arsenaux
23 Où dort enseveli le peuple des métaux,

Ô Satan, prends pitié de ma longue misère !

Toi dont la large main cache les précipices
26 Au somnambule errant au bord des édifices,

Ô Satan, prends pitié de ma longue misère !

Toi qui, magiquement, assouplis les vieux os
29 De l'ivrogne attardé foulé par les chevaux,

Ô Satan, prends pitié de ma longue misère !

Toi qui, pour consoler l'homme frêle qui souffre,
32 Nous appris à mêler le salpêtre et le soufre[1],

Ô Satan, prends pitié de ma longue misère !

Toi qui poses ta marque, ô complice subtil,
35 Sur le front du Crésus impitoyable et vil,

Ô Satan, prends pitié de ma longue misère !

Toi qui mets dans les yeux et dans le cœur des filles
38 Le culte de la plaie et l'amour des guenilles,

Ô Satan, prends pitié de ma longue misère !

Bâton des exilés, lampe des inventeurs,
41 Confesseur des pendus et des conspirateurs,

Ô Satan, prends pitié de ma longue misère !

Père adoptif de ceux qu'en sa noire colère
44 Du paradis terrestre a chassés Dieu le Père,

Ô Satan, prends pitié de ma longue misère !

PRIÈRE

46 Gloire et louange à toi, Satan, dans les hauteurs
Du Ciel, où tu régnas, et dans les profondeurs
De l'Enfer, où, vaincu, tu rêves en silence !
Fais que mon âme un jour, sous l'Arbre de Science,
50 Près de toi se repose, à l'heure où sur ton front
Comme un Temple nouveau ses rameaux
                                        [s'épandront[2] !

---

1. Pour faire de la poudre. **2.** Voir commentaire, p. 326.

LA MORT [1]

CXXI

LA MORT DES AMANTS

Nous aurons des lits pleins d'odeurs légères,
Des divans profonds comme des tombeaux,
Et d'étranges fleurs sur des étagères,
4 Écloses pour nous sous des cieux plus beaux.

Usant à l'envi leurs chaleurs dernières,
Nos deux cœurs seront deux vastes flambeaux,
Qui réfléchiront leurs doubles lumières
8 Dans nos deux esprits, ces miroirs jumeaux.

Un soir fait de rose et de bleu mystique,
Nous échangerons un éclair unique,
11 Comme un long sanglot, tout chargé d'adieux ;

Et plus tard un Ange, entrouvrant les portes,
Viendra ranimer, fidèle et joyeux,
14 Les miroirs ternis et les flammes mortes [2].

---

1. D'une certaine manière, il est normal que cette section conclue le
recueil. Au-delà de cette apparence de logique, il faut toutefois interroger le *statut* que la Mort y reçoit. La Mort, dans *Les Fleurs du Mal*,
est en effet l'enjeu d'un débat. Loin d'être saisie de manière univoque
comme la conclusion de l'existence ou comme le seuil de l'au-delà, la
Mort est méditée à la fois comme une délivrance, un risque susceptible
de tourner en cauchemar, un leurre ou encore un espace inconnu, qu'il
s'agit d'explorer. **2.** Voir commentaire, p. 327.

CXXII

LA MORT DES PAUVRES

C'est la Mort qui console, hélas ! et qui fait vivre ;
C'est le but de la vie, et c'est le seul espoir
Qui, comme un élixir[1], nous monte[2] et nous enivre,
4 Et nous donne le cœur de marcher jusqu'au soir ;

À travers la tempête, et la neige, et le givre,
C'est la clarté vibrante à notre horizon noir ;
C'est l'auberge[3] fameuse inscrite sur le livre,
8 Où l'on pourra manger, et dormir, et s'asseoir ;

C'est un Ange qui tient dans ses doigts magnétiques
Le sommeil et le don des rêves extatiques,
11 Et qui refait le lit des gens pauvres et nus ;

C'est la gloire des dieux, c'est le grenier mystique,
C'est la bourse du pauvre et sa patrie antique,
14 C'est le portique ouvert sur les Cieux inconnus !

CXXIII

LA MORT DES ARTISTES

Combien faut-il de fois secouer mes grelots[4]
Et baiser ton front bas, morne caricature[5] ?
Pour piquer dans le but, de mystique nature,
4 Combien, ô mon carquois, perdre de javelots ?

---

1. Boisson fortifiante.   **2.** Pichois rapporte le sens à son emploi musical : nous ferait monter de ton, comme on hausse celui d'un instrument.   **3.** Auberge est un terme que Baudelaire affectionne et qu'il associe souvent à une valeur positive. Voir « la dernière auberge » de « L'Horloge » ou « l'auberge du hasard », « si féconde en volupté » du poème en prose « Les Projets ». Voir commentaire, p. 327.
4. Comme un saltimbanque. Voir Jean Starobinski, *Portrait de l'artiste en saltimbanque*, Genève, Skira, 1970.   **5.** Faut-il comprendre : caricature de la Beauté idéale que je tente de créer ?

Nous userons notre âme en de subtils complots,
Et nous démolirons mainte lourde armature [1],
Avant de contempler la grande Créature [2]
8 Dont l'infernal désir nous remplit de sanglots !

Il en est qui jamais n'ont connu leur Idole,
Et ces sculpteurs damnés et marqués d'un affront,
11 Qui vont se martelant la poitrine et le front,

N'ont qu'un espoir, étrange et sombre Capitole [3] !
C'est que la Mort, planant comme un soleil nouveau,
14 Fera s'épanouir les fleurs de leur cerveau !

CXXIV

LA FIN DE LA JOURNÉE [4]

Sous une lumière blafarde
Court, danse et se tord sans raison
La Vie, impudente et criarde.
4 Aussi, sitôt qu'à l'horizon

La nuit voluptueuse monte,
Apaisant tout, même la faim,
Effaçant tout, même la honte,
8 Le Poète se dit : « Enfin !

« Mon esprit, comme mes vertèbres,
Invoque ardemment le repos ;
11 Le cœur plein de songes funèbres,

---

1. Support d'une sculpture.   **2.** La Beauté réalisée.   **3.** L'une des sept collines de Rome, où montaient en triomphe les généraux vainqueurs. Voir commentaire, p. 327.   **4.** Seul poème apporté par l'édition de 1861 à n'être pas paru préalablement en revue.

« Je vais me coucher sur le dos
Et me rouler dans vos rideaux,
14 Ô rafraîchissantes ténèbres[1] ! »

CXXV

LE RÊVE D'UN CURIEUX

À F. N.[2]

Connais-tu, comme moi, la douleur savoureuse,
Et de toi fais-tu dire : « Oh ! l'homme singulier ! »
— J'allais mourir. C'était dans mon âme amoureuse,
4 Désir mêlé d'horreur, un mal particulier ;

Angoisse et vif espoir, sans humeur factieuse[3].
Plus allait se vidant le fatal sablier,
Plus ma torture était âpre et délicieuse ;
8 Tout mon cœur s'arrachait au monde familier.

J'étais comme l'enfant avide du spectacle,
Haïssant le rideau comme on hait un obstacle...
11 Enfin la vérité froide se révéla :

J'étais mort sans surprise, et la terrible aurore
M'enveloppait. — Eh quoi ! n'est-ce donc que cela ?
14 La toile était levée et j'attendais encore.

---

1. L'expression se retrouve dans le poème en prose « Le Crépuscule du soir ». On se rappellera que dans la version en vers de ce poème (XCV), on peut lire : « Ô soir, aimable soir » (v. 5) et : « C'est le soir qui soulage / Les esprits que dévore une douleur sauvage » (v. 8-9).   **2.** Comme nous l'apprennent les manuscrits adressés par Baudelaire à Poulet-Malassis, il s'agit de Félix Nadar, le génial photographe, que Baudelaire avait rencontré dès 1844. Dans la lettre qui accompagne l'envoi du manuscrit, il est précisé : « J'ai donné hier soir le sonnet à Nadar ; il m'a dit qu'il n'y comprenait rien du tout ; mais que cela tenait sans doute à l'écriture, et que des caractères d'imprimerie le rendraient plus clair. »   **3.** Rebelle. Voir commentaire, p. 328.

CXXVI

LE VOYAGE

À Maxime Du Camp[1].

I

Pour l'enfant, amoureux de cartes et d'estampes,
L'univers est égal à son vaste appétit.
Ah ! que le monde est grand à la clarté des lampes !
4 Aux yeux du souvenir que le monde est petit[2] !

Un matin nous partons, le cerveau plein de flamme,
Le cœur gros de rancune et de désirs amers,
Et nous allons, suivant le rythme de la lame,
8 Berçant notre infini sur le fini des mers :

Les uns, joyeux de fuir une patrie infâme ;
D'autres, l'horreur de leurs berceaux, et quelques-uns,
Astrologues noyés dans les yeux d'une femme,
12 La Circé[3] tyrannique aux dangereux parfums.

Pour n'être pas changés en bêtes, ils s'enivrent
D'espace et de lumière et de cieux embrasés ;
La glace qui les mord, les soleils qui les cuivrent,
16 Effacent lentement la marque des baisers.

Mais les vrais voyageurs sont ceux-là seuls qui partent
Pour partir ; cœurs légers, semblables aux ballons,
De leur fatalité jamais ils ne s'écartent,
20 Et, sans savoir pourquoi, disent toujours : Allons !

---

1. Maxime Du Camp, écrivain et journaliste, ami de Baudelaire et surtout de Flaubert, avait lui-même publié des récits de voyages. **2.** La disposition en chiasme de ces deux vers souligne le rétrécissement apporté par le souvenir. **3.** Magicienne de l'*Odyssée* qui transforma les compagnons d'Ulysse en bêtes avant de les rendre à leur première forme.

Ceux-là dont les désirs ont la forme des nues,
Et qui rêvent, ainsi qu'un conscrit le canon,
De vastes voluptés, changeantes, inconnues,
24 Et dont l'esprit humain n'a jamais su le nom !

II

Nous imitons, horreur ! la toupie et la boule
Dans leur valse et leurs bonds ; même dans nos
                                    [sommeils
La Curiosité nous tourmente et nous roule,
28 Comme un Ange cruel qui fouette des soleils.

Singulière fortune où le but se déplace,
Et, n'étant nulle part, peut être n'importe où[1] !
Où l'Homme, dont jamais l'espérance n'est lasse,
32 Pour trouver le repos court toujours comme un fou !

Notre âme est un trois-mâts cherchant son Icarie[2] ;
Une voix retentit sur le pont : « Ouvre l'œil ! »
Une voix de la hune[3], ardente et folle, crie :
36 « Amour... gloire... bonheur ! » Enfer ! c'est un écueil !

Chaque îlot signalé par l'homme de vigie
Est un Eldorado[4] promis par le Destin ;
L'Imagination qui dresse son orgie
40 Ne trouve qu'un récif aux clartés du matin.

Ô le pauvre amoureux des pays chimériques !
Faut-il le mettre aux fers, le jeter à la mer,
Ce matelot ivrogne, inventeur[5] d'Amériques
44 Dont le mirage rend le gouffre plus amer ?

---

1. Variation sur la définition médiévale de Dieu comme d'un cercle dont le centre est partout et la circonférence nulle part.   **2.** Patrie d'Icare, ici au sens de lieu rêvé.   **3.** Plate-forme posée sur un mât.   **4.** Ici, pays chimérique.   **5.** Au sens de découvreur.

Tel le vieux vagabond, piétinant dans la boue,
Rêve, le nez en l'air, de brillants paradis ;
Son œil ensorcelé découvre une Capoue[1]
48 Partout où la chandelle illumine un taudis.

III

Étonnants voyageurs ! quelles nobles histoires
Nous lisons dans vos yeux profonds comme les mers !
Montrez-nous les écrins de vos riches mémoires,
52 Ces bijoux merveilleux, faits d'astres et d'éthers.

Nous voulons voyager sans vapeur et sans voile !
Faites, pour égayer l'ennui de nos prisons,
Passer sur nos esprits, tendus comme une toile,
56 Vos souvenirs avec leurs cadres d'horizons.

Dites, qu'avez-vous vu ?

IV

                    « Nous avons vu des astres
Et des flots ; nous avons vu des sables aussi ;
Et, malgré bien des chocs et d'imprévus désastres,
60 Nous nous sommes souvent ennuyés, comme ici.

« La gloire du soleil sur la mer violette,
La gloire des cités dans le soleil couchant,
Allumaient dans nos cœurs une ardeur inquiète
64 De plonger dans un ciel au reflet alléchant.

« Les plus riches cités, les plus grands paysages,
Jamais ne contenaient l'attrait mystérieux

---

1. Ville d'Italie synonyme de séjour délicieux.

De ceux que le hasard fait avec les nuages[1].
68 Et toujours le désir nous rendait soucieux !

« — La jouissance ajoute au désir de la force.
Désir, vieil arbre à qui le plaisir sert d'engrais,
Cependant que grossit et durcit ton écorce,
72 Tes branches veulent voir le soleil de plus près !

« Grandiras-tu toujours, grand arbre plus vivace
Que le cyprès ? — Pourtant nous avons, avec soin,
Cueilli quelques croquis pour votre album vorace,
76 Frères qui trouvez beau tout ce qui vient de loin !

« Nous avons salué des idoles à trompe ;
Des trônes constellés de joyaux lumineux ;
Des palais ouvragés dont la féerique pompe
80 Serait pour vos banquiers un rêve ruineux ;

« Des costumes qui sont pour les yeux une ivresse ;
Des femmes dont les dents et les ongles sont teints,
Et des jongleurs savants que le serpent caresse. »

V

84 Et puis, et puis encore ?

VI

« Ô cerveaux enfantins !

« Pour ne pas oublier la chose capitale,
Nous avons vu partout, et sans l'avoir cherché,
Du haut jusques en bas de l'échelle fatale,
88 Le spectacle ennuyeux de l'immortel péché :

---

1. Dans le premier poème du *Spleen de Paris*, l'étranger désignera les « merveilleux nuages » comme le seul objet de son affection.

« La femme, esclave vile, orgueilleuse et stupide,
Sans rire s'adorant et s'aimant sans dégoût ;
L'homme, tyran goulu, paillard, dur et cupide,
92 Esclave de l'esclave et ruisseau dans l'égout ;

« Le bourreau qui jouit, le martyr qui sanglote ;
La fête qu'assaisonne et parfume le sang ;
Le poison du pouvoir énervant le despote,
96 Et le peuple amoureux du fouet abrutissant ;

« Plusieurs religions semblables à la nôtre,
Toutes escaladant le ciel ; la Sainteté,
Comme en un lit de plume un délicat se vautre,
100 Dans les clous et le crin cherchant la volupté ;

« L'Humanité bavarde, ivre de son génie,
Et, folle maintenant comme elle était jadis,
Criant à Dieu, dans sa furibonde agonie :
104 "Ô mon semblable, ô mon maître, je te maudis !"

« Et les moins sots, hardis amants de la Démence,
Fuyant le grand troupeau parqué par le Destin,
Et se réfugiant dans l'opium immense !
108 — Tel est du globe entier l'éternel bulletin. »

VII

Amer savoir, celui qu'on tire du voyage !
Le monde, monotone et petit, aujourd'hui,
Hier, demain, toujours, nous fait voir notre image :
112 Une oasis d'horreur dans un désert d'ennui !

Faut-il partir ? rester ? Si tu peux rester, reste ;
Pars, s'il le faut. L'un court, et l'autre se tapit
Pour tromper l'ennemi vigilant et funeste,
116 Le Temps ! Il est, hélas ! des coureurs sans répit,

Comme le Juif errant et comme les apôtres,
À qui rien ne suffit, ni wagon ni vaisseau,
Pour fuir ce rétiaire[1] infâme ; il en est d'autres
120 Qui savent le tuer sans quitter leur berceau.

Lorsque enfin il mettra le pied sur notre échine,
Nous pourrons espérer et crier : En avant !
De même qu'autrefois nous partions pour la Chine,
124 Les yeux fixés au large et les cheveux au vent,

Nous nous embarquerons sur la mer des Ténèbres
Avec le cœur joyeux d'un jeune passager.
Entendez-vous ces voix, charmantes et funèbres,
128 Qui chantent : « Par ici ! vous qui voulez manger

« Le Lotus parfumé[2] ! c'est ici qu'on vendange
Les fruits miraculeux dont votre cœur a faim ;
Venez vous enivrer de la douceur étrange
132 De cette après-midi qui n'a jamais de fin ? »

À l'accent familier nous devinons le spectre ;
Nos Pylades[3] là-bas tendent leurs bras vers nous.
« Pour rafraîchir ton cœur nage vers ton Électre[4] ! »
136 Dit celle dont jadis nous baisions les genoux.

---

1. Gladiateur romain qui luttait avec un filet.   **2.** Dans le poème
en prose « Le Joueur généreux », Baudelaire évoquera la béatitude
éprouvée par les « mangeurs de lotus quand, débarquant dans une île
enchantée, éclairée des lueurs d'une éternelle après-midi, ils sentirent
naître en eux (...) le désir de ne jamais revoir leurs pénates » (OC, I,
325).   **3.** L'ami d'Oreste.   **4.** La sœur d'Oreste. Baudelaire aime
à se comparer à un Oreste que sa sœur imaginaire apaiserait. On lit à
la fin de la dédicace des *Paradis artificiels* : « Tu verras dans ce tableau
un promeneur sombre et solitaire plongé dans le flot mouvant des multitudes, et envoyant son cœur et sa pensée à une Électre lointaine qui
essuyait naguère son front baigné de sueur et *rafraîchissait ses lèvres
parcheminées par la fièvre* ; et tu devineras la gratitude d'un autre
Oreste dont tu as souvent surveillé les cauchemars » (OC, I, 400). Voir
commentaire, p. 328.

VIII

Ô Mort, vieux capitaine, il est temps ! levons l'ancre !
Ce pays nous ennuie, ô Mort ! Appareillons !
Si le ciel et la mer sont noirs comme de l'encre,
140 Nos cœurs que tu connais sont remplis de rayons !

Verse-nous ton poison pour qu'il nous réconforte !
Nous voulons, tant ce feu nous brûle le cerveau,
Plonger au fond du gouffre, Enfer ou Ciel, qu'importe ?
144 Au fond de l'Inconnu pour trouver du *nouveau* !

LES FLEURS DU MAL

[Poèmes apportés par la troisième édition, 1868]

ÉPIGRAPHE
POUR UN LIVRE CONDAMNÉ

Lecteur paisible et bucolique[1],
Sobre et naïf homme de bien,
Jette ce livre saturnien[2],
4 Orgiaque et mélancolique.

Si tu n'as fait ta rhétorique[3]
Chez Satan, le rusé doyen,
Jette ! tu n'y comprendrais rien,
8 Ou tu me croirais hystérique[4].

Mais si, sans se laisser charmer,
Ton œil sait plonger dans les gouffres[5],
11 Lis-moi, pour apprendre à m'aimer ;

Âme curieuse qui souffres
Et vas cherchant ton paradis,
14 Plains-moi !... Sinon, je te maudis !

---

1. Ici, au sens de « habitué à une poésie pastorale », d'où le mal est absent. **2.** Saturne est la planète des mélancoliques. Sur ce thème, voir le grand livre de Klibanski, Panofski et Saxl, *Saturne et la mélancolie*, trad. fr., F. Durand-Bogaert et L. Évrard, Paris, Gallimard, 1989. **3.** Non seulement l'art du discours, mais aussi l'art des stratégies persuasives. **4.** Presque synonyme de fou. **5.** Il n'est peut-être pas fortuit que l'œil du lecteur soit appelé à « plonger dans le gouffre » d'un livre qui lui-même déclarait dans son poème ultime vouloir « plonger au fond du gouffre » pour y trouver du nouveau. Il est aussi caractéristique que le lecteur qui est interpellé soit envisagé comme une « âme curieuse qui souffre ». Voir commentaire, p. 329.

MADRIGAL TRISTE

I

Que m'importe que tu sois sage ?
Sois belle ! et sois triste ! Les pleurs
Ajoutent un charme au visage,
Comme le fleuve au paysage ;
5 L'orage rajeunit les fleurs.

Je t'aime surtout quand la joie
S'enfuit de ton front terrassé ;
Quand ton cœur dans l'horreur se noie ;
Quand sur ton présent se déploie
10 Le nuage affreux du passé.

Je t'aime quand ton grand œil verse
Une eau chaude comme le sang ;
Quand, malgré ma main qui te berce,
Ton angoisse, trop lourde, perce
15 Comme un râle d'agonisant.

J'aspire, volupté divine !
Hymne profond, délicieux !
Tous les sanglots de ta poitrine,
Et crois que ton cœur s'illumine
20 Des perles que versent tes yeux !

II

Je sais que ton cœur, qui regorge
De vieux amours déracinés,
Flamboie encor comme une forge,
Et que tu couves sous ta gorge
25 Un peu de l'orgueil des damnés ;

Mais tant, ma chère, que tes rêves
N'auront pas reflété l'Enfer,

Et qu'en un cauchemar sans trêves,
Songeant de poisons et de glaives,
30 Éprise de poudre et de fer,

N'ouvrant à chacun qu'avec crainte,
Déchiffrant le malheur partout,
Te convulsant quand l'heure tinte,
Tu n'auras pas senti l'étreinte
35 De l'irrésistible Dégoût,

Tu ne pourras, esclave reine
Qui ne m'aimes qu'avec effroi,
Dans l'horreur de la nuit malsaine
Me dire, l'âme de cris pleine :
40 « Je suis ton égale, ô mon Roi[1] ! »

LA PRIÈRE D'UN PAÏEN

Ah ! ne ralentis pas tes flammes ;
Réchauffe mon cœur engourdi,
Volupté, torture des âmes !
4 *Diva ! supplicem exaudî*[2] !

Déesse dans l'air répandue,
Flamme dans notre souterrain !
Exauce une âme morfondue,
8 Qui te consacre un chant d'airain[3].

Volupté, sois toujours ma reine !
Prends le masque d'une sirène
11 Faite de chair et de velours,

---

1. Voir commentaire, p. 330.   **2.** Déesse, exauce ton suppliant !
3. Souvenir d'Horace, qui prétendait que ses poèmes étaient plus durables que l'airain ? Voir commentaire, p. 330.

Ou verse-moi tes sommeils lourds
Dans le vin informe et mystique,
14 Volupté, fantôme élastique !

LE REBELLE

Un Ange furieux fond du ciel comme un aigle,
Du mécréant saisit à plein poing les cheveux,
Et dit, le secouant : « Tu connaîtras la règle !
4 (Car je suis ton bon Ange, entends-tu ?) Je le veux !

« Sache qu'il faut aimer, sans faire la grimace,
Le pauvre, le méchant, le tortu[1], l'hébété,
Pour que tu puisses faire à Jésus, quand il passe,
8 Un tapis triomphal avec ta charité.

« Tel est l'Amour ! Avant que ton cœur ne se blase,
À la gloire de Dieu rallume ton extase ;
11 C'est la Volupté vraie aux durables appas ! »

Et l'Ange, châtiant autant, ma foi ! qu'il aime,
De ses poings de géant torture l'anathème ;
14 Mais le damné répond toujours : « Je ne veux pas ! »

L'AVERTISSEUR

Tout homme digne de ce nom
A dans le cœur un Serpent jaune,
Installé comme sur un trône,
4 Qui, s'il dit : « Je veux ! » répond : « Non ! »

---

1. Ne s'emploie normalement que comme adjectif. Voir commentaire, p. 330.

Plonge tes yeux dans les yeux fixes
Des Satyresses[1] ou des Nixes[2],
7 La Dent dit : « Pense à ton devoir ! »

Fais des enfants, plante des arbres,
Polis des vers, sculpte des marbres,
10 La Dent dit : « Vivras-tu ce soir ? »

Quoi qu'il ébauche ou qu'il espère,
L'homme ne vit pas un moment
Sans subir l'avertissement
14 De l'insupportable Vipère.

RECUEILLEMENT

Sois sage, ô ma Douleur, et tiens-toi plus tranquille.
Tu réclamais le Soir ; il descend ; le voici :
Une atmosphère obscure enveloppe la ville,
4 Aux uns portant la paix, aux autres le souci.

Pendant que des mortels la multitude vile,
Sous le fouet du Plaisir, ce bourreau sans merci,
Va cueillir des remords dans la fête servile,
8 Ma Douleur, donne-moi la main ; viens par ici,

Loin d'eux. Vois se pencher les défuntes Années,
Sur les balcons du ciel, en robes surannées ;
11 Surgir du fond des eaux le Regret souriant ;

---

1. Féminin de satyre que Baudelaire avait employé dans « Femmes damnées ». Pichois, à la suite de J. Crépet, relève que le mot sous cette forme ne se trouve que dans le Dictionnaire de Richelet et celui de Bescherelle.   **2.** Ondines ou naïades de la mythologie allemande. Mallarmé retrouvera ce mot dans son fameux sonnet en yx. Les nixes sont des séductrices. Voir commentaire, p. 330.

Le Soleil moribond s'endormir sous une arche,
Et, comme un long linceul traînant à l'Orient,
14 Entends, ma chère, entends la douce Nuit qui marche[1].

LE COUVERCLE

En quelque lieu qu'il aille, ou sur mer ou sur terre,
Sous un climat de flamme ou sous un soleil blanc,
Serviteur de Jésus, courtisan de Cythère[2],
4 Mendiant ténébreux ou Crésus[3] rutilant,

Citadin, campagnard, vagabond, sédentaire,
Que son petit cerveau soit actif ou soit lent,
Partout l'homme subit la terreur du mystère,
8 Et ne regarde en haut qu'avec un œil tremblant.

En haut, le Ciel ! ce mur de caveau qui l'étouffe,
Plafond illuminé pour un opéra bouffe
11 Où chaque histrion foule un sol ensanglanté ;

Terreur du libertin, espoir du fol ermite ;
Le Ciel ! couvercle noir de la grande marmite
14 Où bout l'imperceptible et vaste Humanité.

LA LUNE OFFENSÉE

Ô Lune qu'adoraient discrètement nos pères,
Du haut des pays bleus où, radieux sérail,
Les astres vont te suivre en pimpant attirail,
4 Ma vieille Cynthia[4], lampe de nos repaires,

---

1. Voir commentaire, p. 331.   **2.** L'île de Vénus.   **3.** Romain,
symbole de l'homme riche. Voir commentaire, p. 331.   **4.** Nom
mythologique de la lune (ou plus exactement de Diane, elle-même
représentée par la lune).

Vois-tu les amoureux sur leurs grabats prospères,
De leur bouche en dormant montrer le frais émail ?
Le poète buter du front sur son travail ?
8 Ou sous les gazons secs s'accoupler les vipères ?

Sous ton domino[1] jaune, et d'un pied clandestin,
Vas-tu, comme jadis, du soir jusqu'au matin,
11 Baiser d'Endymion[2] les grâces surannées ?

« — Je vois ta mère, enfant de ce siècle appauvri,
Qui vers son miroir penche un lourd amas d'années,
14 Et plâtre artistement le sein qui t'a nourri ! »

LE GOUFFRE

Pascal[3] avait son gouffre, avec lui se mouvant.
— Hélas ! tout est abîme, — action, désir, rêve,
Parole ! et sur mon poil qui tout droit se relève
4 Mainte fois de la Peur je sens passer le vent[4].

En haut, en bas, partout, la profondeur, la grève,
Le silence, l'espace affreux et captivant...
Sur le fond de mes nuits Dieu de son doigt savant
8 Dessine un cauchemar multiforme et sans trêve.

---

1. Robe portée par les prêtres par-dessus leur surplis et qui a servi de modèle à un habit de bal. Capuchon.   **2.** Berger dont la Lune était éprise. Voir commentaire, p. 331.   **3.** Au dire de l'abbé Boileau (anecdote rapportée dans le *Port-Royal* de Sainte-Beuve), Blaise Pascal « croyait toujours avoir un abîme à son côté gauche, et y faisait mettre une chaise pour se rassurer ». **4.** Pichois fait justement le rapprochement avec la note des *Journaux intimes* : « Au moral comme au physique, j'ai toujours eu la sensation du gouffre, non seulement du gouffre du sommeil, mais du gouffre de l'action, du rêve, du souvenir, du désir, du regret, du remords, du beau, du nombre, etc. « J'ai cultivé mon hystérie avec jouissance et terreur. Maintenant, j'ai toujours le vertige, et aujourd'hui 23 janvier 1862 j'ai subi un singulier avertissement, j'ai senti passer sur moi *le vent de l'aile de l'imbécillité* » (OC, I, 668). Voir commentaire, p. 332.

J'ai peur du sommeil comme on a peur d'un grand trou,
Tout plein de vague horreur, menant on ne sait où ;
11 Je ne vois qu'infini par toutes les fenêtres,

Et mon esprit, toujours du vertige hanté,
Jalouse du néant l'insensibilité.
14 — Ah ! ne jamais sortir des Nombres et des Êtres !

LES PLAINTES D'UN ICARE

Les amants des prostituées
Sont heureux, dispos et repus ;
Quant à moi, mes bras sont rompus
4 Pour avoir étreint des nuées[1].

C'est grâce aux astres nonpareils,
Qui tout au fond du ciel flamboient,
Que mes yeux consumés ne voient
8 Que des souvenirs de soleils.

En vain j'ai voulu de l'espace
Trouver la fin et le milieu[2] ;
Sous je ne sais quel œil de feu
12 Je sens mon aile qui se casse ;

Et brûlé par l'amour du beau,
Je n'aurai pas l'honneur sublime
De donner mon nom à l'abîme
16 Qui me servira de tombeau[3].

---

1. Ixion voulut séduire Junon, mais ne rencontra, à la place de son corps, qu'un amas de nuages que Jupiter lui avait substitué. 2. Dans le quatrain latin qui accompagne la gravure d'Icare, celui-ci est interprété comme figure d'une ambition de savoir démesurée. 3. La mer d'Icare. Voir commentaire, p. 332.

L'EXAMEN DE MINUIT

La pendule, sonnant minuit,
Ironiquement nous engage
À nous rappeler quel usage
4 Nous fîmes du jour qui s'enfuit :
— Aujourd'hui, date fatidique,
Vendredi, treize, nous avons,
Malgré tout ce que nous savons,
8 Mené le train d'un hérétique.

Nous avons blasphémé Jésus,
Des Dieux le plus incontestable !
Comme un parasite à la table
12 De quelque monstrueux Crésus,
Nous avons, pour plaire à la brute,
Digne vassale des Démons,
Insulté ce que nous aimons
16 Et flatté ce qui nous rebute ;

Contristé, servile bourreau,
Le faible qu'à tort on méprise ;
Salué l'énorme Bêtise,
20 La Bêtise au front de taureau ;
Baisé la stupide Matière
Avec grande dévotion,
Et de la putréfaction
24 Béni la blafarde lumière.

Enfin, nous avons, pour noyer
Le vertige dans le délire,
Nous, prêtre orgueilleux de la Lyre,
28 Dont la gloire est de déployer
L'ivresse des choses funèbres,
Bu sans soif et mangé sans faim !...
— Vite soufflons la lampe, afin
32 De nous cacher dans les ténèbres[1] !

---

1. Voir commentaire, p. 333.

BIEN LOIN D'ICI

C'est ici la case sacrée
Où cette fille très parée,
3 Tranquille et toujours préparée,

D'une main éventant ses seins,
Et son coude dans les coussins,
6 Écoute pleurer les bassins :

C'est la chambre de Dorothée.
— La brise et l'eau chantent au loin
Leur chanson de sanglots heurtée
10 Pour bercer cette enfant gâtée.

Du haut en bas, avec grand soin,
Sa peau délicate est frottée
D'huile odorante et de benjoin.
14 — Des fleurs se pâment dans un coin[1].

---

1. Voir commentaire, p. 333.

LES ÉPAVES[1]

---

1. Voir commentaire, p. 333.

I

LE COUCHER DU SOLEIL ROMANTIQUE

Que le Soleil est beau quand tout frais il se lève,
Comme une explosion nous lançant son bonjour !
— Bienheureux celui-là qui peut avec amour
4   Saluer son coucher plus glorieux qu'un rêve !

Je me souviens !... J'ai vu tout, fleur, source, sillon,
Se pâmer sous son œil comme un cœur qui palpite...
— Courons vers l'horizon, il est tard, courons vite,
8   Pour attraper au moins un oblique rayon !

Mais je poursuis en vain le Dieu qui se retire ;
L'irrésistible Nuit établit son empire,
11   Noire, humide, funeste et pleine de frissons ;

Une odeur de tombeau dans les ténèbres nage,
Et mon pied peureux froisse, au bord du marécage,
14   Des crapauds imprévus et de froids limaçons[1] [*].

---

1. Voir commentaire, p. 334.

---

  * Le mot : *Genus irritabile vatum,* date de bien des siècles avant les querelles des Classiques, des Romantiques, des Réalistes, des Euphuistes, etc... Il est évident que par *l'irrésistible Nuit* M. Charles Baudelaire a voulu caractériser l'état actuel de la littérature, et que *les crapauds imprévus* et les *froids limaçons* sont les écrivains qui ne sont pas de son école.
  Ce sonnet a été composé en 1862, pour servir d'épilogue à un livre de M. Charles Asselineau, qui n'a pas paru : *Mélanges tirés d'une petite bibliothèque romantique ;* lequel devait avoir pour prologue un sonnet de M. Théodore de Banville : *Le Lever du soleil romantique.* *(Note de l'éditeur.)*

PIÈCES CONDAMNÉES
TIRÉES DES *FLEURS DU MAL*

II

LESBOS [1] *

Mère des jeux latins et des voluptés grecques,
Lesbos, où les baisers, languissants ou joyeux,
Chauds comme les soleils, frais comme les pastèques,
Font l'ornement des nuits et des jours glorieux ;
5 Mère des jeux latins et des voluptés grecques,

Lesbos, où les baisers sont comme les cascades
Qui se jettent sans peur dans les gouffres sans fonds,
Et courent, sanglotant et gloussant par saccades,
Orageux et secrets, fourmillants et profonds ;
10 Lesbos, où les baisers sont comme les cascades !

Lesbos, où les Phrynés [2] l'une l'autre s'attirent,
Où jamais un soupir ne resta sans écho,
À l'égal de Paphos [3] les étoiles t'admirent,

---

1. L'île de Lesbos en Grèce.   **2.** Courtisane grecque que Praxitèle
prit pour modèle de ses *Vénus*.   **3.** Autre île grecque consacrée à
Vénus.

---

* Cette pièce et les cinq suivantes ont été condamnées en 1857 par
le tribunal correctionnel, et ne peuvent pas être reproduites dans le
recueil des *Fleurs du mal. (Note de l'éditeur.)*

Et Vénus à bon droit peut jalouser Sapho[1] !
15 Lesbos, où les Phrynés l'une l'autre s'attirent,

Lesbos, terre des nuits chaudes et langoureuses,
Qui font qu'à leurs miroirs, stérile volupté !
Les filles aux yeux creux, de leurs corps amoureuses,
Caressent les fruits mûrs de leur nubilité ;
20 Lesbos, terre des nuits chaudes et langoureuses,

Laisse du vieux Platon se froncer l'œil austère[2] ;
Tu tires ton pardon de l'excès des baisers,
Reine du doux empire, aimable et noble terre,
Et des raffinements toujours inépuisés.
25 Laisse du vieux Platon se froncer l'œil austère.

Tu tires ton pardon de l'éternel martyre,
Infligé sans relâche aux cœurs ambitieux,
Qu'attire loin de nous le radieux sourire
Entrevu vaguement au bord des autres cieux !
30 Tu tires ton pardon de l'éternel martyre !

Qui des Dieux osera, Lesbos, être ton juge
Et condamner ton front pâli dans les travaux,
Si ses balances d'or n'ont pesé le déluge
De larmes qu'à la mer ont versé tes ruisseaux ?
35 Qui des Dieux osera, Lesbos, être ton juge ?

Que nous veulent les lois du juste et de l'injuste ?
Vierges au cœur sublime, honneur de l'archipel,
Votre religion comme une autre est auguste,
Et l'amour se rira de l'Enfer et du Ciel !
40 Que nous veulent les lois du juste et de l'injuste ?

---

1. La grande poétesse grecque du VIIIᵉ siècle avant J.-C., qui fonda la lyrique amoureuse occidentale, chantait les femmes qu'elle aimait.
2. On ne voit pas très bien sur quoi Baudelaire se fonde pour prêter un « œil austère » à Platon qui, au contraire, consacra un dialogue entier à célébrer l'amour.

Car Lesbos entre tous m'a choisi sur la terre
Pour chanter le secret de ses vierges en fleurs,
Et je fus dès l'enfance admis au noir mystère
Des rires effrénés mêlés aux sombres pleurs ;
45 Car Lesbos entre tous m'a choisi sur la terre.

Et depuis lors je veille au sommet de Leucate[1],
Comme une sentinelle à l'œil perçant et sûr,
Qui guette nuit et jour brick[2], tartane[3] ou frégate,
Dont les formes au loin frissonnent dans l'azur ;
50 Et depuis lors je veille au sommet de Leucate

Pour savoir si la mer est indulgente et bonne,
Et parmi les sanglots dont le roc retentit
Un soir ramènera vers Lesbos, qui pardonne,
Le cadavre adoré de Sapho, qui partit
55 Pour savoir si la mer est indulgente et bonne !

De la mâle Sapho, l'amante et le poète,
Plus belle que Vénus par ses mornes pâleurs !
— L'œil d'azur est vaincu par l'œil noir que tachette
Le cercle ténébreux tracé par les douleurs
60 De la mâle Sapho, l'amante et le poète !

— Plus belle que Vénus se dressant sur le monde
Et versant les trésors de sa sérénité
Et le rayonnement de sa jeunesse blonde
Sur le vieil Océan de sa fille enchanté ;
65 Plus belle que Vénus se dressant sur le monde !

— De Sapho qui mourut le jour de son blasphème,
Quand, insultant le rite et le culte inventé,
Elle fit son beau corps la pâture suprême

---

1. Leucade, une des îles Ioniennes, pourvue d'un rocher escarpé du haut duquel on précipitait les condamnés à mort. **2.** Voilier à deux mâts. **3.** Navire de la Méditerranée à voile latine. Voir commentaire, p. 335.

D'un brutal dont l'orgueil punit l'impiété
70 De celle qui mourut le jour de son blasphème.

Et c'est depuis ce temps que Lesbos se lamente,
Et, malgré les honneurs que lui rend l'univers,
S'enivre chaque nuit du cri de la tourmente
Que poussent vers les cieux ses rivages déserts !
75 Et c'est depuis ce temps que Lesbos se lamente !

III
FEMMES DAMNÉES

DELPHINE ET HIPPOLYTE

À la pâle clarté des lampes languissantes,
Sur de profonds coussins tout imprégnés d'odeur,
Hippolyte rêvait aux caresses puissantes
4 Qui levaient le rideau de sa jeune candeur.

Elle cherchait, d'un œil troublé par la tempête,
De sa naïveté le ciel déjà lointain,
Ainsi qu'un voyageur qui retourne la tête
8 Vers les horizons bleus dépassés le matin.

De ses yeux amortis les paresseuses larmes,
L'air brisé, la stupeur, la morne volupté,
Ses bras vaincus, jetés comme de vaines armes,
12 Tout servait, tout parait sa fragile beauté.

Étendue à ses pieds, calme et pleine de joie,
Delphine la couvait avec des yeux ardents,
Comme un animal fort qui surveille une proie,
16 Après l'avoir d'abord marquée avec les dents.

Beauté forte à genoux devant la beauté frêle,
Superbe, elle humait voluptueusement

Le vin de son triomphe, et s'allongeait vers elle,
20 Comme pour recueillir un doux remercîment.

Elle cherchait dans l'œil de sa pâle victime
Le cantique muet que chante le plaisir,
Et cette gratitude infinie et sublime
24 Qui sort de la paupière ainsi qu'un long soupir.

— « Hippolyte, cher cœur, que dis-tu de ces choses ?
Comprends-tu maintenant qu'il ne faut pas offrir
L'holocauste [1] sacré de tes premières roses
28 Aux souffles violents qui pourraient les flétrir ?

« Mes baisers sont légers comme ces éphémères [2]
Qui caressent le soir les grands lacs transparents,
Et ceux de ton amant creuseront leurs ornières
32 Comme des chariots ou des socs déchirants ;

« Ils passeront sur toi comme un lourd attelage
De chevaux et de bœufs aux sabots sans pitié...
Hippolyte, ô ma sœur ! tourne donc ton visage,
36 Toi, mon âme et mon cœur, mon tout et ma moitié,

« Tourne vers moi tes yeux pleins d'azur et d'étoiles !
Pour un de ces regards charmants, baume divin,
Des plaisirs plus obscurs je lèverai les voiles
40 Et je t'endormirai dans un rêve sans fin ! »

Mais Hippolyte alors, levant sa jeune tête :
— « Je ne suis point ingrate et ne me repens pas,
Ma Delphine, je souffre et je suis inquiète,
44 Comme après un nocturne et terrible repas.

« Je sens fondre sur moi de lourdes épouvantes
Et de noirs bataillons de fantômes épars,
Qui veulent me conduire en des routes mouvantes
48 Qu'un horizon sanglant ferme de toutes parts.

---

1. Le sacrifice. **2.** Insectes semblables à une libellule.

« Avons-nous donc commis une action étrange ?
Explique, si tu peux, mon trouble et mon effroi :
Je frissonne de peur quand tu me dis : "Mon ange !"
52 Et cependant je sens ma bouche aller vers toi.

« Ne me regarde pas ainsi, toi, ma pensée !
Toi que j'aime à jamais, ma sœur d'élection,
Quand même tu serais une embûche dressée
56 Et le commencement de ma perdition ! »

Delphine secouant sa crinière tragique,
Et comme trépignant sur le trépied de fer[1],
L'œil fatal, répondit d'une voix despotique :
60 — « Qui donc devant l'amour ose parler d'enfer ?

« Maudit soit à jamais le rêveur inutile
Qui voulut le premier, dans sa stupidité,
S'éprenant d'un problème insoluble et stérile,
64 Aux choses de l'amour mêler l'honnêteté !

« Celui qui veut unir dans un accord mystique
L'ombre avec la chaleur, la nuit avec le jour,
Ne chauffera jamais son corps paralytique
68 À ce rouge soleil que l'on nomme l'amour !

« Va, si tu veux, chercher un fiancé stupide ;
Cours offrir un cœur vierge à ses cruels baisers ;
Et, pleine de remords et d'horreur, et livide,
72 Tu me rapporteras tes seins stigmatisés...

« On ne peut ici-bas contenter qu'un seul maître ! »
Mais l'enfant, épanchant une immense douleur,
Cria soudain : « — Je sens s'élargir dans mon être
76 Un abîme béant ; cet abîme est mon cœur !

---

1. Le trépied est le siège de la Pythie de Delphes, dont la fureur sacrée était accompagnée de trépignements.

« Brûlant comme un volcan, profond comme le vide !
Rien ne rassasiera ce monstre gémissant
Et ne rafraîchira la soif de l'Euménide [1]
80 Qui, la torche à la main, le brûle jusqu'au sang.

« Que nos rideaux fermés nous séparent du monde,
Et que la lassitude amène le repos !
Je veux m'anéantir dans ta gorge profonde
84 Et trouver sur ton sein la fraîcheur des tombeaux ! »

— Descendez, descendez, lamentables victimes,
Descendez le chemin de l'enfer éternel !
Plongez au plus profond du gouffre, où tous les crimes,
88 Flagellés par un vent qui ne vient pas du ciel,

Bouillonnent pêle-mêle avec un bruit d'orage.
Ombres folles, courez au but de vos désirs ;
Jamais vous ne pourrez assouvir votre rage,
92 Et votre châtiment naîtra de vos plaisirs.

Jamais un rayon frais n'éclaira vos cavernes ;
Par les fentes des murs des miasmes fiévreux
Filtrent en s'enflammant ainsi que des lanternes
96 Et pénètrent vos corps de leurs parfums affreux.

L'âpre stérilité de votre jouissance
Altère votre soif et roidit votre peau,
Et le vent furibond de la concupiscence
100 Fait claquer votre chair ainsi qu'un vieux drapeau.

Loin des peuples vivants, errantes, condamnées,
À travers les déserts courez comme les loups ;
Faites votre destin, âmes désordonnées,
104 Et fuyez l'infini que vous portez en vous !

---

1. Nom euphémique d'une Furie. Voir commentaire, p. 336.

IV

LE LÉTHÉ[1]

Viens sur mon cœur, âme cruelle et sourde,
Tigre adoré, monstre aux airs indolents ;
Je veux longtemps plonger mes doigts tremblants
4 Dans l'épaisseur de ta crinière lourde[2] ;

Dans tes jupons remplis de ton parfum
Ensevelir ma tête endolorie,
Et respirer, comme une fleur flétrie,
8 Le doux relent de mon amour défunt.

Je veux dormir ! dormir plutôt que vivre !
Dans un sommeil aussi doux que la mort,
J'étalerai mes baisers sans remords
12 Sur ton beau corps poli comme le cuivre.

Pour engloutir mes sanglots apaisés
Rien ne me vaut l'abîme de ta couche ;
L'oubli puissant habite sur ta bouche,
16 Et le Léthé coule dans tes baisers.

À mon destin, désormais mon délice,
J'obéirai comme un prédestiné ;
Martyr docile, innocent condamné,
20 Dont la ferveur attise le supplice,

Je sucerai, pour noyer ma rancœur,
Le népenthès[3] et la bonne ciguë
Aux bouts charmants de cette gorge aiguë,
24 Qui n'a jamais emprisonné de cœur.

---

1. Le Léthé est le fleuve de l'oubli.   **2.** L'expression apparaît
aussi au v. 31 de « La Chevelure », ce qui pourrait donner à penser que
la destinataire de ce poème est également Jeanne Duval.   **3.** Remède
vanté par Homère contre la tristesse et la mélancolie. Voir commentaire, p. 336.

V

À CELLE QUI EST TROP GAIE

Ta tête, ton geste, ton air
Sont beaux comme un beau paysage ;
Le rire joue en ton visage
4　Comme un vent frais dans un ciel clair.

Le passant chagrin que tu frôles
Est ébloui par la santé
Qui jaillit comme une clarté
8　De tes bras et de tes épaules.

Les retentissantes couleurs
Dont tu parsèmes tes toilettes
Jettent dans l'esprit des poètes
12　L'image d'un ballet de fleurs.

Ces robes folles sont l'emblème
De ton esprit bariolé ;
Folle dont je suis affolé,
16　Je te hais autant que je t'aime !

Quelquefois dans un beau jardin
Où je traînais mon atonie,
J'ai senti, comme une ironie,
20　Le soleil déchirer mon sein ;

Et le printemps et la verdure
Ont tant humilié mon cœur,
Que j'ai puni sur une fleur
24　L'insolence de la Nature.

Ainsi je voudrais, une nuit,
Quand l'heure des voluptés sonne,
Vers les trésors de ta personne,
28　Comme un lâche, ramper sans bruit,

Pour châtier ta chair joyeuse,
Pour meurtrir ton sein pardonné,
Et faire à ton flanc étonné
32 Une blessure large et creuse,

Et, vertigineuse douceur !
À travers ces lèvres nouvelles,
Plus éclatantes et plus belles,
36 T'infuser mon venin, ma sœur[1][*] !

VI

LES BIJOUX

La très chère était nue, et, connaissant mon cœur,
Elle n'avait gardé que ses bijoux sonores,
Dont le riche attirail lui donnait l'air vainqueur
4 Qu'ont dans leurs jours heureux les esclaves des Mores.

Quand il jette en dansant son bruit vif et moqueur,
Ce monde rayonnant de métal et de pierre
Me ravit en extase, et j'aime à la fureur
8 Les choses où le son se mêle à la lumière.

Elle était donc couchée et se laissait aimer,
Et du haut du divan elle souriait d'aise
À mon amour profond et doux comme la mer,
12 Qui vers elle montait comme vers sa falaise.

Les yeux fixés sur moi, comme un tigre dompté,
D'un air vague et rêveur elle essayait des poses,

---

1. Voir commentaire, p. 337.

---

* Les juges ont cru découvrir un sens à la fois sanguinaire et obscène dans les deux dernières stances. La gravité du Recueil excluait de
pareilles *plaisanteries*. Mais *venin* signifiant spleen ou mélancolie, était
une idée trop simple pour des criminalistes.
Que leur interprétation syphilitique leur reste sur la conscience.
(Note de l'éditeur.)

Et la candeur unie à la lubricité
16 Donnait un charme neuf à ses métamorphoses ;

Et son bras et sa jambe, et sa cuisse et ses reins,
Polis comme de l'huile, onduleux comme un cygne,
Passaient devant mes yeux clairvoyants et sereins ;
20 Et son ventre et ses seins, ces grappes de ma vigne,

S'avançaient, plus câlins que les Anges du mal,
Pour troubler le repos où mon âme était mise,
Et pour la déranger du rocher de cristal
24 Où, calme et solitaire, elle s'était assise.

Je croyais voir unis par un nouveau dessin
Les hanches de l'Antiope [1] au buste d'un imberbe,
Tant sa taille faisait ressortir son bassin.
28 Sur ce teint fauve et brun le fard était superbe !

— Et la lampe s'étant résignée à mourir,
Comme le foyer seul illuminait la chambre,
Chaque fois qu'il poussait un flamboyant soupir,
32 Il inondait de sang cette peau couleur d'ambre !

VII

LES MÉTAMORPHOSES DU VAMPIRE

La femme cependant, de sa bouche de fraise,
En se tordant ainsi qu'un serpent sur la braise,
Et pétrissant ses seins sur le fer de son busc,
Laissait couler ces mots tout imprégnés de musc :
5 — « Moi, j'ai la lèvre humide, et je sais la science
De perdre au fond d'un lit l'antique conscience.
Je sèche tous les pleurs sur mes seins triomphants,

---

1. Antiope était la fille de Nyctée, roi de Thèbes. Elle fut aimée par
Jupiter. Comme l'indique toutefois le contexte, c'est à la figure pictu-
rale de l'Antiope (celle du Corrège, probablement) que Baudelaire
pense ici. Voir commentaire, p. 337.

Et fais rire les vieux du rire des enfants.
Je remplace, pour qui me voit nue et sans voiles,
10　La lune, le soleil, le ciel et les étoiles !
Je suis, mon cher savant, si docte aux voluptés,
Lorsque j'étouffe un homme en mes bras redoutés,
Ou lorsque j'abandonne aux morsures mon buste,
Timide et libertine, et fragile et robuste,
15　Que sur ces matelas qui se pâment d'émoi,
Les anges impuissants se damneraient pour moi ! »

Quand elle eut de mes os sucé toute la moelle,
Et que languissamment je me tournai vers elle
Pour lui rendre un baiser d'amour, je ne vis plus
20　Qu'une outre aux flancs gluants, toute pleine de pus !
Je fermai les deux yeux, dans ma froide épouvante,
Et quand je les rouvris à la clarté vivante,
À mes côtés, au lieu du mannequin puissant
Qui semblait avoir fait provision de sang,
25　Tremblaient confusément des débris de squelette,
Qui d'eux-mêmes rendaient le cri d'une girouette
Ou d'une enseigne, au bout d'une tringle de fer,
Que balance le vent pendant les nuits d'hiver[1].

---

1. Voir commentaire, p. 338.

GALANTERIES

VIII

LE JET D'EAU

Tes beaux yeux sont las, pauvre amante !
Reste longtemps, sans les rouvrir,
Dans cette pose nonchalante
4 Où t'a surprise le plaisir.
Dans la cour le jet d'eau qui jase
Et ne se tait ni nuit ni jour,
Entretient doucement l'extase
8 Où ce soir m'a plongé l'amour.

    La gerbe épanouie
      En mille fleurs,
    Où Phœbé[1] réjouie
      Met ses couleurs,
    Tombe comme une pluie
14   De larges pleurs.

Ainsi ton âme qu'incendie
L'éclair brûlant des voluptés
S'élance, rapide et hardie,
18 Vers les vastes cieux enchantés.
Puis, elle s'épanche, mourante,
En un flot de triste langueur,
Qui par une invisible pente
22 Descend jusqu'au fond de mon cœur.

---

1. Surnom d'Artémis et de la lune. Voir commentaire, p. 338.

La gerbe épanouie
  En mille fleurs,
Où Phœbé réjouie
  Met ses couleurs,
Tombe comme une pluie
28   De larges pleurs.

Ô toi, que la nuit rend si belle,
Qu'il m'est doux, penché vers tes seins,
D'écouter la plainte éternelle
32 Qui sanglote dans les bassins !
Lune, eau sonore, nuit bénie,
Arbres qui frissonnez autour,
Votre pure mélancolie
36 Est le miroir de mon amour.

La gerbe épanouie
  En mille fleurs,
Où Phœbé réjouie
  Met ses couleurs,
Tombe comme une pluie
42   De larges pleurs.

IX

LES YEUX DE BERTHE

Vous pouvez mépriser les yeux les plus célèbres,
Beaux yeux de mon enfant, par où filtre et s'enfuit
Je ne sais quoi de bon, de doux comme la Nuit !
4 Beaux yeux, versez sur moi vos charmantes ténèbres !

Grands yeux de mon enfant, arcanes adorés,
Vous ressemblez beaucoup à ces grottes magiques
Où, derrière l'amas des ombres léthargiques,
8 Scintillent vaguement des trésors ignorés !

Mon enfant a des yeux obscurs, profonds et vastes,
Comme toi, Nuit immense, éclairés comme toi !
Leurs feux sont ces pensers d'Amour, mêlés de Foi,
12 Qui pétillent au fond, voluptueux ou chastes[1].

X

HYMNE

À la très chère, à la très belle
Qui remplit mon cœur de clarté,
À l'ange, à l'idole immortelle,
4 Salut en l'immortalité !

Elle se répand dans ma vie
Comme un air imprégné de sel,
Et dans mon âme inassouvie
8 Verse le goût de l'éternel.

Sachet toujours frais qui parfume
L'atmosphère d'un cher réduit,
Encensoir oublié qui fume
12 En secret à travers la nuit,

Comment, amour incorruptible,
T'exprimer avec vérité ?
Grain de musc qui gis, invisible,
16 Au fond de mon éternité !

À la très bonne, à la très belle,
Qui fait ma joie et ma santé,
À l'ange, à l'idole immortelle,
20 Salut en l'immortalité[2] !

---

1. Voir commentaire, p. 338.   **2.** Voir commentaire, p. 339.

XI

LES PROMESSES D'UN VISAGE

J'aime, ô pâle beauté, tes sourcils surbaissés,
    D'où semblent couler des ténèbres ;
Tes yeux, quoique très noirs, m'inspirent des pensers
4   Qui ne sont pas du tout funèbres.

Tes yeux, qui sont d'accord avec tes noirs cheveux,
    Avec ta crinière élastique,
Tes yeux, languissamment, me disent : « Si tu veux,
8   Amant de la muse plastique,

« Suivre l'espoir qu'en toi nous avons excité,
    Et tous les goûts que tu professes,
Tu pourras constater notre véracité
12   Depuis le nombril jusqu'aux fesses ;

« Tu trouveras au bout de deux beaux seins bien
    Deux larges médailles de bronze,   [lourds,
Et sous un ventre uni, doux comme du velours,
16   Bistré comme la peau d'un bonze,

« Une riche toison qui, vraiment, est la sœur
    De cette énorme chevelure,
Souple et frisée, et qui t'égale en épaisseur,
20   Nuit sans étoiles, Nuit obscure [1] ! »

---

1. Voir commentaire, p. 339.

XII

LE MONSTRE

OU LE PARANYMPHE[1] D'UNE NYMPHE MACABRE

I

Tu n'es certes pas, ma très chère,
Ce que Veuillot[2] nomme un tendron.
Le jeu, l'amour, la bonne chère,
Bouillonnent en toi, vieux chaudron !
5 Tu n'es plus fraîche, ma très chère,

Ma vieille infante ! Et cependant
Tes caravanes[3] insensées
T'ont donné ce lustre abondant
Des choses qui sont très usées,
10 Mais qui séduisent cependant.

Je ne trouve pas monotone
La verdeur de tes quarante ans ;
Je préfère tes fruits, Automne,
Aux fleurs banales du Printemps !
15 Non ! tu n'es jamais monotone !

Ta carcasse a des agréments
Et des grâces particulières ;
Je trouve d'étranges piments
Dans le creux de tes deux salières ;
20 Ta carcasse a des agréments !

Nargue des amants ridicules[4]

---

1. Le « paranymphe » peut signifier soit le jeune ami du marié, soit un discours d'éloge solennel.   **2.** Publiciste et romancier catholique (1813-1883).   **3.** Littré note que « faire ses caravanes » signifie « mener une vie dissipée ».   **4.** L'interjection a le sens de « je me moque des amants ridicules ».

Du melon et du giraumont[1] !
Je préfère tes clavicules
À celles du roi Salomon[*2]
25 Et je plains ces gens ridicules !

Tes cheveux, comme un casque bleu,
Ombragent ton front de guerrière,
Qui ne pense et rougit que peu,
Et puis se sauvent par derrière
30 Comme les crins d'un casque bleu.

Tes yeux qui semblent de la boue,
Où scintille quelque fanal,
Ravivés au fard de ta joue,
Lancent un éclair infernal !
35 Tes yeux sont noirs comme la boue !

Par sa luxure et son dédain
Ta lèvre amère nous provoque ;
Cette lèvre, c'est un Éden
Qui nous attire et qui nous choque.
40 Quelle luxure ! et quel dédain !

Ta jambe musculeuse et sèche
Sait gravir au haut des volcans,
Et malgré la neige et la dèche
Danser les plus fougueux cancans[**].
45 Ta jambe est musculeuse et sèche ;

---

1. Voir la lettre à Malassis du 23 janvier 1866 : « Quelle est la grosseur, la forme et la couleur de cette citrouille ? Le mot peut-il s'appliquer métaphoriquement à toutes les tumeurs comme seins, fesses, et généralement à l'obésité ? » (CPl, II, 577).   **2.** Les *Clavicules de Salomon* étaient un traité de magie attribué à Salomon.

---

   * Voilà un calembour *salé !* Nous ne *cabalerons* pas contre. *(Note de l'éditeur.)*   ** Sans doute une allusion à quelque particularité des *caravanes* de cette dame.

   M. Prévost-Paradol l'eût avertie qu'elle dansait le cancan sur un volcan. *(Note de l'éditeur.)*

Ta peau brûlante et sans douceur,
Comme celle des vieux gendarmes,
Ne connaît pas plus la sueur
Que ton œil ne connaît les larmes.
50   (Et pourtant elle a sa douceur !)

                    II

Sotte, tu t'en vas droit au Diable !
Volontiers j'irais avec toi,
Si cette vitesse effroyable
Ne me causait pas quelque émoi.
55   Va-t'en donc, toute seule, au Diable !

Mon rein, mon poumon, mon jarret
Ne me laissent plus rendre hommage
À ce Seigneur, comme il faudrait.
« Hélas ! c'est vraiment bien dommage ! »
60   Disent mon rein et mon jarret.

Oh ! très sincèrement je souffre
De ne pas aller aux sabbats,
Pour voir, quand il pète du soufre,
Comment tu lui baises son cas[*][1].
65   Oh ! très sincèrement je souffre !

Je suis diablement affligé
De ne pas être ta torchère,
Et de te demander congé,
Flambeau d'enfer ! Juge, ma chère,
70   Combien je dois être affligé,

---

1. Son cul (*cf.* lettre à Poulet-Malassis du 23 janvier 1866).

---

* À la *Messe noire*. Comme ces poètes sont superstitieux ! *(Note de l'éditeur.)*

Puisque depuis longtemps je t'aime,
Étant très logique ! En effet,
Voulant du Mal chercher la crème
Et n'aimer qu'un monstre parfait,
75 Vraiment oui ! vieux monstre, je t'aime[1] !

XIII

FRANCISCÆ MEÆ LAUDES

[Voir supra, *p. 111.]*

---

1. La tonalité sarcastique de cette pièce s'accorde avec la conscience désillusionnée du Baudelaire perdu en Belgique.

ÉPIGRAPHES

XIV

VERS POUR LE PORTRAIT
DE M. HONORÉ DAUMIER *

Celui dont nous t'offrons l'image,
Et dont l'art, subtil entre tous,
Nous enseigne à rire de nous,
4 Celui-là, lecteur, est un sage.

C'est un satirique, un moqueur ;
Mais l'énergie avec laquelle
Il peint le Mal et sa séquelle,
8 Prouve la beauté de son cœur.

Son rire n'est pas la grimace
De Melmoth[1] ou de Méphisto[2]
Sous la torche de l'Alecto[3]
12 Qui les brûle, mais qui nous glace.

Leur rire, hélas ! de la gaîté
N'est que la douloureuse charge[4] ;

---

1. Le héros du roman de Charles Maturin (1782-1824), qui a vendu son âme au diable. **2.** Nom du diable dans le *Faust* de Goethe. **3.** Une des Furies de l'*Énéide*. Voir p. 339. **4.** Caricature.

* Ces stances ont été faites pour un portrait de M. Daumier, gravé d'après le remarquable médaillon de M. Pascal, et reproduit dans le second volume de l'*Histoire de la caricature*, de M. Champfleury, où cet écrivain a rendu justice au caricaturiste avec la raison passionnée qui lui est habituelle. *(Note de l'éditeur.)*

Le sien rayonne, franc et large,
16 Comme un signe de sa bonté !

XV

LOLA DE VALENCE*

Entre tant de beautés que partout on peut voir,
Je comprends bien, amis, que le désir balance ;
Mais on voit scintiller en Lola de Valence
Le charme inattendu d'un bijou rose et noir[1].

XVI

SUR *LE TASSE*[2] *EN PRISON*
D'EUGÈNE DELACROIX

Le poète au cachot, débraillé, maladif,
Roulant un manuscrit sous son pied convulsif,
Mesure d'un regard que la terreur enflamme
4 L'escalier de vertige où s'abîme son âme.

Les rires enivrants dont s'emplit la prison
Vers l'étrange et l'absurde invitent sa raison ;
Le Doute l'environne, et la Peur ridicule,
8 Hideuse et multiforme, autour de lui circule.

---

1. Voir commentaire, p. 340.   **2.** L'auteur de la *Jérusalem déli-
vrée*, poème épique de 1575.

---

* Ces vers ont été composés pour servir d'inscription à un merveilleux portrait de mademoiselle Lola, ballerine espagnole, par
M. Édouard Manet, qui, comme tous les tableaux du même peintre, a
fait esclandre. — La muse de M. Charles Baudelaire est si généralement suspecte, qu'il s'est trouvé des critiques d'estaminet pour déni-
cher un sens obscène dans le *bijou rose et noir*. Nous croyons, nous,
que le poète a voulu simplement dire qu'une beauté, d'un caractère à
la fois ténébreux et folâtre, faisait rêver à l'association du *rose* et du
noir. *(Note de l'éditeur.)*

Ce génie enfermé dans un taudis malsain,
Ces grimaces, ces cris, ces spectres dont l'essaim
11   Tourbillonne, ameuté derrière son oreille,

Ce rêveur que l'horreur de son logis réveille,
Voilà bien ton emblème, Âme aux songes obscurs,
14   Que le Réel étouffe entre ses quatre murs [1] !

1842.

---

1. Voir commentaire, p. 340.

PIÈCES DIVERSES

XVII

LA VOIX

Mon berceau s'adossait à la bibliothèque,
Babel sombre, où roman, science, fabliau,
Tout, la cendre latine et la poussière grecque,
Se mêlaient. J'étais haut comme un in-folio.
5 Deux voix me parlaient. L'une, insidieuse et ferme,
Disait : « La Terre est un gâteau plein de douceur ;
Je puis (et ton plaisir serait alors sans terme !)
Te faire un appétit d'une égale grosseur. »
Et l'autre : « Viens ! oh ! viens voyager dans les rêves,
10 Au-delà du possible, au-delà du connu ! »
Et celle-là chantait comme le vent des grèves,
Fantôme vagissant, on ne sait d'où venu,
Qui caresse l'oreille et cependant l'effraie.
Je te répondis : « Oui ! douce voix ! » C'est d'alors
15 Que date ce qu'on peut, hélas ! nommer ma plaie
Et ma fatalité. Derrière les décors
De l'existence immense, au plus noir de l'abîme,
Je vois distinctement des mondes singuliers,
Et, de ma clairvoyance extatique victime,
20 Je traîne des serpents qui mordent mes souliers.
Et c'est depuis ce temps que, pareil aux prophètes,
J'aime si tendrement le désert et la mer ;
Que je ris dans les deuils et pleure dans les fêtes,
Et trouve un goût suave au vin le plus amer ;
25 Que je prends très souvent les faits pour des mensonges,
Et que, les yeux au ciel, je tombe dans des trous.

Mais la Voix me console et dit : « Garde tes songes ;
Les sages n'en ont pas d'aussi beaux que les fous[1] ! »

XVIII

L'IMPRÉVU[*]

Harpagon, qui veillait son père agonisant,
Se dit, rêveur, devant ces lèvres déjà blanches :
« Nous avons au grenier un nombre suffisant,
4   Ce me semble, de vieilles planches ? »

Célimène roucoule et dit : « Mon cœur est bon,
Et naturellement, Dieu m'a faite très belle. »
— Son cœur ! cœur racorni, fumé comme un jambon,
8   Recuit à la flamme éternelle !

Un gazetier fumeux, qui se croit un flambeau,
Dit au pauvre, qu'il a noyé dans les ténèbres :
« Où donc l'aperçois-tu, ce créateur du Beau,
12   Ce Redresseur que tu célèbres ? »

Mieux que tous, je connais certain voluptueux
Qui bâille nuit et jour, et se lamente et pleure,
Répétant, l'impuissant et le fat : « Oui, je veux
16   Être vertueux, dans une heure ! »

L'horloge, à son tour, dit à voix basse : « Il est mûr,
Le damné ! J'avertis en vain la chair infecte.
L'homme est aveugle, sourd, fragile, comme un mur
20   Qu'habite et que ronge un insecte ! »

---

1. Voir commentaire, p. 340.

---

* Ici l'auteur des *Fleurs du mal* se tourne vers la Vie Éternelle. Ça devait finir comme ça.

Observons que, comme tous les nouveaux convertis, il se montre très rigoureux et très fanatique. *(Note de l'éditeur.)*

Et puis, Quelqu'un paraît, que tous avaient nié,
Et qui leur dit, railleur et fier : « Dans mon ciboire,
Vous avez, que je crois, assez communié,
24 À la joyeuse Messe noire ?

« Chacun de vous m'a fait un temple dans son cœur ;
Vous avez, en secret, baisé ma fesse immonde !
Reconnaissez Satan à son rire vainqueur,
28 Énorme et laid comme le monde !

« Avez-vous donc pu croire, hypocrites surpris,
Qu'on se moque du maître, et qu'avec lui l'on triche,
Et qu'il soit naturel de recevoir deux prix,
32 D'aller au Ciel et d'être riche ?

« Il faut que le gibier paye le vieux chasseur
Qui se morfond longtemps à l'affût de la proie.
Je vais vous emporter à travers l'épaisseur,
36 Compagnons de ma triste joie,

« À travers l'épaisseur de la terre et du roc,
À travers les amas confus de votre cendre,
Dans un palais aussi grand que moi, d'un seul bloc,
40 Et qui n'est pas de pierre tendre ;

« Car il est fait avec l'universel Péché,
Et contient mon orgueil, ma douleur et ma gloire ! »
— Cependant, tout en haut de l'univers juché,
44 Un Ange sonne la victoire

De ceux dont le cœur dit : « Que béni soit ton fouet,
Seigneur ! que la douleur, ô Père, soit bénie !
Mon âme dans tes mains n'est pas un vain jouet,
48 Et ta prudence est infinie. »

Le son de la trompette est si délicieux,
Dans ces soirs solennels de célestes vendanges,

Qu'il s'infiltre comme une extase dans tous ceux
52 Dont elle chante les louanges[1].

XIX

LA RANÇON

L'homme a, pour payer sa rançon,
Deux champs au tuf profond et riche,
Qu'il faut qu'il remue et défriche
4 Avec le fer de la raison ;

Pour obtenir la moindre rose,
Pour extorquer quelques épis,
Des pleurs salés de son front gris
8 Sans cesse il faut qu'il les arrose.

L'un est l'Art, et l'autre l'Amour.
— Pour rendre le juge propice,
Lorsque de la stricte justice
12 Paraîtra le terrible jour,

Il faudra lui montrer des granges
Pleines de moissons, et des fleurs
Dont les formes et les couleurs
16 Gagnent le suffrage des Anges[2].

XX

À UNE MALABARAISE

Tes pieds sont aussi fins que tes mains, et ta hanche
Est large à faire envie à la plus belle blanche ;
À l'artiste pensif ton corps est doux et cher ;
Tes grands yeux de velours sont plus noirs que ta chair.
5 Aux pays chauds et bleus où ton Dieu t'a fait naître,

---

1. Voir commentaire, p. 341.   **2.** Voir commentaire, p. 341.

Ta tâche est d'allumer la pipe de ton maître,
De pourvoir les flacons d'eaux fraîches et d'odeurs,
De chasser loin du lit les moustiques rôdeurs,
Et, dès que le matin fait chanter les platanes,
10 D'acheter au bazar ananas et bananes.
Tout le jour, où tu veux, tu mènes tes pieds nus,
Et fredonnes tout bas de vieux airs inconnus ;
Et quand descend le soir au manteau d'écarlate,
Tu poses doucement ton corps sur une natte,
15 Où tes rêves flottants sont pleins de colibris,
Et toujours, comme toi, gracieux et fleuris.
Pourquoi, l'heureuse enfant, veux-tu voir notre France,
Ce pays trop peuplé que fauche la souffrance,
Et, confiant ta vie aux bras forts des marins,
20 Faire de grands adieux à tes chers tamarins ?
Toi, vêtue à moitié de mousselines frêles,
Frissonnante là-bas sous la neige et les grêles,
Comme tu pleurerais tes loisirs doux et francs,
Si, le corset brutal emprisonnant tes flancs,
25 Il te fallait glaner ton souper dans nos fanges
Et vendre le parfum de tes charmes étranges,
L'œil pensif, et suivant, dans nos sales brouillards,
28 Des cocotiers absents les fantômes épars [1] !

---

1. Poème publié déjà en 1846, un des premiers. On reconnaît dans les deux derniers vers une première ébauche des v. 42-43 du « Cygne ».

BOUFFONNERIES

XXI

SUR LES DÉBUTS D'AMINÀ BOSCHETTI[1]
AU THÉÂTRE DE LA MONNAIE, À BRUXELLES

Amina bondit, — fuit, — puis voltige et sourit ;
Le Welche[2] dit : « Tout ça, pour moi, c'est du prâcrit[3] ;
Je ne connais, en fait de nymphes bocagères,
4   Que celles de *Montagne-aux-Herbes-Potagères*[4]. »

Du bout de son pied fin et de son œil qui rit,
Amina verse à flots le délire et l'esprit ;
Le Welche dit : « Fuyez, délices mensongères !
8   Mon épouse n'a pas ces allures légères. »

Vous ignorez, sylphide au jarret triomphant,
Qui voulez enseigner la valse à l'éléphant,
11   Au hibou la gaîté, le rire à la cigogne,

Que sur la grâce en feu le Welche dit : « Haro ! »
Et que le doux Bacchus lui versant du bourgogne,
14   Le monstre répondrait : « J'aime mieux le faro[5] ! »

1864.

---

1. Amina Boschetti était une danseuse, que Baudelaire vit se produire à Bruxelles. Tout le poème respire l'exaspération rageuse que Baudelaire éprouvait à l'endroit de la Belgique.   **2.** Gaulois.   **3.** Langue populaire des Indes, par opposition au sanscrit, langue sacrée.   **4.** Rue de Bruxelles.   **5.** Bière.

XXII

À M. EUGÈNE FROMENTIN
À PROPOS D'UN IMPORTUN
QUI SE DISAIT SON AMI[1]

Il me dit qu'il était très riche,
Mais qu'il craignait le choléra ;
— Que de son or il était chiche,
4 Mais qu'il goûtait fort l'Opéra ;

— Qu'il raffolait de la nature,
Ayant connu monsieur Corot ;
— Qu'il n'avait pas encor voiture,
8 Mais que cela viendrait bientôt ;

— Qu'il aimait le marbre et la brique,
Les bois noirs et les bois dorés ;
— Qu'il possédait dans sa fabrique
12 Trois contremaîtres décorés ;

— Qu'il avait, sans compter le reste,
Vingt mille actions sur le *Nord*[2] ;
— Qu'il avait trouvé, pour un zeste ;
16 Des encadrements d'Oppenord[3] ;

— Qu'il donnerait (fût-ce à Luzarches !)
Dans le bric-à-brac jusqu'au cou,
Et qu'au Marché des Patriarches
20 Il avait fait plus d'un bon coup ;

— Qu'il n'aimait pas beaucoup sa femme,
Ni sa mère ; — mais qu'il croyait

---

1. Dans le manuscrit, Baudelaire avait noté : « À Monsieur Fromentin, (À propos d'un importun qui se disait l'ami de Fromentin, de Daubigny, de Flahaut, d'Harpignies, de Corot, et de tout le monde, et qui, bien que je ne l'eusse jamais vu, m'a tenu à la Taverne du GLOBE, pendant trois heures et demie, à écouter son histoire.) »   **2.** Ici, compagnie de chemins de fer.   **3.** Décorateur (1672-1742).

À l'immortalité de l'âme,
24 Et qu'il avait lu Niboyet[*][1] !

— Qu'il penchait pour l'amour physique,
Et qu'à Rome, séjour d'ennui,
Une femme, d'ailleurs phtisique,
28 Était morte d'amour pour lui.

Pendant trois heures et demie,
Ce bavard, venu de Tournai,
M'a dégoisé toute sa vie ;
32 J'en ai le cerveau consterné.

S'il fallait décrire ma peine,
Ce serait à n'en plus finir ;
Je me disais, domptant ma haine :
36 « Au moins, si je pouvais dormir ! »

Comme un qui n'est pas à son aise,
Et qui n'ose pas s'en aller,
Je frottais de mon cul ma chaise,
40 Rêvant de le faire empaler.

Ce monstre se nomme Bastogne ;
Il fuyait devant le fléau[2].
Moi, je fuirai jusqu'en Gascogne,
44 Ou j'irai me jeter à l'eau,

Si dans ce Paris, qu'il redoute,
Quand chacun sera retourné,
Je trouve encore sur ma route
48 Ce fléau, natif de Tournai.

Bruxelles, 1865.

---

1. Auteur de romans moraux.   **2.** Le choléra.

---

* Nous ne savons ce que vient faire ici M. Niboyet ; mais M. Baudelaire n'étant pas un esclave de la rime, nous devons supposer que l'*importun* s'est vanté d'avoir lu les œuvres de M. Niboyet, comme ayant tous les courages. *(Note de l'éditeur.)*

XXIII

UN CABARET FOLÂTRE

SUR LA ROUTE DE BRUXELLES À UCCLE

Vous qui raffolez des squelettes
Et des emblèmes détestés,
Pour épicer les voluptés,
4   (Fût-ce de simples omelettes !)

Vieux Pharaon, ô Monselet*¹ !
Devant cette enseigne imprévue,
J'ai rêvé de vous : *À la vue*
8   *Du Cimetière, Estaminet*² !

---

1. Charles Monselet était lié d'amitié avec Baudelaire depuis 1851.
2. On retrouve l'inscription « À la vue du cimetière, Estaminet » en tête de la pièce XLV du *Spleen de Paris*, « Le Tir et le cimetière ».

---

* La malice est cousue de fil blanc ; tout le monde sait que M. Monselet fait profession d'aimer à la rage le rose et le gai. — Un jour M. Monselet reprochait à M. Baudelaire d'avoir écrit ce vers abominable, à propos d'un pendu dont les oiseaux ont crevé le ventre :
Ses intestins pesants lui coulaient sur les cuisses.
« Mais, dit le poète impatienté, je ne pouvais pas faire autrement. Le sujet voulait cela. Qu'auriez-vous préféré à cette image ? — Une rose ! » répondit M. Monselet.
Cependant il ne faudrait pas croire que l'indispensable mélancolie ne perce pas de temps en temps sous ce vernis anacréontique. Nous avons vu récemment une petite composition de lui, où, se reprochant d'avoir rebuté une pauvresse, le poète se met à sa recherche et ne se couche que tout triste de ne l'avoir pu retrouver. Cette pièce est d'un homme vraiment sensible, même à jeun.
Regrettons que M. Monselet ne cède pas plus souvent à son tempérament lyrique, qu'une gaieté, tant soit peu artificielle, a trop souvent contrarié. *(Note de l'éditeur.)*

BRIBES[1]

ORGUEIL

Anges habillés d'or, de pourpre et d'hyacinthe.

Le génie et l'amour sont des Devoirs faciles.

*

J'ai pétri de la boue et j'en ai fait de l'or.

*

Il portait dans ses yeux la force de son cœur.
    Dans Paris son désert vivant sans feu ni lieu,
    Aussi fort qu'une bête, aussi libre qu'un Dieu.

LE GOINFRE

En ruminant, je ris des passants faméliques.

    Je crèverais comme un obus
    Si je n'absorbais comme un chancre.

Son regard n'était pas nonchalant, ni timide,
Mais exhalait plutôt quelque chose d'avide,
Et, comme sa narine, exprimait les émois
Des artistes devant les œuvres de leurs doigts.

---

1. Ces fragments ont été recopiés au net par Baudelaire, sans doute dans l'idée de les utiliser quelque jour. Certains ont d'ailleurs été repris, bien que dans une forme modifiée, dans d'autres ensembles. Yves Bonnefoy a donné un commentaire remarquable du dernier groupe dans « Baudelaire contre Rubens », *Le Nuage rouge*, p. 27 *sq.*

Ta jeunesse sera plus féconde en orages
Que cette canicule aux yeux pleins de lueurs
Qui sur nos fronts pâlis tord ses bras en sueurs,
Et soufflant dans la nuit ses haleines fiévreuses,
Rend de leurs frêles Corps les filles amoureuses,
Et les fait au miroir, stérile volupté,
Contempler les fruits mûrs de leur virginité.

Mais je vois à cet œil tout chargé de Tempêtes
Que ton Cœur n'est pas fait pour les paisibles fêtes,
Et que cette beauté, sombre comme le fer,
Est de celles que forge et que polit l'Enfer
Pour accomplir un jour d'effroyables luxures
Et contrister le Cœur des humbles créatures

Affaissant sous son poids un énorme oreiller,
Un beau corps était là, doux à voir sommeiller,
Et son sommeil orné d'un sourire superbe
....
L'ornière de son dos par le désir hanté.

L'air était imprégné d'une amoureuse rage ;
Les insectes volaient à la lampe et nul vent
Ne faisait tressaillir le rideau ni l'auvent.
C'était une nuit chaude, un vrai bain de jouvence.

*

Grand ange qui portez sur votre fier visage
La noirceur de l'Enfer d'où vous êtes monté ;
Dompteur féroce et doux qui m'avez mis en cage
Pour servir de spectacle à votre cruauté,

Cauchemar de mes Nuits, Sirène sans corsage,
Qui me tirez, toujours debout à mon côté,
Par ma robe de saint ou ma barbe de sage
Pour m'offrir le poison d'un amour effronté ;
....

DAMNATION

Le banc inextricable et dur,
La passe au col étroit, le maëlstrom vorace,
Agitent moins de sable et de varech impur

Que nos cœurs où pourtant tant de ciel se reflète ;
Ils sont une jetée à l'air noble et massif,
Où le phare reluit, bienfaisante vedette,
Mais que mine en dessous le taret corrosif ;

On peut les comparer encore à cette auberge,
Espoir des affamés, où cognent sur le tard,
Blessés, brisés, jurants, priant qu'on les héberge,
L'écolier, le prélat, la gouge et le soudard.

Ils ne reviendront pas dans les chambres infectes ;
Guerre, science, amour, rien ne veut plus de nous.
L'âtre était froid, les lits et le vin pleins d'insectes ;
Ces visiteurs, il faut les servir à genoux !

SPLEEN

[PROJETS D'UN ÉPILOGUE[1] POUR L'ÉDITION DE 1861]

[I]

Épilogue.

Le cœur content, je suis monté sur la montagne
D'où l'on peut contempler la ville en son ampleur,
Hôpital, lupanar, purgatoire, enfer, bagne,

Où toute énormité fleurit comme une fleur.
5 Tu sais bien, ô Satan, patron de ma détresse,
Que je n'allais pas là pour répandre un vain pleur ;

Mais, comme un vieux paillard d'une vieille maîtresse,
Je voulais m'enivrer de l'énorme catin,
Dont le charme infernal me rajeunit sans cesse.

10 Que tu dormes encor dans les draps du matin,
Lourde, obscure, enrhumée, ou que tu te pavanes
Dans les voiles du soir passementés d'or fin,

Je t'aime, ô capitale infâme ! Courtisanes
Et bandits, tels souvent vous offrez des plaisirs
15 Que ne comprennent pas les vulgaires profanes.

---

1. Au mois de mai 1860, Baudelaire travaille à cet épilogue, comme il l'écrit à Poulet-Malassis : « Je travaille aux *Fleurs du Mal*. Dans très peu de jours, vous aurez votre paquet, et le dernier morceau ou épilogue, adressé à la ville de Paris, vous étonnera vous-même, si toutefois je le mène à bonne fin (en tercets ronflants) » (CPl, II, 57). Le projet est resté inachevé.

[II]

Tranquille comme un sage et doux comme un maudit,
      J'ai dit :
Je t'aime, ô ma très belle, ô ma charmante...
Que de fois...
5   Tes débauches sans soif et tes amours sans âme,
      Ton goût de l'infini,
Qui partout, dans le mal lui-même, se proclame...
Tes bombes, tes poignards, tes victoires, tes fêtes,
Tes faubourgs mélancoliques,
10 Tes hôtels garnis,
Tes jardins pleins de soupirs et d'intrigues,
Tes temples vomissant la prière en musique,
Tes désespoirs d'enfant, tes jeux de vieille folle,
      Tes découragements,

15 Et tes feux d'artifice, éruptions de joie,
Qui font rire le Ciel, muet et ténébreux.

Ton vice vénérable étalé dans la soie,
Et ta vertu risible, au regard malheureux,
Douce, s'extasiant au luxe qu'il déploie.

20   Tes principes sauvés et tes lois conspuées,
Tes monuments hautains où s'accrochent les brumes,
Tes dômes de métal qu'enflamme le soleil,
      Tes reines de Théâtre aux voix enchanteresses,
Tes tocsins, tes canons, orchestre assourdissant,
25 Tes magiques pavés dressés en forteresses,
Tes petits orateurs, aux enflures baroques
Prêchant l'amour, et puis tes égouts pleins de sang,
S'engouffrant dans l'Enfer comme des Orénoques,
Tes sages, tes bouffons neufs aux vieilles défroques.
30 Anges revêtus d'or, de pourpre et d'hyacinthe,
Ô vous ! soyez témoins que j'ai fait mon devoir
Comme un parfait chimiste et comme une âme sainte.
      Car j'ai de chaque chose extrait la quintessence,
Tu m'as donné ta boue et j'en ai fait de l'or.

[PROJETS DE PRÉFACES]

[I]

Préface des Fleurs

Ce n'est pas pour mes femmes, mes filles ou mes sœurs que ce livre a été écrit ; non plus que pour les femmes, les filles ou les sœurs de mon voisin. Je laisse cette fonction à ceux qui ont intérêt à confondre les bonnes actions avec le beau langage.

Je sais que l'amant passionné du beau style s'expose à la haine des multitudes. Mais aucun respect humain, aucune fausse pudeur, aucune coalition, aucun suffrage universel ne me contraindront à parler le patois incomparable de ce siècle, ni à confondre l'encre avec la vertu.

Des poètes illustres s'étaient partagé depuis longtemps les provinces les plus fleuries du domaine poétique. Il m'a paru plaisant, et d'autant plus agréable que la tâche était plus difficile, d'extraire la *beauté* du Mal. Ce livre, essentiellement inutile et absolument innocent, n'a pas été fait dans un autre but que de me divertir et d'exercer mon goût passionné de l'obstacle.

Quelques-uns m'ont dit que ces poésies pouvaient faire du mal. Je ne m'en suis pas réjoui. D'autres, de bonnes âmes, qu'elles pouvaient faire du bien ; et cela ne m'a pas affligé. La crainte des uns et l'espérance des autres m'ont également étonné, et n'ont servi qu'à me prouver une fois de plus que ce siècle avait désappris toutes les notions classiques relatives à la littérature.

Malgré les secours que quelques cuistres célèbres ont apportés à la sottise naturelle de l'homme, je n'aurais jamais cru que notre patrie pût marcher avec une telle vélocité dans la voie du *progrès*. Ce monde a acquis une épaisseur de vulgarité qui donne au mépris de l'homme spirituel la violence d'une passion. Mais il est des carapaces heureuses que le poison lui-même n'entamerait pas.

J'avais primitivement l'intention de répondre à de nombreuses critiques et, en même temps, d'expliquer quelques questions très simples, totalement obscurcies par la lumière moderne : qu'est-ce que la Poésie ? quel est son but ? de la distinction du Bien d'avec le Beau ; de la Beauté dans le Mal ; que le rythme et la rime répondent dans l'homme aux immortels besoins de monotonie, de symétrie et de surprise ; de l'adaptation du style au sujet ; de la vanité et du danger de l'inspiration, etc., etc. ; mais j'ai eu l'imprudence de lire ce matin quelques feuilles publiques ; soudain, une indolence, du poids de vingt atmosphères, s'est abattue sur moi, et je me suis arrêté devant l'épouvantable inutilité d'expliquer quoi que ce soit à qui que ce soit. Ceux qui savent me devinent, et pour ceux qui ne peuvent ou ne veulent pas comprendre, j'amoncellerais sans fruit les explications [1].

C. B.

[II]

Préface

La France traverse une phase de vulgarité. Paris, centre et rayonnement de bêtise universelle. Malgré Molière et Béranger, on n'aurait jamais cru que la France irait si grand train dans la voie du *Progrès*. — Questions d'art, *terræ incognitæ*. Le grand homme est bête.

Mon livre a pu faire du Bien. Je ne m'en afflige pas. Il a pu faire du Mal. Je ne m'en réjouis pas.

Le but de la Poésie. Ce livre n'est pas fait pour mes femmes, mes filles ou mes sœurs.

---

1. Voir commentaire, p. 341.

On m'a attribué tous les crimes que je racontais. Divertissement de la haine et du mépris. Les Élégiaques sont des canailles. *Et verbum Caro factum est.* — Or le poète n'est d'aucun parti. Autrement, il serait un simple mortel.

Le Diable. Le péché originel. Homme bon. Si vous vouliez, vous seriez le favori du Tyran. Il est plus difficile d'aimer Dieu que de croire en lui. Au contraire, il est plus difficile pour les gens de ce siècle de croire au Diable que de l'aimer. Tout le monde le sert et personne n'y croit. Sublime subtilité du Diable.

Une âme de mon choix. Le Décor. Ainsi la nouveauté. L'Épigraphe. D'Aurevilly. La Renaissance. Gérard de Nerval. Nous sommes tous pendus ou pendables.

J'avais mis quelques ordures pour plaire à MM. les journalistes. Ils se sont montrés ingrats [1].

[III]

— Comment, par une série d'efforts déterminée, l'artiste peut s'élever à une originalité proportionnelle ;

comment la poésie touche à la musique par une prosodie dont les racines plongent plus avant dans l'âme humaine que ne l'indique aucune théorie classique ;

que la poésie française possède une prosodie mystérieuse et méconnue, comme les langues latine et anglaise ;

pourquoi tout poète qui ne sait pas au juste combien chaque mot comporte de rimes est incapable d'exprimer une idée quelconque ;

que la phrase poétique peut imiter (et par là elle touche à l'art musical et à la science mathématique) la ligne horizontale, la ligne droite ascendante, la ligne droite descendante ; qu'elle peut monter à pic vers le ciel, sans essoufflement, ou descendre perpendiculairement vers l'enfer avec la vélocité de toute pesanteur ; qu'elle peut suivre la spirale, décrire la parabole, ou le zigzag figurant une série d'angles superposés ;

---

1. Voir commentaire, p. 342.

que la poésie se rattache aux arts de la peinture, de la cuisine et du cosmétique par la possibilité d'exprimer toute sensation de suavité ou d'amertume, de béatitude ou d'horreur par l'accouplement de tel substantif avec tel adjectif, analogue ou contraire ;

comment, appuyé sur mes principes et disposant de la science que je me charge de lui enseigner en vingt leçons, tout homme devient capable de composer une tragédie qui ne sera pas plus sifflée qu'une autre, ou d'aligner un poème de la longueur nécessaire pour être aussi ennuyeux que tout poème épique connu.

Tâche difficile que de s'élever vers cette insensibilité divine ! Car moi-même, malgré les plus louables efforts, je n'ai su résister au désir de plaire à mes contemporains, comme l'attestent en quelques endroits, apposées comme un fard, certaines basses flatteries adressées à la démocratie, et même quelques ordures destinées à me faire pardonner la tristesse de mon sujet. Mais MM. les journalistes s'étant montrés ingrats envers les caresses de ce genre, j'en ai supprimé la trace, autant qu'il m'a été possible, dans cette nouvelle édition.

Que je me propose, pour vérifier de nouveau l'excellence de ma méthode, de l'appliquer prochainement à la célébration des jouissances de la dévotion et des ivresses de la gloire militaire, bien que je ne les aie jamais connues.

Note sur les plagiats. — Thomas Gray. Edgar Poe (2 passages). Longfellow (2 passages). Stace. Virgile (tout le morceau d'Andromaque). Eschyle. Victor Hugo [1].

---

1. Les noms énumérés dans le dernier alinéa sont ceux des poètes dont Baudelaire a traduit ou imité un passage dans son livre.

[IV]

Projet de préface pour *Les Fleurs du mal*

(à fondre peut-être avec d'anciennes notes)

S'il y a quelque gloire à n'être pas compris, ou à ne l'être que très peu, je peux dire, sans vanterie, que, par ce petit livre, je l'ai acquise et méritée d'un seul coup. Offert plusieurs fois de suite à divers éditeurs qui le repoussaient avec horreur, poursuivi et mutilé, en 1857, par suite d'un malentendu fort bizarre, lentement rajeuni, accru et fortifié pendant quelques années de silence, disparu de nouveau, grâce à mon insouciance, ce produit discordant de la *Muse des Derniers jours*, encore avivé par quelques nouvelles touches violentes, ose affronter aujourd'hui pour la troisième fois le soleil de la sottise.

Ce n'est pas ma faute ; c'est celle d'un éditeur insistant qui se croit assez fort pour braver le dégoût public. « Ce livre restera sur toute votre vie comme une tache », me prédisait, dès le commencement, un de mes amis qui est un grand poète. En effet, toutes mes mésaventures lui ont, jusqu'à présent, donné raison. Mais j'ai un de ces heureux caractères qui tirent une jouissance de la haine et qui se glorifient dans le mépris. Mon goût diaboliquement passionné de la bêtise me fait trouver des plaisirs particuliers dans les travestissements de la calomnie. Chaste comme le papier, sobre comme l'eau, porté à la dévotion comme une communiante, inoffensif comme une victime, il ne me déplairait pas de passer pour un débauché, un ivrogne, un impie et un assassin.

Mon éditeur prétend qu'il y aurait quelque utilité, pour moi comme pour lui, à expliquer pourquoi et comment j'ai fait ce livre, quels ont été mon but et mes moyens, mon dessein et ma méthode. Un tel travail de critique aurait sans doute quelques chances d'amuser les esprits amoureux de la rhétorique profonde. Pour ceux-là, peut-être l'écrirai-je plus tard et le ferai-je tirer à une dizaine d'exemplaires. Mais, à un meilleur examen, ne paraît-il

pas évident que ce serait là une besogne tout à fait super-
flue, pour les uns comme pour les autres, puisque les uns
savent ou devinent, et que les autres ne comprendront
jamais ? Pour insuffler au peuple l'intelligence d'un objet
d'art, j'ai une trop grande peur du ridicule, et je crain-
drais, en cette matière, d'égaler ces utopistes qui veulent,
par un décret, rendre tous les Français riches et vertueux
d'un seul coup.

Et puis, ma meilleure raison, ma suprême, est que cela
m'ennuie et me déplaît. Mène-t-on la foule dans les ateliers de l'habilleuse et du décorateur, dans la loge de la
comédienne ? Montre-t-on au public affolé aujourd'hui,
indifférent demain, le mécanisme des trucs ? Lui
explique-t-on les retouches et les variantes improvisées
aux répétitions, et jusqu'à quelle dose l'instinct et la sin-
cérité sont mêlés aux rubriques et au charlatanisme indispensable dans l'amalgame de l'œuvre ? Lui révèle-t-on
toutes les loques, les fards, les poulies, les chaînes, les
repentirs, les épreuves barbouillées, bref toutes les horreurs qui composent le sanctuaire de l'art ?

D'ailleurs telle n'est pas, aujourd'hui, mon humeur. Je
n'ai désir ni de démontrer, ni d'étonner, ni d'amuser, ni
de persuader. J'ai mes nerfs, mes vapeurs. J'aspire à un
repos absolu et à une nuit continue. Chantre des voluptés
folles du vin et de l'opium, je n'ai soif que d'une liqueur
inconnue sur la terre, et que la pharmaceutique céleste
elle-même ne pourrait pas m'offrir, — d'une liqueur qui
ne contiendrait ni la vie/vitalité ni la mort, ni l'excitation,
ni le néant. Ne rien savoir, ne rien enseigner, ne rien vouloir, ne rien sentir, dormir et encore dormir, tel est aujour-
d'hui mon unique vœu. Vœu infâme et dégoûtant, mais
sincère.

Toutefois, comme un goût supérieur nous apprend à ne
pas craindre de nous contredire un peu nous-mêmes, j'ai
rassemblé, à la fin de ce livre abominable, les témoignages de sympathie de quelques-uns des hommes que je
prise le plus, pour qu'un lecteur impartial en puisse inférer que je ne suis pas absolument digne d'excommunica-
tion et qu'ayant su me faire aimer de quelques-uns, mon

cœur, quoi qu'en ait dit je ne sais plus quel torchon imprimé, n'a peut-être pas « *l'épouvantable laideur de mon visage* ».

Enfin, par une générosité peu commune, dont MM. les critiques...

Comme l'ignorance va croissant...

Je dénonce moi-même les imitations[1]...

---

1. Le cynisme désabusé dont Baudelaire fait preuve dans ce projet d'une Préface à la troisième édition (qui ne parut qu'après sa mort) est révélateur de la fatigue de ses dernières années.

POÈMES DIVERS

Tout là-haut, tout là-haut, loin de la route sûre[1],
Des fermes, des vallons, par-delà les coteaux,
Par-delà les forêts, les tapis de verdure,
4 Loin des derniers gazons foulés par les troupeaux,

On rencontre un lac sombre encaissé dans l'abîme
Que forment quelques pics désolés et neigeux ;
L'eau, nuit et jour, y dort dans un repos sublime,
8 Et n'interrompt jamais son silence orageux.

Dans ce morne désert, à l'oreille incertaine
Arrivent par moments des bruits faibles et longs,
Et des échos plus morts que la cloche lointaine
12 D'une vache qui paît aux penchants des vallons.

Sur ces monts où le vent efface tout vestige,
Ces glaciers pailletés qu'allume le soleil,
Sur ces rochers altiers où guette le vertige,
16 Dans ce lac où le soir mire son teint vermeil,

Sous mes pieds, sur ma tête et partout, le silence,
Le silence qui fait qu'on voudrait se sauver,
Le silence éternel et la montagne immense,
20 Car l'air est immobile et tout semble rêver.

---

1. Poème de jeunesse révélé par Charles Cousin en 1872 et qui semble avoir été composé à l'occasion d'un voyage dans les Pyrénées en 1838 en compagnie de son beau-père, le colonel Aupick.

On dirait que le ciel, en cette solitude,
Se contemple dans l'onde, et que ces monts, là-bas,
Écoutent, recueillis, dans leur grave attitude,
24 Un mystère divin que l'homme n'entend pas.

Et lorsque par hasard une nuée errante
Assombrit dans son vol le lac silencieux,
On croirait voir la robe ou l'ombre transparente
28 D'un esprit qui voyage et passe dans les cieux.

*

[À Henri Hignard.]

Tout à l'heure je viens d'entendre [1]
Dehors résonner doucement
Un air monotone et si tendre
4 Qu'il bruit en moi vaguement,

Une de ces vielles plaintives,
Muses des pauvres Auvergnats,
Qui jadis aux heures oisives
8 Nous charmaient si souvent, hélas !

Et, son espérance détruite,
Le pauvre s'en fut tristement ;
Et moi je pensai tout de suite
12 À mon ami que j'aime tant,

Qui me disait en promenade
Que pour lui c'était un plaisir
Qu'une semblable sérénade
16 Dans un long et morne loisir.

---

1. Poème écrit, cette fois, en classe, mais à Lyon au Collège royal que Baudelaire fréquenta après avoir été exclu de Louis-le-Grand. Il daterait donc de 1839.

Nous aimions cette humble musique
Si douce à nos esprits lassés
Quand elle vient, mélancolique,
20 Répondre à de tristes pensers.

— Et j'ai laissé les vitres closes,
Ingrat, pour qui m'a fait ainsi
Rêver de si charmantes choses,
24 Et penser à mon cher Henri !

*

Hélas ! qui n'a gémi sur autrui, sur soi-même [1] ?
Et qui n'a dit à Dieu : « Pardonnez-moi, Seigneur,
Si personne ne m'aime et si nul n'a mon cœur ?
4 Ils m'ont tous corrompu ; personne ne vous aime ! »

Alors lassé du monde et de ses vains discours,
Il faut lever les yeux aux voûtes sans nuages,
Et ne plus s'adresser qu'aux muettes images,
8 De ceux qui n'aiment rien, consolantes amours.

Alors, alors il faut s'entourer de mystère,
Se fermer aux regards, et sans morgue et sans fiel,
Sans dire à vos voisins : « Je n'aime que le ciel »,
12 Dire à Dieu : « Consolez mon âme de la terre ! »

Tel, fermé par son prêtre, un pieux monument,
Quand sur nos sombres toits la nuit est descendue,
Quand la foule a laissé le pavé de la rue,
16 Se remplit de silence et de recueillement.

---

1. Claude Pichois date cette pièce de la même période que le poème
précédent. Comme ce dernier, il a été publié pour la première fois par
Henri Hignard, qui fut son condisciple au Collège royal.

SONNET [1]

Vous avez, chère sœur dont le cœur est poète,
Passé par quelque bourg tout paré, tout vermeil,
Quand le ciel et la terre ont un bel air de fête,
4 Un dimanche éclairé par un joyeux soleil.

Quand le clocher s'agite, et qu'il chante à tue-tête,
Et tient dès le matin le village en éveil,
Quand tous, pour écouter l'office qui s'apprête,
8 S'en vont, jeunes et vieux en pimpant appareil,

Lors s'élevant au fond de votre âme mondaine,
Des sons d'orgue mouvants et de cloche lointaine
11 Vous ont-ils pas tiré malgré vous un soupir ?

Cette dévotion des champs, joyeuse et franche,
Ne vous a-t-elle pas — triste et doux souvenir —
14 Rappelé qu'autrefois vous aimiez le dimanche ?

*

Il est de chastes mots que nous profanons tous [2] ;
Les amoureux d'encens font un abus étrange.
Je n'en connais pas un qui n'*adore* quelque *ange*
4 Dont ceux du Paradis sont, je crois, peu jaloux.

---

1. Sonnet copié par Baudelaire pour la femme de son demi-frère à laquelle il est adressé.   **2.** Ce sonnet figure dans la lettre que Baudelaire adresse à son demi-frère Alphonse le 31 décembre 1840. On notera qu'à moins de vingt ans, le jeune poète a déjà une conscience avertie de l'usure du langage élégiaque.

On ne doit accorder ce nom sublime et doux
Qu'à de beaux cœurs bien purs, vierges et sans
[mélange.
Regardez ! il lui pend à l'aile quelque fange
8 Quand votre *ange* en riant s'assied sur vos genoux.

J'eus, quand j'étais enfant, ma naïve folie
— Certaine fille aussi mauvaise que jolie —
11 Je l'appelais *mon ange*. Elle avait cinq galants.

Pauvres fous ! nous avons tant soif qu'on nous caresse
Que je voudrais encor tenir quelque drôlesse
14 À qui dire : *mon ange* — entre deux draps bien blancs.

*

Je n'ai pas pour maîtresse une lionne[1] illustre ;
La Gueuse[2] de mon âme emprunte tout son lustre.
Invisible aux regards de l'univers moqueur,
4 Sa beauté ne fleurit que dans mon triste cœur —

Pour avoir des souliers elle a vendu son âme ;
Mais le bon Dieu rirait si près de cette infâme
Je tranchais du Tartufe, et singeais la hauteur,
8 Moi qui vends ma pensée, et qui veux être auteur.

Vice beaucoup plus grave, elle porte perruque.
Tous ses beaux cheveux noirs ont fui sa blanche
Ce qui n'empêche pas les baisers amoureux   [nuque ;
12 De pleuvoir sur son front plus pelé qu'un lépreux.

---

1. Jeune femme blonde. Selon Littré, qui définit « lion » comme un
de « ces jeunes gens riches, élégants, libres dans leurs mœurs, et qui
affectent une certaine originalité », le féminin se dirait d'une « femme
qui a à peu près le même genre de vie et les mêmes prétentions ».
2. Pauvresse, mendiante.

Elle louche[1], et l'effet de ce regard étrange,
Qu'ombragent des cils noirs plus longs que ceux d'un
[ange,
Est tel que tous les yeux pour qui l'on s'est damné
16 Ne valent pas pour moi son œil juif[2] et cerné.

Elle n'a que vingt ans ; sa gorge — déjà basse
Pend de chaque côté comme une calebasse[3],
Et pourtant me traînant chaque nuit sur son corps,
20 Ainsi qu'un nouveau-né, je la tète et la mords —

Et bien qu'elle n'ait pas souvent même une obole
Pour se frotter la chair et pour s'oindre l'épaule —
Je la lèche en silence avec plus de ferveur,
24 Que Madeleine[4] en feu les deux pieds du Sauveur —

La pauvre Créature au plaisir essoufflée
A de rauques hoquets la poitrine gonflée,
Et je devine au bruit de son souffle brutal
28 Qu'elle a souvent mordu le pain de l'Hôpital.

Ses grands yeux inquiets durant la nuit cruelle
Croient voir deux autres yeux au fond de la ruelle[5] —
Car ayant trop ouvert son cœur à tous venants,
32 Elle a peur sans lumière et croit aux revenants. —

Ce qui fait que de suif elle use plus de livres
Qu'un vieux savant couché jour et nuit sur ses livres
Et redoute bien moins la faim et ses tourments
36 Que l'apparition de ses défunts amants.

---

1. Le verbe donne à penser que la jeune femme en question est Sara la Louchette que Baudelaire fréquenta avant sa vingtième année. 2. Comme dans la pièce XXXII, il y a d'autant moins de raison de voir une nuance dépréciative dans l'épithète que Sarah va être célébrée dans la suite du poème. 3. Fruit de la famille des cucurbitacées. 4. Assimilation de Marie Madeleine à la femme qui baigne les pieds de Jésus de ses larmes et les essuie avec ses cheveux dans l'Évangile de Luc, VII, 36-50. 5. Espace entre le lit et le mur. Voir commentaire, p. 342.

Si vous la rencontrez, bizarrement parée,
Se faufilant au coin d'une rue égarée,
Et la tête et l'œil bas — comme un pigeon blessé —
40 Traînant dans les ruisseaux un talon déchaussé,

Messieurs, ne crachez pas de jurons ni d'ordure,
Au visage fardé de cette pauvre impure
Que déesse Famine a par un soir d'hiver
44 Contrainte à relever ses jupons en plein air.

Cette bohème-là, c'est mon tout, ma richesse,
Ma perle, mon bijou, ma reine, ma duchesse,
Celle qui m'a bercé sur son giron vainqueur,
48 Et qui dans ses deux mains a réchauffé mon cœur.

*

Ci-gît qui, pour avoir par trop aimé les gaupes[1],
Descendit jeune encore au royaume des taupes[2].

*

[À Sainte-Beuve.]

Tous imberbes alors, sur les vieux bancs de chêne,
Plus polis et luisants que des anneaux de chaîne,
Que jour à jour la peau des hommes a fourbis,
— Nous traînions tristement nos ennuis, accroupis
5 Et voûtés sous le ciel carré des solitudes,
Où l'enfant boit, dix ans, l'âpre lait des études.
— C'était dans ce vieux temps mémorable et   [marquant,
Où forcés d'élargir le classique carcan[3],
Les professeurs encor rebelles à vos rimes,

---

1. Femme malpropre, de mauvaise vie.   **2.** Ce distique est sans
doute contemporain du poème précédent.   **3.** Le cadre traditionnel
des textes lus en classe.

10 Succombaient sous l'effort de nos folles escrimes,
    Et laissaient l'écolier, triomphant et mutin,
    Faire à l'aise hurler Triboulet[1] en latin.
       — Qui de nous, en ces temps d'adolescences pâles,
    N'a connu la torpeur des fatigues claustrales[2],
15 — L'œil perdu dans l'azur morne d'un ciel d'été,
    Ou l'éblouissement de la neige, — guetté,
    L'oreille avide et droite, — et bu, comme une meute,
    L'écho lointain d'un livre, ou le cri d'une émeute ?

    C'était surtout l'été, quand les plombs se fondaient,
20 Que ces grands murs noircis en tristesse abondaient,
    Lorsque la canicule ou le fumeux automne
    Irradiait les cieux de son feu monotone,
    Et faisait sommeiller dans les sveltes donjons,
    Les tiercelets criards, effroi des blancs pigeons ;
25 Saison de rêverie, où la Muse s'accroche
    Pendant un jour entier au battant d'une cloche ;
    Où la Mélancolie, à midi, quand tout dort,
    Le menton dans la main, au fond du corridor, —
    L'œil plus noir et plus bleu que la Religieuse[3]
30 Dont chacun sait l'histoire obscène et douloureuse,
    — Traîne un pied alourdi de précoces ennuis,
    Et son front moite encor des langueurs de ses nuits.

    — Et puis venaient les soirs malsains, les nuits
                                    [fiévreuses,
    Qui rendent de leur corps les filles amoureuses,
35 Et les font aux miroirs — stérile volupté —
    Contempler les fruits mûrs de leur nubilité —
    Les soirs italiens, de molle insouciance,
    — Qui des plaisirs menteurs révèlent la science,
    — Quand la sombre Vénus, du haut des balcons noirs,
40 Verse des flots de musc de ses frais encensoirs.
    ....

    _____

    1. Fou de François Ier.   **2.** Relatives au cloître.   **3.** Allusion au
    roman de Diderot.

Ce fut dans ce conflit de molles circonstances,
Mûri par vos sonnets, préparé par vos stances,
Qu'un soir, ayant flairé le livre et son esprit,
45 J'emportai sur mon cœur l'histoire d'Amaury[1].
Tout abîme mystique est à deux pas du Doute.
  — Le breuvage infiltré, lentement, goutte à goutte,
En moi qui dès quinze ans vers le gouffre entraîné,
Déchiffrais couramment les soupirs de René[2],
50 Et que de l'inconnu la soif bizarre altère,
  — A travaillé le fond de la plus mince artère.
J'en ai tout absorbé, les miasmes, les parfums,
Le doux chuchotement des souvenirs défunts,
Les longs enlacements des phrases symboliques,
55 — Chapelets murmurants de madrigaux mystiques ;
  — Livre voluptueux, si jamais il en fut.
Et depuis, soit au fond d'un asile touffu,
Soit que, sous les soleils des zones différentes,
L'éternel bercement des houles enivrantes,
60 Et l'aspect renaissant des horizons sans fin,
Ramenassent ce cœur vers le songe divin, —
Soit dans les lourds loisirs d'un jour caniculaire,
Ou dans l'oisiveté frileuse de frimaire[3] —
Sous les flots du tabac qui masque le plafond,
65 — J'ai partout feuilleté le mystère profond
De ce livre si cher aux âmes engourdies
Que leur destin marqua des mêmes maladies,
Et devant le miroir j'ai perfectionné
L'art cruel qu'un Démon en naissant m'a donné,
70 — De la Douleur pour faire une volupté vraie, —
D'ensanglanter son mal et de gratter sa plaie.

Poète, est-ce une injure ou bien un compliment ?
Car je suis vis-à-vis de vous comme un amant

---

1. Héros du roman de Sainte-Beuve *Volupté* (1834).   **2.** Le héros du récit éponyme de Chateaubriand (1802).   **3.** Troisième mois du calendrier républicain (du 21-22 novembre au 20-21 décembre). Voir commentaire, p. 343.

En face du fantôme, au geste plein d'amorces,
75 Dont la main et dont l'œil ont pour pomper les forces
Des charmes inconnus. — Tous les êtres aimés
Sont des vases de fiel qu'on boit les yeux fermés,
Et le cœur transpercé que la douleur allèche
Expire chaque jour en bénissant sa flèche.

À THÉODORE DE BANVILLE [1]

Vous avez empoigné les crins de la Déesse [2]
Avec un tel poignet, qu'on vous eût pris, à voir
Et cet air de maîtrise et ce beau nonchaloir,
4 Pour un jeune ruffian [3] terrassant sa maîtresse.

L'œil clair et plein du feu de la précocité,
Vous avez prélassé votre orgueil d'architecte
Dans des constructions dont l'audace correcte
8 Fait voir quelle sera votre maturité.

— Poète, notre sang nous fuit par chaque pore —
Est-ce que par hasard la robe du Centaure [4]
11 Qui changeait toute veine en funèbre ruisseau

Était teinte trois fois dans les baves subtiles
De ces vindicatifs et monstrueux reptiles
14 Que le petit Hercule [5] étranglait au berceau ?

*

---

1. Poète français (1823-1891).   **2.** La déesse de la Beauté ?
3. Entremetteur.   **4.** Le Centaure Nessus, à qui Hercule avait confié
la garde de son épouse Déjanire, ayant cherché à abuser d'elle, fut tué
par une flèche empoisonnée du héros. Déjanire envoya alors à Hercule
une tunique trempée dans le sang de Nessus. Hercule en mourut,
consumé. La pensée de Baudelaire est obscure.   **5.** Hercule enfant
étrangla des serpents dans son berceau. Voir commentaire, p. 343.

Noble femme au bras fort, qui durant les longs jours
Sans penser bien ni mal dors ou rêves toujours
    Fièrement troussée [1] à l'antique,
Toi que depuis dix ans qui pour moi se font lents
Ma bouche bien apprise aux baisers succulents
6   Choya d'un amour monastique —

Prêtresse de débauche et ma sœur de plaisir
Qui toujours dédaignas de porter et nourrir
    Un homme en tes cavités saintes,
Tant tu crains et tu fuis le stigmate [2] alarmant
Que la vertu creusa de son soc infamant
12   Au flanc des matrones enceintes.

---

1. Ici, vêtue à l'antique.   **2.** Dans le poème V, Baudelaire avait parlé des « hideurs de la fécondité ». Même s'il écrit à sa mère que seule la femme qui a enfanté est digne de l'homme, l'ensemble de ses poèmes atteste une sorte d'aversion ou d'éloignement pour les signes de la grossesse.

COMMENTAIRES

LES FLEURS DU MAL [1861]

DÉDICACE

Cette dédicace avait connu une première version que Baudelaire soumit à Gautier, sans doute le dimanche 8 mars 1857 :

« À MON TRÈS CHER ET TRÈS VÉNÉRÉ
MAÎTRE ET AMI
THÉOPHILE GAUTIER

Bien que je te prie de servir de parrain aux *Fleurs du mal*, ne crois pas que je sois assez perdu, assez indigne du nom de poète pour m'imaginer que ces fleurs maladives méritent ton noble patronage. Je sais que dans les régions éthérées de la véritable Poésie, le Mal n'est pas, non plus que le Bien, et que ce misérable dictionnaire de mélancolie et de crime peut légitimer les réactions de la morale, comme le blasphémateur confirme la Religion. Mais j'ai voulu, autant qu'il était en moi, en espérant mieux peut-être rendre un hommage profond à l'auteur d'*Albertus*, de *La Comédie de la Mort* et d'*España*, au poète impeccable, au magicien ès langue française, dont je me déclare, avec autant d'orgueil que d'humilité, le plus dévoué, le plus respectueux et le plus jaloux des disciples. »

Le lendemain, il envoie la nouvelle version à Auguste Poulet-Malassis, son éditeur, avec les remarques suivantes : « Gautier m'a très bien expliqué qu'une dédicace ne devait pas être une profession de foi, laquelle d'ailleurs avait pour défaut d'attirer les yeux sur le côté scabreux du vol[ume] et de le dénoncer » (CPl, I, 380). Baudelaire s'était lié d'amitié avec Gautier vers 1848 ou 1850, même s'il l'avait rencontré plus tôt à l'hôtel Pimodan. Comme on le voit à sa première version, la dédicace traduit la sympathie que Baudelaire éprouve pour un poète dont les thèmes (l'angoisse, la mort, la mélancolie) sont proches des siens. Mais célébrer en lui le « poète impeccable », c'est aussi mettre l'accent sur la maîtrise verbale d'un artiste dont la rigueur pouvait sans doute être implicitement opposée à la (trop grande) facilité de Victor Hugo. En même temps, il n'est pas exclu que des considérations plus stratégiques aient joué : Gautier, à la différence de Hugo, n'était pas en rupture avec le régime impérial. La clause de modestie ne doit pas tromper : Baudelaire connaissait parfaitement les « limites » de l'« étonnant esprit » de son ami, comme il l'écrira plus tard à Hugo (CPl, I, 597).

AU LECTEUR

La cinquième strophe manquait dans la livraison de la *Revue des Deux Mondes* du 1er juin 1855 où le poème parut la première fois.

Ce poème, qui recourt de manière si marquée à l'allégorie, esquisse à l'orée du recueil une vision anthropologique volontairement placée sous un signe infernal. Le but de Baudelaire est clair, qui est d'impliquer son lecteur dans une sorte de confession partagée qui rendrait impossible toute dénégation de la réalité du Mal. Ce faisant, le poète accrédite le bien-fondé de son projet tout en transformant son lecteur en complice (« mon semblable, — mon frère ! »). Il va de soi que l'accent posé ici sur l'avilissement ou la dégradation de l'humanité a aussi le sens d'une provocation, d'autant plus forte qu'il s'agit du poème liminaire. La dimension théologique (« péché », v. 1 et 5, « remords », v. 3, « repentir », v. 5, « Satan », v. 9, « le Diable », v. 13, « l'Enfer », v. 15) contribue à empêcher le lecteur de se détourner de ce tableau si sombre où il est invité à reconnaître ses propres vices d'une manière que son éducation chrétienne doit lui rendre familière. Toutefois, à la différence d'un sermonnaire chrétien, le poète n'offre aucune perspective consolante ou rédemptrice. La hiérarchie des vices, qui culmine dans la notion d'Ennui, s'écarte elle aussi d'une perspective chrétienne. Cet Ennui annonce la notion de « spleen ». Il relaie historiquement le « mal du siècle » qui fut celui de Werther, de René ou d'Oberman.

SPLEEN ET IDÉAL

I — BÉNÉDICTION

Ce poème, qui pose le mythe du poète persécuté au départ du recueil, relève encore d'une conception romantique qu'il ne tardera pas à dépasser, dans la mesure où il s'appuie sur un cadre théologique dont le caractère providentialiste ne cessera d'être démenti par l'expérience que Baudelaire fera toujours plus durement de la déréliction de l'homme moderne. Plutôt que les accents accusateurs à l'endroit de la mère et de l'épouse, et dans lesquels les commentateurs ont vu depuis longtemps une tonalité autobiographique, on retiendra surtout comment l'élection du poète se marque par son statut de victime puis comment la douleur associée à ce statut devient l'instrument de son salut. Le modèle du Christ n'est pas loin, comme on peut le voir aux v. 33-34 et, de façon plus générale, aux images qui suggèrent le martyre d'un poète qui reçoit la souffrance avec l'équanimité et l'humilité d'un saint. Caractéristique aussi du premier Baudelaire est la tendance à un idéalisme mystique s'exprimant dans des images de pureté et de luminosité.

II — L'ALBATROS

Une discussion a opposé les critiques sur la date de cette composition qu'Ernest Prarond se rappelait avoir entendu Baudelaire réciter au retour de son voyage à l'île Bourbon (1841). Pourtant elle ne figure pas dans la première édition : Baudelaire ne la publia qu'en 1859 avec « Le Voyage » qui deviendra la dernière pièce de l'édition de 1861. Faisant fond sur une lettre de Charles Asselineau (« *L'Albatros* me semble un vrai diamant ! — seulement je voudrais une strophe entre la deuxième et la dernière pour insister sur la gaucherie, du moins sur la gêne de l'albatros, pour faire tableau de son embarras. Et il me semble que la dernière strophe jaillirait plus puissante comme effet » (LAB, p.18), Claude Pichois a sans doute tranché la question en suggérant que ce n'est qu'après avoir fait droit au désir de son ami que Baudelaire se décida à publier cette pièce déjà ancienne.

III — ÉLÉVATION

L'exaltation décrite à propos de la volupté éprouvée à l'impression de hauteur classe ce poème parmi les œuvres de la première période. Marc Eigeldinger (*Le Platonisme de Baudelaire*, Neuchâtel, À La Baconnière, 1951) a étudié autrefois ce côté platonisant de Baudelaire si visible aussi bien dans la dépréciation du bas que dans l'idéalisation d'une lumière ou d'une chaleur empyréennes. Par contre, on notera les images très concrètes par lesquelles le poème qualifie cette volupté. Le rêve d'une compréhension transcendantale de la réalité — que Baudelaire partage avec Coleridge aussi bien qu'avec les Romantiques allemands — appartient à l'âge que Paul Bénichou a étudié dans *Le Sacre de l'écrivain* (Paris, Corti, 1973).

IV — CORRESPONDANCES

Ce poème bénéficie d'un statut particulier dans la critique baudelairienne dans la mesure où il présente un art poétique dans lequel on a voulu reconnaître celui du livre tout entier. La tentation est d'autant plus séduisante que

nombreux sont les passages des essais de Baudelaire qui
reviennent sur l'idée de ces correspondances qui seraient
au fondement de la possibilité même de la poésie. Comme
le formule l'essai sur Victor Hugo, les métaphores, les
comparaisons ou les épithètes qui forment le tissu poétique « sont puisées dans l'inépuisable fonds de l'*universelle analogie* » et ne « peuvent être puisées ailleurs »
(OC, II, 133). Le « déchiffreur » ou le « traducteur »
qu'est le poète serait ainsi l'opérateur ou pour mieux dire
le « révélateur » de la « ténébreuse et profonde unité »
que le monde sensible porterait en lui.

Il ne fait guère de doute que Baudelaire a voulu croire
en effet à cette unité que la richesse et la facilité associa-
tive de sa sensibilité et en particulier de son sens de l'odo-
rat lui suggéraient avec force. Et pourtant, faire de
« Correspondances » la clef du « symbolisme » ou de la
« symbolique » baudelairienne n'est possible qu'en partie. Sans même parler de la sacralisation de la nature, si
manifeste dans ce sonnet, mais que l'expérience de la
ville tendra toujours plus à reléguer au second plan, la
vraie question de la correspondance des éléments sen-
sibles ou symboliques tient au statut qu'il faut accorder à
l'analogie que le poète établit entre eux. Poser que cette
analogie est fondée dans les choses elles-mêmes *(in
rebus)* revient à affirmer une vision ontologique du
monde (comme temple, comme réseau de symboles) qui
semble étrangère à la plupart des poèmes des *Fleurs du
Mal*. Réduire cette analogie à un statut de construction
poétique ruine toutefois l'idée de sacralité évoquée par le
« temple » et transforme le signe symbolique (c'est-à-dire
le signe qui ferait signe de lui-même) en signe allégorique. Walter Benjamin a voulu voir dans ce retour du
symbolique à l'allégorique le mouvement par lequel Baudelaire aurait fondé la modernité poétique. Au demeurant,
l'idée d'un symbolisme généralisé est omniprésente dans
la réflexion romantique européenne. On se reportera au
livre de Leakey, à *La Mystique de Baudelaire* de Pommier (voir Bibliographie), ainsi qu'aux notes de l'édition
Pichois pour un tableau complet de la question.

V — « J'AIME LE SOUVENIR... »

Les trois parties du poème présentent des aspects non seulement distincts, mais encore contradictoires. La première semble s'inscrire dans le sillage d'un certain néoclassicisme, faisant de Baudelaire un disciple attardé de Winckelmann et valorisant un paganisme dont les lecteurs des *Fleurs du Mal* sont peu coutumiers. La deuxième déplore la déperdition ontologique de l'âge contemporain, tandis que la troisième cherche tout ensemble à en sauver malgré tout un aspect et à célébrer la jeunesse. Ces contradictions qui, comme Leakey l'a suggéré, pourraient bien ressortir à un étagement de la rédaction du texte sur des périodes différentes, traduisent aussi sans doute les hésitations de Baudelaire sur sa propre esthétique. Partagé entre une admiration pour un modèle antique désormais perdu et la prise de conscience du démenti que l'âge contemporain apporte à ce modèle, Baudelaire chercherait à spécifier les « beautés inconnues » propres aux « muses tardives », beautés dont le caractère intériorisé serait fidèle à la leçon du Chateaubriand de *Génie du christianisme*. Ce mouvement dialectique serait tout à fait cohérent, s'il n'était à son tour démenti par les vers 33-40 qui se reprennent à idéaliser la jeunesse d'une manière dont le caractère anhistorique semble nier toute la seconde partie. Sur le rapport de Baudelaire à l'Antiquité, on se reportera à l'étude d'A. Michel, « Baudelaire et l'Antiquité », dans le volume dirigé par M. Bercot et A. Guyaux (voir Bibliographie).

VI — LES PHARES

Les huit premiers quatrains sont construits sur le même modèle, à l'exception du cinquième où le nom de l'artiste, Puget, est rejeté au commencement du quatrième vers. Les trois dernières strophes qui récapitulent, de façon syncrétique, le sens et le mouvement de l'ensemble, ont été ajoutées sur les troisièmes épreuves. Que les huit artistes cités (neuf, si l'on inclut Weber mentionné en rapport avec Delacroix) aient représenté autant de frères d'élection ou, du moins, d'esprits apparentés, se déduit de la formule synthétique à la première personne du pluriel des v. 41-42 par laquelle Baudelaire s'inclut dans l'interpellation finale au Seigneur. Ces « phares » — le sens figuré que nous donnons à ce mot a acquis ses lettres de noblesse avec ce poème — sont autant de représentants du drame humain dont ils incarnent dans leurs œuvres tel ou tel versant. La difficulté du poème tient peut-être moins au choix de ces noms en eux-mêmes (pourquoi Léonard et pas Titien, Watteau et pas Poussin ?) qu'à l'ordre de leur apparition. S'il est facile de comprendre pourquoi Delacroix, le contemporain et l'objet du plus grand enthousiasme artistique de Baudelaire, apparaît à la fin, il l'est beaucoup moins de saisir pourquoi le poème s'ouvre sur le nom de Rubens ou pourquoi Puget voit son nom rejeté en fin de quatrain. Si Rembrandt, Michel-Ange, Puget, Watteau, Goya et Delacroix semblent illustrer une conception tragique de l'art, Rubens semble plutôt renvoyer à une conception édénique (avec la restriction du « où l'on ne peut aimer ») et Léonard à un art du mystère. Léon Cellier suggère de manière intéressante de voir dans les quatre premiers des artistes de l'idéal et dans les quatre derniers des artistes du spleen. Sur ce poème et le sens du rapport de Baudelaire à la peinture, on lira l'admirable essai d'Y. Bonnefoy dans *Le Nuage rouge* (voir Bibliographie).

VII — LA MUSE MALADE

Un peu dans la ligne du poème V, celui-ci articule l'opposition entre l'intégrité rayonnante d'un passé grec et la dégradation d'un présent connoté par la maladie et la souffrance psychique. Le vœu exprimé par les tercets consisterait à marier le « sang chrétien », et donc moderne, de la muse, c'est-à-dire de l'inspiration, à l'abondance solaire des figures antiques.

VIII — LA MUSE VÉNALE

L'aliénation de la muse, figure du poète, à une société marquée par l'hypocrisie religieuse et par le seul désir de plaisir qu'on voit décrite dans ce poème de la première période ira croissant et s'aggravant dans le recueil, à mesure que la situation personnelle et financière de Baudelaire se détériorera. La légère ironie qui gouverne l'interpellation de la muse masque mal l'amertume du poète dont elle incarne déjà le désespoir.

IX — LE MAUVAIS MOINE

La variante manuscrite du v. 12 — « Impuissant Orcagna, quand... » — permet de comprendre que Baudelaire, en écrivant ce poème, pensait aux fresques du *Triomphe de la Mort* du Campo Santo de Pise, attribuées à l'époque au peintre Andrea Orcagna (dont l'existence est attestée entre 1343 et 1368). Auguste Barbier, auquel Baudelaire consacrera une des notices de *Réflexions sur quelques-uns de mes contemporains* (1861), avait déjà interpellé ce peintre dans un vers de son poème *Il Pianto* de 1833. Comme Pichois le rappelle, Théophile Gautier avait abordé le même thème dans *Melancholia*. On remarquera le mouvement du poème, caractéristique d'une certaine tendance de Baudelaire, qui fait se succéder à la description concrète des murs du cloître médiéval la reprise allégorisante et intériorisée du motif (l'âme comme tombeau ou comme cloître dépourvu de fresques). Si c'est de sa paresse créatrice que le poète s'indigne ou même s'exaspère, on notera tout de même la couleur religieuse qu'il donne à son exaspération. Un feuillet d'*Hygiène* note : « Une sagesse abrégée. Toilette, prière, travail » (OC, I, 671).

X — L'ENNEMI

En dépit de l'analogie assez conventionnelle entre la vie et la succession des saisons, Baudelaire réussit à renouveler ce lieu commun poétique, d'une part en exploitant avec rigueur le parallélisme allégorique, et d'autre part en lui adjoignant le motif d'une sorte d'hémophilie angoissante que l'on retrouvera dans le poème « La Fontaine de sang ». Le sonnet hésite entre l'espoir d'une logique ternaire (ou dialectique) qui permettrait aux « fleurs nouvelles que je rêve » (comprenons : aux poèmes) de pousser de la terre inondée d'une existence déjà largement vécue, et le désespoir d'un sentiment d'inexorabilité ou d'irréversibilité du temps. L'« obscur Ennemi qui nous ronge le cœur » serait aussi bien le temps de l'horloge nous disant « Meurs, vieux lâche ! il est trop tard ! » (« L'Horloge », v. 24) et le principe négatif d'une perversité naturelle que Baudelaire évoquera à la suite d'Edgar Poe.

XI — LE GUIGNON

La particularité de ce poème est qu'il est constitué en grande partie de vers empruntés et traduits de deux sources anglaises que Baudelaire a lui-même indiquées. Il s'agit d'une part d'un quatrain de la très célèbre « *Elegy Written in a Country Churchyard* » de Thomas Gray (1751) :

> *Full many a gem of purest ray serene*
> *The dark unfathomed caves of Ocean bare.*
> *Full many a flower is born to blush unseen*
> *And waste its sweetness on the desert air.*

et d'autre part d'un quatrain de Longfellow :

> *Art is long, and time is fleeting,*
> *And our hearts, though strong and brave,*
> *As muffled drums are beating*
> *Funeral marches to the grave.*

tiré du poème « À Psalm of Life » du recueil *Voices of the Night* (1839).

Comme le suggère la citation de l'essai sur Edgar Poe, ce poème part de l'équivalence implicite entre l'état de poète et la fatalité du guignon, ce « poids si lourd » qu'il importe d'autant plus de réussir à soulever que « l'Art est long et le Temps est court ». Du sentiment du guignon, le second quatrain glisse ensuite à celui de spleen, auquel l'adaptation des vers de Longfellow donne une représentation concrète. À partir de là, on peut considérer que les tercets opèrent un retournement qui devient l'emblème du travail poétique : écrire sera mettre au jour le joyau qui dort enseveli, et répandre le parfum doux comme un secret.

XII — LA VIE ANTÉRIEURE

Né peut-être de quelques souvenirs du voyage à l'île Bourbon, ce sonnet atteste la liberté et l'élasticité avec lesquelles la mémoire ou l'imagination baudelairiennes interprètent le temps, dont l'expression (« J'ai *longtemps* habité... ») devient signe d'un sentiment intérieur beaucoup plus que celui d'une réalité biographique. La réussite artistique du poème tient pour une part à la tension qu'il parvient à établir entre la calme et riche volupté du paysage marin décrit et le « secret douloureux » dont le poète dit « languir ». Le caractère indéfini de ce secret n'est pas sans rapport avec le « vague des passions » dont souffrait le René de Chateaubriand.

XIII — BOHÉMIENS EN VOYAGE

Comme Jean Prévost l'a montré autrefois, ce sonnet doit sans doute son origine à une gravure de Jacques Callot, « La Marche des Bohémiens » ou « La Vie errante des Bohémiens », qui est accompagnée du distique suivant : « Ces pauvres gens pleins de bonadventures /Ne portent rien que des Choses futures. » Gens du voyage et surtout de l'imaginaire (cf. « le morne regret des chimères absentes », v. 8), les Bohémiens font partie des figures que Jean Starobinski a utilement qualifiées de « répondants allégoriques du poète ». On relèvera la contradiction entre l'épithète « prophétique » du v. 1 qui semble présager une certaine clairvoyance et l'obscurité des « ténèbres futures » du dernier vers. Baudelaire reviendra sur le rapport à la chimère dans un texte de *Spleen de Paris* intitulé « Chacun sa chimère ».

XIV — L'HOMME ET LA MER

Ce poème, qui illustre de façon explicite une « correspondance » au sens où le sonnet IV l'a posée, met en évidence une « *concordia discors* », une unité discordante où il faut voir le mode véritable de l'être au monde baudelairien. La ressemblance, voire l'identité entre l'homme et la mer trouve son sens ultime dans la lutte implacable qui les oppose. Chez Baudelaire la grandeur ou la noblesse sont rarement pures d'une dimension destructive.

XV — DON JUAN AUX ENFERS

En plus de la comédie de Molière, du poème de Byron et du conte d'Hoffmann, Baudelaire connaissait une toile de Delacroix nommée *Le Naufrage de Don Juan*. C'est bien le Don Juan romantique et non le héros baroque que Baudelaire a en esprit. Le superbe dédain de Don Juan est celui du dandy.

XVI — CHÂTIMENT DE L'ORGUEIL

Ce poème a pour origine une anecdote que Baudelaire a pu lire dans un article de *La Revue des Deux Mondes* du 15 octobre 1848.

On remarquera, comme dans « Le Mauvais Moine », l'éloge d'un Moyen Âge assimilé au printemps de la théologie. Cet éloge est en même temps le signe de la déperdition ontologique que le poète sent être celle de son époque. À noter également la manière dont le poème *spatialise* l'intériorité spirituelle du possédé (« temple »,

« plafond », « caveau »), procédé qui se retrouvera dans la série des « Spleen ». Mais pourquoi Baudelaire versifie-t-il une telle anecdote ? S'agirait-il de conjurer la tentation d'orgueil qu'il ressent en lui-même ? Jésus, en tant que Dieu *incarné*, représente la limite que le désir de pureté de l'esprit ne saurait dépasser. Baudelaire, malgré les désirs d'élévation qu'il avoue, sait que l'incarnation est un destin indépassable.

XVII — LA BEAUTÉ

Le procédé de la prosopopée permet au poème de donner la parole à la Beauté elle-même. Il est curieux de voir ici Baudelaire souligner le caractère immobile et insensible du Beau à la manière d'un Winckelmann, qui contraste très sensiblement avec les définitions de la Beauté qu'il proposera dans *Le Peintre de la vie moderne* (1863). À la différence de Winckelmann, toutefois, le discours de la Beauté met en relief une dureté (« rêve de *pierre* (...) où chacun s'est *meurtri* ») qu'on peut comprendre comme l'expression du sentiment d'esclavage ou à tout le moins d'asservissement que le poète ressent à servir un idéal d'harmonie que toutes les conditions de son existence démentent. Léon Cellier a très justement reconnu dans ce sonnet le premier d'un cycle de poèmes consacrés à la Beauté qui, tous, affirment l'alliance inquiétante du Beau et du monstrueux. « Le Poète et le Monstre. L'image de la beauté dans les *Fleurs du Mal* », *Saggi e ricerche di letteratura francese*, VIII, Pise, 1967, p. 125-142.

XVIII — L'IDÉAL

À défaut de célébrer, comme Barbey d'Aurevilly, le « bonheur dans le crime », Baudelaire valorise volontiers l'excès passionnel qu'il interprète comme le signe d'une grandeur intérieure rebelle aux compromissions et aux mesquineries du « siècle vaurien » dans lequel il vit. L'idéal poétique (ou artistique) se doit, pour justifier sa raison d'être, de nier la sage mesure bourgeoise.

XIX — LA GÉANTE

Il est difficile, après Freud, de ne pas voir dans la rêverie de ce sonnet un souvenir transposé du désir infantile de possession du corps de la mère. En repoussant son fantasme dans un passé mythique, Baudelaire évite toutefois un déchiffrement trop direct de son rêve de « chat voluptueux ». Il est intéressant de noter que loin d'être un pur corps à disposition, la géante est imaginée « couve(r) une sombre flamme » tandis qu'elle « grandit » dans de « terribles jeux » qui la classent parmi le type presque toujours tourmenté des héroïnes baudelairiennes.

XX — LE MASQUE

Le point de départ de ce poème est une statuette que Baudelaire vit dans l'atelier d'Ernest Christophe et qu'il décrit dans le *Salon de 1859* (OC, II, 678-679). Transformée plus tard en marbre, cette statue est désormais exposée dans le jardin des Tuileries. Mais, par rapport au passage du *Salon de 1859*, le poème dramatise considérablement. Le procédé utilisé ici est celui d'une description ambulatoire en forme de dialogue qui mime les différents moments de la découverte : au temps de l'émerveillement, qui est aussi celui de l'illusion, succède celui du désillusionnement cruel qui coïncide avec le dévoilement de la douleur que le masque ne cache que de façon imparfaite. Le lien entre la beauté et la douleur est d'ailleurs une constante chez Baudelaire. Dans « Le Cygne », il sera question de « l'immense majesté » des « douleurs de veuve » d'Andromaque ; dans « À une passante », de la « douleur majestueuse » de la femme qui passe ; dans le poème en prose « Les Veuves », de l'air « si noble » de la veuve à l'enfant. Dans une note de *Fusées*, Baudelaire affirmera qu'« une tête séduisante et belle (...), c'est une tête qui fait rêver à la fois (...) de volupté et de tristesse » (OC, I, 657). On notera dans la strophe finale l'apparition du thème de l'éternité mélancolique ou de l'impossibilité de mourir qu'on retrouvera dans « Le Squelette laboureur » et dans « Le Rêve d'un curieux ».

XXI — HYMNE À LA BEAUTÉ

Cet hymne illustre à la fois le « platonisme de Baudelaire », pour reprendre l'expression de Marc Eigeldinger,
et son renversement. Ce que Baudelaire reprend de Platon, c'est l'intuition que le Beau est la clef d'un infini à
la fois entrevu et insaisissable (voir à ce sujet, dans OC,
II, 334, un passage des *Notes nouvelles sur Edgar Poe*).
Mais, tandis que chez Platon, le Beau coïncide avec le
Bon (c'est ce qu'en grec on nomme le *kallos kaghatos*),
chez Baudelaire, la question de son origine ruine la dichotomie du Bien et du Mal, du Ciel et de l'Enfer, à la fois
parce que la Beauté paraît *au-delà* de toute dimension
éthique et parce que l'indifférence morale que son incarnation terrestre atteste la lie à la fois au « bienfait » et au
« crime ». Il est à noter qu'une fois de plus, Baudelaire
pense la Beauté sous la forme d'une figure féminine, et
que c'est cette identification qui permet au poème d'insister sur son côté « satanique » de femme fatale. Sur une
telle identification, qu'on retrouve aussi dans tout le
romantisme européen, voir l'étude fondamentale de
M. Praz, *La Chair, la mort et le diable dans la littérature
du XIXᵉ siècle : le romantisme noir*, tr. fr. C. T. Pasquali,
Denoël, 1977.

XXII — PARFUM EXOTIQUE

Que Baudelaire soit un poète olfactif, ce sonnet et le
poème suivant le prouvent à loisir. Sur son versant heureux, cette sensibilité olfactive se lie à une rêverie exotique qu'on peut lier aussi bien aux souvenirs du voyage
à l'île de la Réunion qu'au pouvoir suggestif de Jeanne
Duval, la mulâtre maîtresse du poète. L'usage de la figure
de l'hypallage — « rivages heureux » (v. 3) pour rivages
où l'on est heureux, « île paresseuse » (v. 5) pour île où
l'on peut être paresseux — accentue la solidarité, pour ne
pas dire l'identité, entre le parfum de la femme et le paysage évoqué. On note aussi que, dans cet univers marqué
par la chaleur (« soir chaud », v. 1, « sein chaleureux »,
v. 2), « les couleurs, les parfums et les sons se répon-

dent » parfaitement, comme le voulait le v. 8 de « Correspondances ».

XXIII — LA CHEVELURE

On s'est demandé à propos de ce poème admirable si c'était à la chevelure seule, objet fétiche, ou à la chevelure comme synecdoque (partie pour le tout) que s'adressait le discours. Si forte que soit l'accentuation de la « toison » et des « boucles », la réponse est sans doute dans la seconde branche de l'alternative, comme le confirme au reste la dernière strophe où la femme interpellée est à nouveau considérée dans son intégrité. Plus intéressante semble une analyse des rapports entre le pouvoir évocateur de la chevelure et le repli du poème sur la mémoire. On peut noter, de façon plus générale, que, pour être heureux, l'éros baudelairien est presque toujours rétrospectif. Comme dans le poème précédent, Baudelaire met l'accent sur la *continuité* entre la femme et le paysage évoqué, par un phénomène où la contiguïté nourrit l'analogie et réciproquement. Voir l'étude de V. Brombert dans le recueil de M. Bercot et A. Guyaux (voir Bibliographie).

XXIV — « *JE T'ADORE À L'ÉGAL...* »

Pièce de jeunesse, au caractère un peu Jeune-France [1], ce poème tire sa force de l'antithèse entre l'idéalisation et la dégradation de la femme « adorée ». À y regarder de plus près, cependant, on se rend compte que l'aspect paradoxal et provocateur renvoie à une réalité en vérité fort complexe. L'assimilation de la femme aimée à une figure du ciel nocturne, l'éloge de la distance qui la sépare du poète sont des lieux communs de la tradition occidentale : Jaufré Rudel célébrait l'« amor de lonh » (l'amour de loin) au XIIe siècle, et l'identification de la femme à une Hécate lunaire court à travers toute la poésie de la Renaissance. Ce qui est frappant dans ce poème, c'est que

---

1. Groupe de jeunes écrivains romantiques de 1830.

Baudelaire reprend ces clichés pour tels tout en les faisant servir à exprimer sa nostalgie des « immensités bleues » qui définiraient le site de l'idéal.

Le violent renversement qui fait succéder à la célébration l'autocomparaison du poète à un « chœur de vermisseaux » et de la femme à un « cadavre », tout en dénonçant la naïveté de l'idéalisation lyrique, rappelle brutalement les droits d'une finitude qui, comme l'exposera « Une charogne », est inséparable de l'amour. L'éloge final de la froideur demande peut-être à être compris comme un consentement à la distance qui seule permet au poète d'écrire le poème.

XXV — « *TU METTRAIS L'UNIVERS...* »

Le thème de la femme fatale, « instrument salutaire » malgré elle et surtout génératrice de génie, n'est pas une invention de Baudelaire et ne s'épuisera pas avec lui. L'intérêt de ce texte tient dans la dialectique qui fait de cette « femme impure » (dans laquelle on a voulu reconnaître Sarah, dite la Louchette) *à la fois* une « machine aveugle et sourde, en cruautés féconde » (v. 9) et un instrument involontaire et donc, si l'on veut, « innocent » des desseins de la « nature ». Les oxymorons du dernier vers ont pour sens de mettre en relief cette simultanéité. Baudelaire reviendra sur cette contradiction dans « Allégorie ».

XXVI — SED NON SATIATA

Ce sonnet, sans doute inspiré par Jeanne Duval, et qui dans ses quatrains célèbre sans ambiguïté le pouvoir d'enchantement érotique de celle-ci, opère, dans le second des tercets, un curieux changement de sexe du poète en figure féminine. On rappellera que Baudelaire avait prévu d'abord *Les Lesbiennes* comme titre à son livre.

XXVII — « *AVEC SES VÊTEMENTS ONDOYANTS...* »

L'association de la femme et de la ligne courbe est omniprésente chez Baudelaire qui en fera même en quelque sorte la théorie dans le poème en prose intitulé « Le Thyrse » où la « ligne arabesque » est interprétée comme « l'élément féminin exécutant autour du mâle [représenté par le bâton, la ligne droite] ses prestigieuses pirouettes » (OC, I, 336). Quant à la dureté minérale de cette « nature étrange et symbolique », on remarquera que, chez Baudelaire, la femme désirable est toujours stérile et que sa froideur insensible l'associe à l'indifférence de la Beauté que ses différentes allégorisations représentent toujours dans une position de domination inflexible. Peut-être même est-ce à force d'avoir désespéré d'atteindre ce Beau que Baudelaire, surtout après 1857, s'orientera vers une esthétique qui, faisant au contraire la part belle à « l'humaine souffrance », déplacera et renouvellera les critères de la Beauté poétique.

Il est tentant de voir dans ce sonnet l'origine directe de l'*Hérodiade* de Mallarmé.

XXVIII — LE SERPENT QUI DANSE

L'alternance de vers de huit et de cinq syllabes qui riment entre eux crée un rythme particulier, à associer sans doute à la « cadence » de cette « belle » qui est aussi, comme dans le poème précédent, un « serpent ». Le poème reprend à la fois le thème du voyage à « Parfum exotique » et à « La Chevelure » et celui de la dureté minérale à « Avec ses vêtements ondoyants... » Nullement farouche, la femme chantée ici se distingue par une jeunesse qui caractérise aussi la femme du « Beau Navire » (LII).

XXIX — UNE CHAROGNE

Le plus mal compris, peut-être, des poèmes des *Fleurs du Mal*. Il faudra attendre le Rilke des *Cahiers de Malte Laurids Brigge* pour qu'un autre poète en reconnaisse enfin le sens. En vérité, ce poème demande à être lu à un double niveau. Au niveau littéral, il consacre, non sans provocation, le renversement d'une position idéalisante (ou pétrarquisante, pour reprendre l'expression de Sainte-Beuve, qui louait Baudelaire d'avoir « pétrarquisé sur l'horrible ») —, consistant à célébrer la femme aimée contre les réalités aussi incontestables que répugnantes de la finitude. La surenchère d'expressions empruntées à la tradition de l'amour courtois (« étoile de mes yeux », « soleil de ma nature », « mon ange et ma passion », « la reine des grâces », etc.) ressort de façon d'autant plus ironique, pour ne pas dire cynique, de son contraste avec le monde de l'« ordure » et de l'« horrible infection » de la charogne. Un tel rappel à l'ordre, pour brutal qu'il soit, a le sens d'un *memento mori* qui contraste avec l'aveuglement coutumier au genre de l'éloge.

À un niveau plus réflexif, on peut comprendre « Une charogne » comme une méditation sur la poésie elle-même. Plus qu'une femme, l'interlocutrice se comprendrait alors comme une figure de la poésie lyrique, et sa sensibilité exaltée et presque hystérique comme le refus du lyrisme de prendre en compte la réalité de la finitude. Ce sens, qui est corroboré par le fait que les images qui décrivent la métamorphose de la charogne sont empruntées au monde de la musique (« étrange musique », v. 25, « mouvement rythmique », v. 27) ou de la peinture (« formes », v. 29, « ébauche », v. 30, « toile oubliée », « artiste », v. 31), tendrait à définir le devoir que le jeune Baudelaire sent être celui de la poésie à venir. On comprend qu'il ait confié par la suite à Nadar qu'il lui était « pénible de passer pour le Prince des Charognes » (CPl, I, 573).

XXX — DE PROFUNDIS CLAMAVI

En dépit de son recours à un lexique ou à un style religieux dans le titre et les deux premiers vers, ce texte appartient au cycle des poèmes du spleen. On y retrouve en effet les impressions de claustrophobie (v. 3) et de froid (« soleil sans chaleur », v. 5, « soleil de glace », v. 10) qui marquent la nature dysphorique de la mélancolie baudelairienne. Il est révélateur que la femme interpellée ne réponde pas.

XXXI — LE VAMPIRE

On relève le curieux schéma des rimes de ces six quatrains d'octosyllabes dont seuls le troisième et le dernier offrent des rimes embrassées. Le poème est construit d'abord sur une interpellation de la femme-vampire, qui s'achève sur une malédiction puis sur le retournement de l'agressivité contre le poète lui-même. Le masochisme s'allie ici à l'extériorisation du dédain manifesté par l'Aimée. Sans doute, un des poèmes d'amour les plus noirs du recueil.

XXXII — « *UNE NUIT QUE J'ÉTAIS...* »

L'opposition entre les deux femmes semble grandir d'autant plus vivement la seconde que le poème a violemment abaissé la première. Mais à une lecture plus attentive, on remarquera que le rapport à l'« affreuse Juive » est malgré tout un rapport de solidarité (même s'il s'agit de solidarité dans le négatif ou dans le mal : le poète n'est-il pas un « cadavre étendu » auprès du « cadavre » de Sarah ?), tandis que l'être de beauté est qualifié de « reine des cruelles », que ses prunelles sont « froides » et que l'extase imaginée avec elle ne l'est qu'au conditionnel passé. Ce sonnet montre bien l'hésitation ou le désarroi du jeune Baudelaire entre une relation vénale, mais chargée de réalité et une relation idéalisée dont il perçoit d'emblée les dangers ou le pouvoir d'illusionnement.

XXXIII — REMORDS POSTHUME

Dans la tradition du *carpe diem* des poèmes de la
Renaissance, ce sonnet en reprend aussi en partie le
lexique, comme on le voit à l'adjectif substantivé du premier vers (« ma belle ténébreuse »), au « monument » et
au « manoir » des v. 2 et 3 et au « nonchaloir » du v. 6.
Faut-il entendre que le tombeau comprend toujours le
poète dans la mesure où, lieu de l'infini de la mort, il est
le seul équivalent à son « rêve infini » (v. 9) ? On relève
ici une première apparition du motif des longues nuits
sans sommeil dans la tombe, qui réapparaîtra avec « La
servante au grand cœur... », ainsi que de la rime insistante
« mort(s)/remords ». L'invitation qu'un Ronsard, par
exemple, formulait de façon directe (« Pour ce aimez
moy, ce pendant qu'estes belle ») reste implicite ici : ce
n'est que par le ricochet du reproche du tombeau que la
femme interpellée est conviée à connaître « ce que pleurent les morts », c'est-à-dire l'amour.

XXXIV — LE CHAT

Constitué de quatre strophes disposées en forme de
sonnet et faisant alterner décasyllabes et octosyllabes, ce
poème présente par ailleurs une irrégularité prosodique
sensible : la phrase qui commence au début du second
quatrain s'étend jusqu'au premier vers du premier tercet
auquel elle impose une coupe rythmique inhabituelle
(7+3). Le parallèle entre la femme et le chat sera repris
sur un mode plus ironique dans un poème du *Spleen de
Paris* intitulé « L'Horloge ». Des « griffes » (v. 2) au
regard qui « coupe et fend comme un dard » (v. 11), les
éléments retenus prêtent à la femme célébrée un potentiel
destructeur qui sera pleinement développé dans le poème
suivant.

XXXV — DUELLUM

La haine est un sentiment fondamental chez Baudelaire qui a fait, plus profondément que beaucoup, l'expérience de l'*ambivalence* inhérente à l'amour. Le poème est construit sur le parallèle terme à terme des quatrains et des tercets. Les deux guerriers — dans lesquels Jean Prévost a voulu reconnaître le souvenir d'une gravure de Goya, « *Quien lo creyera !* » — servent de comparants au couple formé par le poète et son « amazone inhumaine ». Il est sûr que le sentiment d'exaspération qui se dégage de ce sonnet consonne avec bien d'autres témoignages de la relation orageuse que Baudelaire entretint avec Jeanne. Au-delà de l'utilisation allégorique de la figure du duellum, on peut relever que la haine, si destructrice soit-elle, sert tout de même à « éterniser » (v. 14) une relation qui semble préférer l'affrontement à la rupture.

XXXVI — LE BALCON

L'élément le plus visible de la musicalité de ce poème exceptionnel est fourni par la répétition du premier vers à la fin de chaque strophe. D'autres éléments comprennent la reprise d'un même terme, comme par exemple « soirs », qui apparaît aux v. 4, 6, 7 et 10 avant de céder la place à « soirées » (v. 11 et 15), ou l'usage très abondant de reprises, soit syntaxiques (hémistiches parallèles du v. 2, construction symétrique du v. 4 ou des v. 6 et 7, anaphores des v. 11 et 12), soit phoniques (assonance des « a » aux v. 6 et 7, des « o » aux v. 11 et 15, des « on » aux v. 27-29, allitération des « s » aux v. 1, 5, 9, 11, 15, 16, 20, 26). Ces symétries de construction contrastent avec la progression du poème qui fait se succéder le soir, la nuit et l'aube dans un mouvement progrédient qui, paradoxalement, reconduit le poète (et son lecteur) du présent de l'interpellation initiale à un passé peut-être perdu : le dernier vers — seul à varier le premier vers de sa strophe — pouvant affirmer aussi bien le *retour* que l'*absence* du temps des serments, des parfums, des baisers infinis. Voir J.-P. Richard, « Mettons-nous au balcon », in *Pages Paysages*, Seuil, 1984.

XXXVII — LE POSSÉDÉ

Comme le signalait une note attachée au dernier vers lors de la publication en revue, la formule finale en italique est empruntée au *Diable amoureux* (1772) de Cazotte où elle sert à invoquer Biondetta. Le sens de sonnet reste un peu déconcertant jusqu'à ce que l'on comprenne que la « possession » indiquée par le titre gît dans l'acceptation par le poète de toutes les humeurs d'une femme explicitement assimilée à la figure de Belzébuth. Possession amoureuse et possession satanique ne feraient donc qu'un, selon une confusion ou une ambiguïté qui marquait déjà le roman de Cazotte. Des difficultés persistent à comprendre exactement ce que Baudelaire entend par « lieux que la Folie encombre » (v. 7) (l'asile ? la rue ?), ainsi que la logique qui assimile la femme à un « charmant poignard » (il est vrai que dans « Le Vampire » son entrée était assimilée à un « coup de couteau »).

XXXVIII — UN FANTÔME

Comme Claude Pichois l'a bien vu, ce petit drame en quatre actes résume avec une compassion émouvante l'évolution des rapports du poète avec Jeanne Duval que la maladie frappe vers 1858 et qui est hospitalisée dès l'année suivante. Cessant d'être ironique, comme il l'était dans « Une charogne », le travail poétique se met au service d'une immortalisation offerte à Jeanne en guise de consolation.

I — LES TÉNÈBRES

II — LE PARFUM

Ce sonnet offre pour ainsi dire une théorisation du lien entre le parfum et la restauration du passé qu'il opère, que Baudelaire avait déjà exalté dans « La Chevelure ».

III — LE CADRE

La comparaison finale n'est ni ironique ni dégradante. Cette « grâce enfantine du singe » est à mettre sur le même plan que la « mollesse d'un jeune éléphant » du poème « Le Serpent qui danse ». L'animalisation a pour sens de mettre l'accent sur le côté naturel, spontané de cette grâce. Si elles sont souvent l'instrument du mal, les femmes aimées sont aussi parfois chez Baudelaire comme *en deçà* de la dimension morale, dans une sorte d'innocence première.

IV — LE PORTRAIT

Si la beauté de la femme aimée pâlit, sous l'effet de la maladie et de la mort, comme un dessin aux trois crayons que le temps efface, le poème qui déplore cet effacement en renverse l'effet et sauvegarde dans sa forme la mémoire de l'amour.

XXXIX — *« JE TE DONNE CES VERS... »*

Le don immortalisant du poème à la dame est un lieu commun de la poésie de la Renaissance que Baudelaire reprend ici sur un mode ironique, comme il est manifeste aussi bien dans le choix du mot « cervelles » pour « esprits », au v. 3, et celui du couple « fatigue... tympanon » du v. 7, que dans la désidéalisation brutale et surprenante de l'« être maudit » dans les tercets. Le fondement de cette désidéalisation est sans doute moins à chercher dans des raisons d'histoire littéraire, encore que Baudelaire ait été un lecteur fervent des satiriques

français du premier XVIIᵉ siècle, que dans un sentiment
d'exaspération à l'égard de lui-même qui lui permet de
dire que rien ni personne, hors lui, ne répond à l'« être
maudit ».

XL — SEMPER EADEM

Contrairement aux poèmes du spleen, l'aveu de tristesse lié à la mort (v. 11-12) ne mène pas ici à la mélancolie ou du moins pas à une mélancolie lourde, mais à une
sorte de légèreté mi-amusée, mi-désabusée par la joie —
« enfantine » comme l'était la « grâce du singe » — de la
femme aimée. Le thème du « beau mensonge » sera repris
et développé dans « L'Amour du mensonge ».

XLI — TOUT ENTIÈRE

Ce poème inaugure la série de ceux que Baudelaire dit
avoir écrits pour Mme Sabatier, comme nous l'apprend
la lettre qu'il lui adresse le 18 août 1857 : « Tous les vers
compris entre la page 84 et la page 105 vous appartien-
nent » (CPl, I, 423). Il s'agirait donc de « Tout entière »,
« Que diras-tu ce soir... », « Le Flambeau vivant », « À
celle qui est trop gaie », « Réversibilité », « Confession »,
« L'Aube spirituelle », « Harmonie du soir » et « Le
Flacon ». Voir là-dessus les précisions de Cl. Pichois
(OC, I, 906-909).

La clef de cette suite de six quatrains est sans doute à
chercher dans la fusion des sens affirmée dans le dernier
quatrain qui réalise à sa manière l'esthétique de « Correspondances ». Il est tout de même significatif que la
réflexion sur « l'impuissante analyse » prenne la forme
théologique d'une tentation par le « Démon ». En vérité,
c'est avec lui-même plus qu'avec le Démon que Baudelaire dialogue ici, lui qui, ailleurs, n'hésite pas à détailler
la beauté de la femme qu'il chante, quitte ensuite à se
reprocher, comme un péché, cette « analyse ».

XLII — « *QUE DIRAS-TU CE SOIR...* »

Le sonnet vit du contraste entre le ton familier avec lequel le poète interpelle son âme et son cœur et l'élévation stylistique de la réponse. On remarquera comment le processus de l'idéalisation amoureuse, qui gouverne notamment le deuxième quatrain, s'oriente vers une position esthétique : alors que la « très chère » est d'abord valorisée pour sa « chair spirituelle » qui a « le parfum des anges », elle devient par la suite une figure de la Beauté, au sens où l'ont évoquée les poèmes du cycle du Beau.

XLIII — LE FLAMBEAU VIVANT

Poème dans la tradition pétrarquiste, mais avec une inflexion plus nettement religieuse que le précédent : les yeux sauvent « de tout péché grave » (v. 5) et chantent un « Réveil » (v. 12) dont la tonalité chrétienne est manifeste. Que le sonnet présente en même temps des échos d'une pensée platonicienne, comme le rappelle Pichois, n'a rien de surprenant. Le texte fut envoyé sous forme de manuscrit à l'intérieur d'une lettre anonyme à Mme Sabatier, datée du 7 février 1854 (CPl, I, 266).

XLIV — RÉVERSIBILITÉ

Comme dans « Le Balcon », la répétition du vers liminaire à la fin de chaque strophe donne au poème une dimension incantatoire bien en rapport avec l'invocation à l'Ange. Articulé sur l'opposition entre le vécu du poète, marqué par l'état de péché et de misère, et l'élévation spirituelle de la femme-Ange, ce poème est caractéristique du cycle des textes adressés à Mme Sabatier à laquelle il fut envoyé le 3 mai 1853. Autant qu'à la dimension théologique de la notion, la « réversibilité » renvoie à la forme de conscience très particulière qui, chez Baudelaire, tend à marier les extrêmes opposés dans une simultanéité à laquelle l'antithèse et même l'oxymoron donnent souvent une expression rhétorique. Voir

L. Cellier : « D'une rhétorique profonde : Baudelaire et l'oxymoron », in *Parcours initiatiques* (voir Bibliographie).

XLV — CONFESSION

Encore un texte envoyé dans une lettre à Mme Sabatier (le 9 mai 1853). À sa manière (inverse), ce poème vérifie et illustre la notion de réversibilité posée par le poème précédent. La « note plaintive », qui s'échappe du « riche et sonore instrument où ne vibre/Que la radieuse gaieté » illustre la manière dont chez Baudelaire le haut et le bas restent toujours en communication. Au-delà de cette polarité, on retiendra la tendresse de ce souvenir de promenade nocturne.

XLVI — L'AUBE SPIRITUELLE

Ce poème fut envoyé à Mme Sabatier de Versailles où Baudelaire, en compagnie de son ami Philoxène Boyer, avait séjourné dans une auberge avant de s'en faire renvoyer faute d'avoir pu acquitter la note ; il avait alors trouvé refuge dans une maison close. Le texte manuscrit est d'ailleurs précédé de la phrase : *« After a night of pleasure and desolation, all my soul belongs to you »* (Après une nuit de plaisir et de désolation, toute mon âme est à vous). C'est toujours la « réversibilité » du haut et du bas qui prévaut ici, même si les images de ce sonnet irrégulier lui prêtent une tonalité à la fois plus pascalienne et plus platonisante que dans le poème précédent.

XLVII — HARMONIE DU SOIR

Comme « Le Balcon », « Harmonie du soir » présente la structure paradoxale d'un poème d'amour dont la marche progrédiente (du soir à la nuit) aboutit à l'émergence d'un souvenir. Construit sur deux rimes (elles-mêmes contenues, au « g » près, dans le titre), ce pantoum réalise à la fois sur le plan formel et sur le plan thématique la musicalisation de l'harmonie amoureuse qu'il annonce. Le deuxième vers de chaque quatrain devient le premier vers du quatrain suivant, le quatrième devient le troisième de la strophe suivante. Au resserrement de la musique fournie par les rimes s'ajoutent les nombreux effets d'allitération (en « v », en « s », en « f ») et d'assonance (en « i », « an », « on »), qui expliquent pourquoi « Harmonie du soir » a tenté Debussy. On notera toutefois que cette harmonie ne se réalise pleinement que dans le souvenir. Baudelaire a pu trouver dans « La Maison du berger » de Vigny le jeu sur les rimes « soir », « ostensoir » et « reposoir ». Voir F. Orlando : « Baudelaire e la sera », in *Le Costanti e le varianti*, Bologne, Il Mulino, 1983.

XLVIII — LE FLACON

Ce poème qui, selon Baudelaire, appartiendrait lui aussi au cycle des poèmes écrits pour Mme Sabatier, en constituerait en quelque sorte le pôle négatif. N'est-il pas un renversement de l'idéalisme exacerbé des textes précédents ? Placé, lui aussi, sous le signe de la « réversibilité », il substitue à la relation de dévotion admirative une agression dépréciative d'autant plus cruelle qu'elle inclut l'agresseur lui-même. Celui-ci se réifie littéralement sous nos yeux en un objet « décrépit, poudreux, sale, abject, visqueux, fêlé » (v. 24) dans lequel on peut voir une figure de l'aliénation que Baudelaire ressentit par rapport à une société le réduisant au statut d'objet inutile. Si « Le Flacon » est lui aussi un poème du souvenir, il ne l'est toutefois qu'au sens d'une mémoire dysphorique qui semble ne connaître de dimension d'avenir que celle de la mort (cf. les « chrysalides funèbres » du v. 9 et le réveil lazaréen du « cadavre spectral » d'un « vieil amour (...) sépulcral » des v. 19-20). On retrouve dans ce poème la tonalité provocatrice d'« Une charogne », mais d'une manière qui accentue l'ambivalence des sentiments du poète à l'endroit de la femme interpellée, apostrophée dans le dernier quatrain à l'aide d'oxymoron (« aimable pestilence », v. 25) et d'antithèse (« poison préparé par

les anges », v. 27, « la vie et la mort de mon cœur »,
v. 28).

XLIX — LE POISON

Premier des poèmes inspirés par la comédienne Marie
Daubrun avec qui Baudelaire se lia vers 1855, le texte est
construit sur la rigoureuse progression des strophes qui,
après avoir évoqué le vin et l'opium, deux des drogues
décrites dans *Les Paradis artificiels*, chantent le pouvoir
(empoisonné) des yeux puis de la salive de Marie. La
symétrie en crescendo est encore accentuée par la reprise
en tête des strophes 3 et 4 de la même formule. Le type de
cette strophe de trois alexandrins et de deux heptasyllabes
organisés selon un schéma de rimes abbab est unique
dans *Les Fleurs du Mal*.

L — CIEL BROUILLÉ

Premier exemple de femme-paysage dans le recueil. À
côté de l'aspect « brumeux » des paysages évoqués, on
est frappé une nouvelle fois par l'ambivalence de la figure
féminine dont le regard est « tendre » et « cruel » (v. 3),
et l'apparition aussi « dangereuse » que « séduisante »
(v. 13). Les rimes de ces quatre quatrains sont plates et
toutes masculines.

LI — LE CHAT

La structure circulaire de ce poème, qui commence et
qui s'achève par le tête-à-tête intérieur du poète et du
chat, ajoute beaucoup à sa magie : si le félin se promène,
dès le premier vers, « dans ma cervelle », c'est « en moi-
même » (v. 36) qu'il s'offre une dernière fois à la vue.
On remarque dans cette suite de dix quatrains aux rimes
embrassées la présence discrète, mais irrécusable, de
thèmes baudelairiens majeurs : obscurité intérieure
(v. 10), souffrance (v. 13), sensibilité auditive (v. 17-20),
olfactive (v. 25-28), visuelle (v. 33-40). Voir M. Miner,
« Fur in my brain : "Le Chat" », in *Understanding* Les

Fleurs du Mal, *critical readings*, ed. by W. T. Thompson, Nashville, Vanderbilt University Press, 1997.

LII — LE BEAU NAVIRE

Poème à l'architecture complexe : le premier quatrain est répété en quatrième position, le second en septième et le troisième en dernière. Ces répétitions pourraient créer une impression de statisme, n'était que tant le rythme (2 alexandrins + 1 octosyllabe + 1 alexandrin) que la thématisation du mouvement impriment à ce texte un dynamisme manifeste : du présent à valeur de futur du vers initial (« Je veux te raconter... ») au passage du dernier vers (« Tu passes ton chemin, majestueuse enfant »), le poème déroule la marche d'une enchanteresse que sa comparaison à un « beau navire » rend très naturelle. Même la pointe de cruauté, qui semble décidément indissociable de la célébration baudelairienne de la femme, se retrouve dans la comparaison des jambes à des sorcières et des bras à des boas. L'éros baudelairien, le poème « L'Idéal » l'a enseigné, ne saurait se satisfaire de « beautés de vignette. »

LIII — L'INVITATION AU VOYAGE

Le contrepoids à l'ambivalence que tant de poèmes des *Fleurs du Mal* développent de l'image féminine, c'est parfois le rêve d'une relation dont le caractère sororal est destiné à substituer la douceur à la violence et la simplicité à la complexité. « L'Invitation au voyage » est la plus réussie des tentatives en ce sens. Un poème du *Spleen de Paris* (XVIII) traitera une seconde fois le sujet en prose. Les trois strophes, composées chacune de 4 groupes de 2 pentasyllabes à rime masculine suivis d'un heptasyllabe à rime féminine, et séparées par un refrain de 2 heptasyllabes, vérifient d'avance l'exigence de Verlaine qui, voulant « de la musique avant toute chose », dira préférer pour cela les vers à mesure impaire (« Art poétique » dans *Jadis et naguère*). La magie du poème, dont la temporalité interne progresse selon la courbe d'une journée imaginaire (dans la première strophe, les soleils sont « mouillés », mais diurnes, tandis que dans la troisième ils sont « couchants » et que « le monde s'endort »), tient à ce qu'il *réalise* poétiquement le voyage auquel il convie l'enfant-sœur. Alors que, dans la première strophe, le couple est séparé du « là-bas », que, dans la deuxième, l'ailleurs n'est présent que sur le mode des verbes au conditionnel, la troisième strophe actualise cette présence comme l'attestent l'impératif « *vois* sur ces canaux... » et les déictiques qu'il commande, qui présupposent que la distance a été franchie. On note, une fois de plus, que le paysage ou l'espace rêvé par Baudelaire se caractérise par sa richesse lumineuse et sa subtilité olfactive.

Le poème a été mis en musique par Henri Duparc.

LIV — L'IRRÉPARABLE

À la suite d'Albert Feuillerat (*Baudelaire et la Belle aux cheveux d'or*), Claude Pichois a mis en évidence tout ce que ce poème devait à une féerie tirée d'un conte de Mme d'Aulnoy interprété par Marie Daubrun. Peu de sentiments sont plus révélateurs du spleen baudelairien que cet Irréparable qui est à la fois l'expression d'une culpabilité diffuse et angoissée, d'inspiration religieuse, à laquelle renvoient également les notions de « Remords », d'« Espérance (...) soufflée », de « Diable » ou encore de « Satan », et celle d'une dégradation physique qu'une esquisse d'un poème en prose, « Symptômes de ruine », décrira au plus près : « Une tour-labyrinthe. Je n'ai jamais pu sortir. J'habite pour toujours un bâtiment qui va crouler, un bâtiment travaillé par une maladie secrète » (OC, I, 372). Du point de vue poétique, cette tendance allégorisante, qu'on trouve déjà chez Hugo ou Gautier, n'est pas sans danger, n'était que Baudelaire sait admirablement en contrebalancer le caractère périlleusement abstrait par une abondance d'images concrètes (le ver et la chenille, la fourmi, le sabot du cheval, l'agonisant flairé par le loup et le corbeau, le ciel bourbeux et noir, l'auberge, le théâtre), dont le relief l'emporte sur toute signification *a priori* et qui prête à la notion d'Irréparable une force de suggestion peu commune. L'allusion à la féerie et au jeu de Marie Daubrun, dans les deux dernières strophes, si elle sert à introduire un pôle positif dans l'univers si sombre des huit premières strophes, ne suffit pas à en dissiper la noirceur.

LV — CAUSERIE

La violence des images de destruction semble contredire la modération du titre, mais cette contradiction reflète peut-être la personnalité des interlocuteurs représentés : à la douceur de Marie s'opposerait la violence du poète. En même temps, cette polarité se renverse dans le second quatrain où l'on apprend que c'est la « griffe et la dent féroce de la femme » qui sont responsables du saccage de son cœur. L'emploi alterné du « vous » et du « tu » dans l'adresse à la femme est peut-être destiné à exprimer cette ambivalence. On note ici encore le caractère exacerbé des images (v. 8, 9-10) et aussi que la Beauté, interpellée au v. 12, retrouve spontanément son association avec le monstrueux comme dans les poèmes du cycle du Beau.

LVI — CHANT D'AUTOMNE

Un des rares poèmes où l'Aimée semble offrir un soulagement contre l'angoisse de la mort qui approche. À l'atmosphère lugubre de la saison répond une adresse à Marie (à qui le poème était dédié dans la publication originale) comme « mère » (v. 21), « sœur » (v. 23), c'est-à-dire comme être de douceur (« Douce beauté », v. 18, « soyez la douceur éphémère », v. 23) et non comme partenaire passionnelle.

LVII — À UNE MADONE — EX-VOTO DANS LE GOÛT ESPAGNOL

Tout le ressort de ce poème tient dans l'extraordinaire renversement de la dévotion exacerbée en son envers, le déchaînement destructeur, dont cette dévotion n'était que la sublimation imparfaite. À l'humiliation de soi devant la femme-Madone succède ainsi le meurtre de l'idole. Ce qu'il faut bien voir, et ce qui donne au poème sa singularité, c'est que les deux temps sont également voluptueux, l'érotisation de la Madone prenant tour à tour une forme masochiste puis une forme sadique. En même temps, le fait que tant l'idolâtrie que le meurtre prennent l'allure d'une création artistique donne profondément à penser sur les rapports entre la création poétique (dont la sculpture n'est ici que la métaphore) et un soubassement passionnel (ou pulsionnel) que Baudelaire est l'un des premiers à exhiber d'une manière aussi manifeste.

LVIII — CHANSON D'APRÈS-MIDI

Dix quatrains d'heptasyllabes aux rimes embrassées. Aux v. 6, 7, 26 et 39, le mètre exige qu'on pratique la diérèse. Au contraire de Claude Pichois, nous pensons que cette pièce se rapporte à Jeanne en raison des nombreux traits qui caractérisent l'Aimée et qu'elle partage avec la mulâtresse : exotisme de son parfum, v. 9-10, caractère mystérieux, v. 11-12, couleur, v. 16, attrait érotique, strophes 5-7, chaleur, v. 39-40. C'était du reste l'avis de Jacques Crépet. La place du poème dans le recueil se justifie par le double effet de contraste et de parallélisme avec « À une madone » : si la « sorcière » (v. 4) et l'être de volupté s'opposent à la Vierge, le poète fait néanmoins preuve ici aussi d'humilité et de soumission (v. 29-36). Dans ce poème, la cruauté est plutôt du côté de l'Aimée.

LIX — SISINA

Ce sonnet d'hommage a pour objet une amie de Mme Sabatier nommée Elisa Neri dont la liberté de pensée et d'action frappa Baudelaire qui, sur la marge de son manuscrit, notait : « C'est la Dame qui boit de l'eau de Van Swieten à la santé d'Orsini » (Orsini avait cherché à assassiner Napoléon III en 1858). Sur l'utilisation des modèles antiques et sur ce poème en particulier, voir le livre de Patrick Labarthe (voir Bibliographie).

LX — FRANCISCÆ MEÆ LAUDES

Dans l'édition de 1857, le poème était accompagné de la note suivante : « Ne semble-t-il pas au lecteur, comme à moi, que la langue de la dernière décadence latine, — suprême soupir d'une personne robuste déjà transformée et préparée pour la vie spirituelle, — est singulièrement propre à exprimer la passion telle que l'a comprise et sentie le monde poétique moderne ? La mysticité est l'autre pôle de cet aimant dont Catulle et sa bande, poètes brutaux et parfaitement épidermiques, n'ont connu que le pôle sensualité. Dans cette merveilleuse langue, le solécisme et le barbarisme me paraissent rendre les négligences forcées d'une passion qui s'oublie et se moque des règles. Les mots, pris dans une acception nouvelle, révèlent la maladresse charmante du barbare du nord, agenouillé devant la beauté romaine. Le calembour lui-même, quand il traverse ces pédantesques bégaiements, ne joue-t-il pas la grâce sauvage et baroque de l'enfance ? »

La référence à la « dernière décadence latine » annonce les préférences de des Esseintes dans *À rebours* de Huysmans. Plus qu'une pose, le goût de Baudelaire pour la poésie latine a été réel. Voici une traduction du texte par Patrick Labarthe :

Louange de ma *Francisca*

Sur des cordes nouvelles je te chanterai,
ô jeune vigne qui te joues
dans la solitude de mon cœur.

Sois parée de l'entrelacs de mes fleurs,
ô ma tendre sœur
par qui les péchés sont absous !

Comme d'un bienfaisant Léthé,
je puiserai maint baiser,
de toi qu'un aimant imprègne.

Lorsque des vices la tempête
troublait tous les chemins,
tu m'es apparue, Divinité,

telle l'étoile salutaire
dans les naufrages amers...
Je suspendrai mon cœur à tes autels !

Piscine pleine de vertus,
fontaine d'éternelle jouvence,
à mes lèvres rends voix, réduites au silence !

Ce qui était vil, ton feu l'a détruit ;
le trop grossier, tu l'as poli ;
le faible, tu l'as raffermi.

Dans la faim, toi mon auberge,
dans la nuit, toi ma lampe,
sois-moi toujours bon gouvernail.

Ajoute maintenant des forces à ma vigueur,
doux bain tout parfumé
de suaves odeurs !

Entoure-moi les reins de ton éclat,
ô cuirasse de chasteté,
trempée de l'eau des Séraphins ;

vase constellé de pierreries,
pain et sel, le mets délicat,
vin divin, toi ma *Francisca* !

LXI — À UNE DAME CRÉOLE

Premier poème publié par Baudelaire, paru dans *L'Artiste* du 25 mai 1845. En vérité, le texte figurait dans une lettre adressée le 20 octobre 1841 à M. Autard de Bragard, le mari de la dame, à l'île Bourbon : « Vous m'avez demandé quelques vers à Maurice pour votre femme, et je ne vous ai pas oublié. Comme il est bon, décent et convenable que des vers adressés à une dame par un jeune homme passent par les mains de son mari avant d'arriver à elle, c'est à vous que je les envoie, afin que vous ne les lui montriez que si cela vous plaît. » On notera les rimes féminines des quatrains qui traduisent le goût du premier Baudelaire pour les rimes riches.

LXII — MŒSTA ET ERRABUNDA

Poème de l'utopie perdue que Baudelaire oppose au « noir océan de l'immonde cité » dans lequel il est noyé, « Mœsta et errabunda » fait surgir tour à tour le rêve d'un ailleurs synonyme d'amour parfait (4ᵉ strophe) et celui d'un paradis de l'enfance dont la seule autre apparition dans *Les Fleurs du Mal* se devine en filigrane du poème « Je n'ai pas oublié... » Baudelaire a une relation très ambivalente à l'enfance qui, si elle coïncide avec un pouvoir d'émerveillement que seuls conservent les génies (OC, II, 690), lui paraît d'autant plus proche du péché originel qu'elle est plus naturelle. L'admirable vers liminaire de la cinquième strophe n'en est que plus étonnant.

LXIII — LE REVENANT

Sonnet en octosyllabes, d'inspiration macabre et cynique. Il faut peut-être voir dans des poèmes de ce genre le renversement sadique et extériorisé des agressions fantasmatiques dont Baudelaire aurait été l'objet dans ses cauchemars. Mais, d'un autre côté, le fait que l'agresseur se présente comme un revenant, c'est-à-dire un mort, définit le prix payé pour soutenir un tel renversement. L'alliance lune/serpent (2e strophe) se trouvait déjà dans « À une Madone », quoique dans un contexte tout à fait différent.

LXIV — SONNET D'AUTOMNE

Ce poème, qui a la particularité de n'être construit que sur deux rimes, procède d'une conscience manifestement vieillie, caractéristique de certains poèmes écrits après 1857. L'irritation universelle, la haine de la passion comme la crainte des effets délétères qu'elle produit (« crime, horreur et folie ») traduisent bien l'âge « automnal » que le poète se sent traverser.

LXV — TRISTESSES DE LA LUNE

Ce n'est pas sans étonnement que le lecteur d'aujourd'hui apprend que tant Flaubert (LAB, p. 150) que Sainte-Beuve (LAB, p. 333) vouèrent une admiration particulière à ce sonnet lors de leur première lecture des *Fleurs du Mal*. Comme le note justement Pichois, une telle réaction traduit bien « ce qui unit Baudelaire à la sensibilité de son temps » et le sépare de la nôtre. Ce sonnet d'un romantisme attardé et d'un érotisme mièvre nous paraît au contraire l'un des moins représentatifs des *Fleurs*.

LXVI — LES CHATS

Aucun autre sonnet des *Fleurs du Mal* n'a été glosé aussi abondamment de nos jours que celui-ci, depuis qu'en 1962 Roman Jakobson et Claude Lévi-Strauss en ont proposé une étude ayant valeur de modèle d'analyse structurale. Très vite, cette étude fit à son tour l'objet d'études critiques qu'on trouvera rassemblées pour l'essentiel dans le volume de Maurice Delcroix et Walter Geerts, *« Les Chats » de Baudelaire : une confrontation de méthodes* (P. U. de Namur). L'abondance des éléments de symétrie syntaxique et phonique explique peut-être pourquoi le choix des deux grands maîtres du structuralisme linguistique et anthropologique s'est porté sur ce sonnet très précoce et qui jouit d'une certaine renommée du vivant même de l'auteur. Ross Chambers a très bien montré comment la critique baudelairienne a, depuis, transféré son attention au « Cygne » : « Du temps des "Chats" au temps du "Cygne" », *Œuvres et critiques IX, 2*, 1984, p. 11-26.

LXVII — LES HIBOUX

Ce sonnet en octosyllabes ajoute au bestiaire baudelairien une note pascalienne sensible dans la morale des tercets. Dans la pièce XXIII du *Spleen de Paris*, Baudelaire citera Pascal (« Presque tous nos malheurs nous viennent de n'avoir pas su rester dans notre chambre »). Le parfait équilibre du sonnet (descriptif dans les quatrains, moraliste dans les tercets) n'est modulé que par la coupe du v. 4.

LXVIII — LA PIPE

Ce poème en forme de prosopopée, qui concluait « Spleen et Idéal » dans l'édition de 1857, donne à un thème littéraire hérité (le tabac comme remède à la douleur) une touche souriante bien rare dans le recueil. On trouvera un texte d'inspiration comparable dans le premier poème de la section « Le Vin ».

LXIX — LA MUSIQUE

Il est révélateur que dans ce poème, où il semble méditer sur sa vocation poétique, Baudelaire valorise les passions, voire les convulsions *contre* l'inertie du « calme plat ». Loin de se résoudre en quelque harmonie paisible, la musique de l'inspiration culmine au contraire dans un bercement né, de manière paradoxale, de la tempête. Cette coïncidence des contraires traduit bien la rhétorique profonde de l'oxymoron qui caractérise *Les Fleurs du Mal*. On note dans ce poème comment le découpage syntaxique, se découplant du découpage prosodique (alexandrins alternant avec des pentasyllabes), crée, notamment dans les tercets, un rythme inattendu dont la tension interne répond au mouvement thématisé. L'image de la navigation comme métaphore de l'inspiration poétique est très ancienne (on la trouve déjà chez Dante). Baudelaire en souligne les dangers : le dos des flots est voilé, la mer est un « immense gouffre ».

LXX — SÉPULTURE

L'inspiration macabre de ce sonnet, dont n'est pas absente une intention provocatrice et cynique, permet néanmoins de reconnaître plusieurs éléments du versant dysphorique du monde nocturne de Baudelaire : animaux répugnants ou effrayants, sorcières, vieillards et voleurs. Plus insistante encore et plus révélatrice est l'idée d'une survie dans la mort, qui hante la conscience de ce poète.

LXXI — UNE GRAVURE FANTASTIQUE

On remarquera comment le mouvement du poème donne à l'extension spatiale et géographique de cette terre réduite à un immense cimetière une dimension également temporelle dans le distique final.

Ce poème avait une version primitive dont on a conservé un double manuscrit (OC, II, 967-968). La réécriture transforme ce qui n'était qu'une « chanson de croque-mort » (Pichois) en un texte dont la profondeur ne le cède à aucun des autres poèmes du recueil.

LXXII — LE MORT JOYEUX

L'aspect provocateur ou Jeune-France de ce poème de jeunesse ne saurait masquer l'effet roboratif du ton de défi sur lequel le poète interpelle sa mort future. Ce ton de défi est d'autant plus frappant qu'en même temps le regard que le Je porte sur lui-même (« carcasse immonde », v. 8, « vieux corps sans âme », v. 14) est largement désabusé. Claude Pichois a relevé la maladresse contenue dans le premier tercet : comment les vers qui sont « sans yeux » (v. 9) pourraient-ils « voir venir » à eux le mort libre et joyeux ?

LXXIII — LE TONNEAU DE LA HAINE

La haine joue un rôle important dans l'univers intérieur des *Fleurs du Mal*. Baudelaire le savait, qui écrivait à Ancelle : « Faut-il vous dire, à vous qui ne l'avez pas plus deviné que les autres, que dans ce livre *atroce*, j'ai mis tout mon *cœur*, toute ma *tendresse*, toute ma *religion* (travestie), toute ma *haine* ? » (CPl, II, 610). Le caractère insatiable que Baudelaire prête ici à la haine traduit sans doute le sentiment d'infinie dissatisfaction qu'il éprouve face à la réalité et qui alimente son refus. Sur ce sentiment, voir notre chapitre « L'économie de la haine », in *Passions du sujet*, Paris, Mercure de France, 1990, p. 203-228.

LXXIV — LA CLOCHE FÊLÉE

Le souvenir et les survivants de l'Empire étaient encore assez présents, au moins dans la jeunesse de Baudelaire, pour que s'explique la relative abondance d'images de vieux soldats qu'on rencontre dans les *Fleurs du Mal*. On peut remarquer la progression de l'assimilation du Je à une cloche. Dans la première strophe, il n'est question que des souvenirs qui s'élèvent au bruit des carillons. Dans la deuxième, la cloche est personnalisée puis comparée à un vieux soldat. Dans les tercets, c'est l'âme du poète qui devient cloche fêlée. L'allégorisation s'intériorise toujours davantage mais non sans que le poème parvienne à se maintenir à un niveau d'images concrètes particulièrement expressives, notamment grâce à la tension entre les « immenses efforts » et l'immobilité du blessé qu'on oublie. L'avant-dernier vers de ce sonnet irrégulier — dont les tercets ont des rimes plates — est composé uniquement de monosyllabes.

LXXV — SPLEEN

Comme Victor Brombert l'a montré (dans la revue *Romantisme*, nº 6, 1973), la notion de « spleen » va ici main dans la main avec une certaine tendance à la dépersonnalisation qui se traduit par le fait que la seule indication directe de subjectivité est l'adjectif possessif du v. 5 « *mon* chat ». Plus que de mélancolie, au sens romantique et poétique du mot, il s'agit d'un poème de la maladie (ou du froid) et de la mort, dont les différents emblèmes forment des séries entrelacées : du côté de la maladie et du froid, on relève « Pluviôse », le corps « maigre et galeux » du chat, la frilosité du fantôme, le rhume de la pendule et l'état d'hydropisie de la vieille ; du côté de la mort, l'urne, la mortalité (qui, cela vaut d'être noté, est déversée sur les faubourgs et non sur le cimetière), le fantôme, les « amours défunts ».

LXXVI — SPLEEN

Si, comme le montrent par exemple « La Chevelure » ou « Le Balcon », la mémoire est souvent associée au bonheur — au point que celui-ci ne s'offre guère dans *Les Fleurs du Mal* que sur le mode rétrospectif, son versant mélancolique est bien aussi présent. Marqué par la conscience de la faute et par le remords, ce deuxième des poèmes du Spleen atteste lui aussi le phénomène de dépersonnalisation dont Brombert parle à propos du précédent : les images de comparants ou d'espaces réifiés, qui poussent le poète au v. 8 à s'assimiler à un « cimetière », culminent même dans le dédoublement de la seconde partie où le Je s'apostrophe lui-même comme une « matière vivante » (v. 19) puis un « granit » (v. 20). Jean Starobinski a bien mis en évidence les liens entre l'abondance des images de sensation de pesanteur, d'allongement temporel et de désinvestissement affectif du poème et les symptômes cliniques de pathologie mélancolique du XIXᵉ siècle. Jauss pour sa part remarque avec raison que le sphinx des derniers vers est par excellence celui qui pourrait prendre à son compte le premier vers du poème, auquel il donne ainsi une structure circulaire. Voir H.-R. Jauss, *Pour une herméneutique littéraire*, Gallimard, 1982, p. 355-416, et J. Starobinski, dans la revue *Furor*, nᵒ 9, 1983, p. 5-19.

LXXVII — SPLEEN

Tout à fait dans la tradition de l'*acedia* et d'un Moyen Âge auquel il reprend une certaine imagerie (gibier, faucon, peuple, bouffon, dames d'atour, lit fleurdelisé), ce poème accentue le paradoxe d'une conscience à la fois « jeune » et « très vieille » (v. 2). L'allusion à la corruption physique de ce prince dans le corps duquel coule « l'eau verte du Léthé » place aussi ce troisième Spleen sous le signe des mélancoliques atteints dès la naissance par un « mal du siècle » à la René de Chateaubriand. On notera comment, après la comparaison initiale (« Je suis comme... »), le Je s'efface au profit du seul « roi ». Baudelaire reviendra sur le thème du prince mélancolique dans le poème du *Spleen de Paris* intitulé « Une mort héroïque » où la cruauté du Prince, maître de Fancioulle, sera développée de façon beaucoup plus complète que dans le cas du « cruel malade » (v. 8) de ce poème.

LXXVIII — SPLEEN

En dépit du point qui conclut la quatrième strophe, le poème ne forme d'une certaine façon qu'une seule et même phrase faite de trois propositions conditionnelles introduites par la même construction et de deux propositions principales complexes. Relever cette unité (partielle) permet de souligner le *mouvement* du texte qui, loin de se composer d'une juxtaposition d'emblèmes ou de vignettes mélancoliques, se resserre toujours davantage sur le sentiment angoissé d'une défaite intérieure : du ciel bas, au-dessus de nos têtes, au cachot humide puis aux toiles d'araignées tendues dans nos cerveaux, chaque strophe semble intérioriser plus avant ce spleen jusqu'à réduire le poète à n'être plus qu'un défilé de sensations ou de sentiments dysphoriques.

LXXIX — OBSESSION

Dans le manuscrit de ce poème envoyé à Poulet-Malassis, Baudelaire a placé en exergue un vers du *Prométhée enchaîné* d'Eschyle — « le rire innombrable des flots de la mer » — qu'il avait pu lire dans les *Suspiria de profundis* de Thomas de Quincey qu'il venait d'adapter pour *Les Paradis artificiels*. Au-delà du jeu des correspondances établi entre les éléments naturels et l'intériorité du poète, on remarquera l'admirable lucidité avec laquelle dans les derniers vers Baudelaire parvient à repérer en lui-même la source des images obsédantes qui, dit-il, « jailliss(e)nt de (s)on œil par milliers ». Ces images sont donc des projections sur la toile nocturne intérieure de figures disparues dont on peut penser que Baudelaire avait souhaité la disparition et qui reviennent le hanter.

LXXX — LE GOÛT DU NÉANT

Trois quatrains à rimes embrassées suivis chacun d'un alexandrin qui rime avec le dernier vers, l'ensemble n'étant construit que sur deux rimes. C'est la seule composition de ce type dans le recueil. Poème du spleen et de la fatigue ou de la vieillesse résignées, « Le Goût du néant » se distingue des textes avec lesquels il forme un cycle par l'adoption d'un point de vue quasi métaphysique (« Je contemple d'en haut le globe en sa rondeur », v. 13) qui contraste par son élévation avec le sentiment d'emprisonnement ou de pesanteur qui marque tant d'autres poèmes.

LXXXI — ALCHIMIE DE LA DOULEUR

Cette alchimie de la douleur est surtout une alchimie du deuil. Assimilant son imagination à un « Hermès inconnu », Baudelaire constate qu'elle est gouvernée, malgré qu'il en ait, par un principe négatif qui se comprend comme le renversement du principe de transmutation positif de l'alchimie qui a si longtemps servi de comparant au travail poétique.

LXXXII — HORREUR SYMPATHIQUE

Sur ce sonnet, voir l'article de Jean Starobinski, « Les Rimes du vide », *Nouvelle Revue de psychanalyse*, 1975, p. 133-143.

LXXXIII — L'HÉAUTONTIMOROUMÉNOS

La logique du poème établit l'équivalence entre le sadisme témoigné à la femme interpellée (strophes 1-3) et le mal fait à soi-même (strophes 4-7). Le lien entre les deux est fourni par la « vorace Ironie » qui retourne aussitôt la pulsion destructrice du tourmenteur contre lui-même pour le transformer en image spéculaire de sa victime. L'allégorisation de cette ironie traduit le sentiment de fatalité que Baudelaire ressent à l'endroit de ses propres dispositions sadiques.

LXXXIV — L'IRRÉMÉDIABLE

Les huit premiers quatrains forment le « tableau parfait » d'une condition humaine emprisonnée dans une finitude douloureuse et surtout irrémédiablement exilée de sa nature primitive. Les images de chute ou de descente dans une profondeur grouillant de monstres répugnants suggèrent en même temps l'empiègement dans le monde des « ténèbres » intérieures que décrivait « Obsession ». Cette chute « irrémédiable » est rendue à la fois plus pénible et plus noble par le « phare ironique » (v. 37) de la « conscience » que l'homme prend de son enlisement dans le « Mal » (v. 40).

LXXXV — L'HORLOGE

Poème en forme de prosopopée. La tonalité moraliste du discours de l'horloge combine deux thèmes : celui du *carpe diem* (v. 5-8, 15-16) et celui d'un rappel à l'ordre, emprunté à la tradition oratoire, et qui vise à retracer au pécheur son état de culpabilité. Toutefois, à la différence de l'exhortation chrétienne, le *memento* de l'horloge n'ouvre sur aucun espoir de rachat (voir sur ce point Max Milner, *Baudelaire, enfer ou ciel, qu'importe !*, p. 90-91). Le dieu chrétien a cédé la place au dieu sinistre du Temps.

TABLEAUX PARISIENS

LXXXVI — PAYSAGE

Le titre que le poème portait dans la revue où il parut originellement, « Paysage parisien », annonçait l'intention de Baudelaire : composer un poème dans la tradition des poèmes-paysages, mais urbain. De ce projet, il reste les éléments descriptifs de la première partie, mais, comparé aux grands poèmes qui suivent, sa réalisation reste bien timide. En fait, ce poème liminaire semble surtout montrer l'hésitation d'un Baudelaire qu'on sent pris entre son intuition d'une voie nouvelle à suivre et sa fidélité à une tradition pastorale ou idyllique d'autant plus surprenante qu'il n'y avait jamais adhéré jusque-là. Le pas en arrière est peut-être l'expression de sa crainte de s'avancer sur un terrain encore non défriché.

LXXXVII — LE SOLEIL

Poème de jeunesse où, comme dans le poème précédent, on peut voir Baudelaire tiraillé entre deux tendances : celle du poète de la ville qui, non seulement, exalte le théâtre urbain, mais trouve dans l'affrontement qui lui est consubstantiel une figure du travail poétique (la « fantasque escrime », v. 5, qui répond aux « traits redoublés » du « soleil cruel », v. 3) et celle du poète de l'idylle voyant dans ce même soleil un « père nourricier » et bienfaisant. Voir le *Baudelaire* de Benjamin, p. 99 *sq* (voir Bibliographie).

LXXXVIII — À UNE MENDIANTE ROUSSE

Ces quatorze strophes de trois vers de 7 syllabes conclus par un tétrasyllabe aux rimes masculines embrassées remontent, comme l'atteste aussi l'abondance des archaïsmes lexicaux, à la première manière de Baudelaire dans laquelle il imite volontiers les poètes du XVIe et du premier XVIIe siècle que l'époque est en train de redécouvrir, notamment grâce à Sainte-Beuve. Sur l'identité de la mendiante et le contexte dans lequel le poème a été écrit, l'édition Pichois donne tous les renseignements nécessaires (OC, I, 997-1003).

La raison de la présence de ce texte dans la section des *Tableaux parisiens* tient sans doute aux circonstances réelles dans lesquelles Baudelaire fit sa connaissance. Par sa place actuelle, le poème a (presque) la valeur d'un pastiche dans lequel l'auteur s'amuserait à imiter un âge révolu de la poésie amoureuse. Le thème de la solidarité avec la mendiante, même s'il n'est pas traité sans ironie, ancre toutefois la composition dans le champ de ses préoccupations profondes.

LXXXIX — LE CYGNE

Une copie de ce poème fut envoyée à Victor Hugo, son dédicataire, le 7 décembre 1859 : « Ce qui était important pour moi, c'était de dire vite tout ce qu'un accident, une image, peut contenir de suggestions, et comment la vue d'un animal souffrant pousse l'esprit vers tous les êtres que nous aimons, qui sont absents et qui souffrent, vers tous ceux qui sont privés de quelque chose d'irretrouvable. » Hugo répondit aussitôt en date du 18 décembre : « Comme tout ce que vous faites, Monsieur, votre *Cygne* est une idée. Comme toutes les idées vraies, il a des profondeurs. Ce cygne dans la poussière a sous lui plus d'abîmes que le cygne des eaux sans fond du lac de Gaube. Ces abîmes, on les entrevoit dans vos vers pleins d'ailleurs de frissons et de tressaillements. *La muraille immense du brouillard, la douleur, comme une bonne louve,* cela dit tout et plus que tout. Je vous remercie de ces strophes si pénétrantes et si fortes. »

La réussite de ce texte tient sans doute à la manière dont Baudelaire parvient à y intégrer différents niveaux d'expérience — le souvenir d'une figure antique, la réalité changeante du Paris contemporain et l'épisode du cygne — et à les synthétiser dans un mythe qui, sans le céder au pouvoir de suggestion des mythes antiques, est entièrement original (c'est ce que Hugo nomme « une idée »). L'élaboration de ce nouveau mythe, au pouvoir d'incarnation sans pareil, fait fond sur une composition à symétrie renversée : l'irruption soudaine de la figure d'Andromaque associée d'emblée au simulacre du Simoïs troyen appelle celle du nouveau Carrousel qui, par contiguïté, appelle à son tour le souvenir du cygne évadé. Dans la deuxième partie, c'est au contraire le Paris d'autrefois, dépossédé par les bouleversements urbains, qui fait resurgir l'image du cygne, lui-même symbole d'Andromaque. Celle-ci se trouve donc à l'origine et à la conclusion d'un mouvement mémoriel qui, bien loin de s'exercer en circuit fermé, s'ouvre au contraire sur la réalité urbaine d'un Paris devenu le théâtre de la condition humaine moderne. L'élargissement des trois strophes finales, articulées sur le retour anaphorique des « Je pense à » (qui apparaît déjà au premier vers) fait signe en ce sens. Le cygne en exil est devenu la *mesure* des vaincus contemporains dont le poète se sent faire partie au même titre que la négresse, les dépossédés ou les orphelins. On trouvera un très utile état de la question des études consacrées au « Cygne » dans l'article de Ross Chambers « Du temps des « Chats » au temps du « Cygne », *Œuvres & critiques* IX, 2, « Poètes Maudits », 1984, p. 11-26. Voir aussi *La Mélancolie au miroir* de J. Starobinski (voir Bibliographie) et R. Chambers, *Mélancolie et opposition, les débuts du modernisme en France*, Corti, 1987, p. 131-187.

XC — LES SEPT VIEILLARDS

Au moment de sa parution dans la *Revue contemporaine* du 15 septembre 1859 où il fait couple avec le poème suivant, Baudelaire envoie un manuscrit de ce texte à Victor Hugo dans lequel le poème lui est dédié. Hugo répondra par les lignes célèbres : « Que faites-vous quand vous écrivez ces vers saisissants : *Les Sept Vieillards* et *Les Petites Vieilles*, que vous me dédiez, et dont je vous remercie ? Que faites-vous ? Vous marchez. Vous allez de l'avant. Vous dotez le ciel de l'art d'on ne sait quel rayon macabre. Vous créez un frisson nouveau. »

En envoyant un manuscrit de ce poème à Jean Morel, le directeur de la *Revue française*, au mois de mai 1859, Baudelaire écrivait de ces vers : « (...) c'est le premier numéro d'une nouvelle série que je veux tenter, et je crains bien d'avoir simplement réussi à dépasser les limites assignées à la Poésie. » Un tel aveu est précieux dans la mesure où il confirme par l'intuition même de l'auteur le pas en avant qu'un poème comme celui-ci et le suivant représentent par rapport à l'esthétique des

Fleurs du Mal, telle qu'elle avait prévalu dans l'édition de 1857. Ce changement est perceptible notamment dans des audaces prosodiques très remarquables : enjambements strophiques (str. 4 et 5, 6 et 7), coupes irrégulières (v. 5, 6, 8, 10, 13, 17, 18, 20, 46, 52). Le caractère halluciné de ce poème, où le poète est « raccroch(é) » « en plein jour » par le spectre des vieillards multipliés, lui prête une tonalité fantastique à laquelle la description très concrète du décor urbain donne toutefois une pleine force d'incarnation. S'il est possible d'accepter le récit de l'hallucination comme il se donne, comme une expérience humiliante à laquelle la vie parisienne exposerait les métropolitains, il n'est pas illégitime de suggérer à sa base un phénomène que la psychanalyse a analysé et selon lequel les éléments du réel que quelqu'un *dénie* (qu'il refuse de reconnaître) lui reviennent sous une forme hallucinatoire et persécutoire. Les vieillards seraient à ce titre l'incarnation d'une hostilité ou d'une agressivité que Baudelaire éprouverait lui-même à l'endroit de tel aspect du réel et qui lui reviendraient par le biais de l'hallucination.

Sur la préhistoire de ce poème, voir F. W. Leakey et Cl. Pichois in *Études baudelairiennes III*, Neuchâtel, À La Baconnière, 1973, p. 262-289.

XCI — LES PETITES VIEILLES

Dans une lettre à Poulet-Malassis du 1ᵉʳ octobre 1859, Baudelaire écrit à propos de Hugo : « Je lui dédie les deux *fantômes parisiens*, et la vérité est que dans le deuxième morceau, j'ai essayé d'imiter sa manière » (CPl, I, 604). L'aveu est exact. C'est un poème des *Orientales* (1829) intitulé « Fantômes » — n'oublions pas que « Les Sept Vieillards » et « Les Petites Vieilles » sont réunis primitivement sous le titre « Fantômes parisiens » — que Baudelaire a en esprit. Ce qu'il « imite », en vérité, c'est une manière d'énumérer différentes personnes, même si, chez Hugo, il s'agit de jeunes filles défuntes et chez lui de petites vieilles. Le v. 49 : « Ah ! que j'en ai suivi de ces petites vieilles », est ainsi un écho renversé du vers liminaire du poème de Hugo : « Hélas ! que j'en ai vu mourir de jeunes filles ! » Peu avant, l'énumération « L'une, par sa patrie au malheur exercée,/ L'autre, que son époux surchargea de douleurs, / L'autre, par son enfant Madone transpercée... » (v. 45-47) reprenait « Que j'en ai vu mourir ! — l'une était rose et blanche ;/ L'autre semblait ouïr de célestes accords ;/ L'autre, faible, appuyait d'un bras son front qui penche... » (v. 16-18). Enfin, le vers de la troisième partie : « Une, entre autres, à l'heure où le soleil tombant... » (v. 50) fait écho à « Une surtout : — un ange, une jeune Espagnole ! » (v. 51) du poème hugolien.

L'apparente impassibilité, voire la cruauté avec laquelle Baudelaire décrit ces petites vieilles qu'il réduit à des « marionnettes » (v. 13) et qu'il n'hésite pas à comparer à des « animaux blessés » (v. 14), allant même, suprême injure, jusqu'à leur retirer le genre féminin (puisqu'au v. 9, il est dit : « Ils [« Ces monstres »] rampent... »), n'est en réalité que le prix à payer pour la vérité d'un regard dont la compassion est bien loin d'être absente, mais qui se refuse à idéaliser indûment ce qu'il reconnaît comme un poids de souffrances morales et physiques manifeste. Ce qu'il faut comprendre, avant tout, c'est que les « petites vieilles » sont le symbole des habitants de Paris et à ce titre de l'humanité moderne en général. Leur vieillesse est celle d'une réalité qui, comme le disait « Le Cygne », « change plus vite, hélas ! que le cœur d'un mortel ». Elle est aussi celle qu'il ressent lui-même, au point qu'il n'hésite pas, dans le dernier vers, à se compter dans leur « famille ».

XCII — LES AVEUGLES

Ce sonnet, construit sur l'opposition autant que sur l'identité entre les aveugles et le poète, et pour lequel on a suggéré une source plastique (Breughel), est un bon exemple de la manière dont Baudelaire sait dramatiser le plan de l'énonciation pour accentuer l'effet de ses énoncés. On note que le sonnet change trois fois d'allocutaire : du « mon âme » du premier vers, on passe à la « cité » du v. 10, alors que la question posée par le dernier vers l'est à un interlocuteur indéterminé. Les aveugles partagent le « ridicule » avec le cygne du poème LXXXIX, ils ont la tête levée vers le ciel comme « l'homme d'Ovide » et traversent un « noir illimité » qui rappelle les ténèbres dans lesquelles Baudelaire s'est souvent représenté. À ce titre, ils sont, pour reprendre l'expression de Starobinski, des « répondants allégoriques du poète ».

XCIII — À UNE PASSANTE

Nombreuses irrégularités dans la composition de ce sonnet, au niveau soit des rimes, soit du parallélisme entre la prosodie et la construction syntaxique : la première phrase se termine avec le premier vers, la seconde s'étend jusqu'au premier vers du second quatrain, laquelle a de surcroît la forme d'une phrase nominale postposée. La rencontre proprement dite se produit durant l'intervalle entre le premier et le deuxième substantif du v. 9, autant dire durant la pause créée par les trois points de suspension. Le chiasme du v. 13 et le parallélisme de construction du dernier vers accentuent encore la symétrie dans la perte. On remarque comment le poème marie au thème récurrent de la femme en deuil croisée dans la métropole moderne la rêverie quasi mystique d'un amour qui ne se réalise que dans sa perte. Walter Benjamin et Yves Bonnefoy ont distingué ce sonnet pour des raisons très différentes. Benjamin a mis l'accent sur le jeu d'opposition entre l'univers sonore hostile de la rue (« assourdissante » qui « hurlait ») et le choc de la rencontre. Bonnefoy sur le hasard, et donc l'authenticité de celle-ci. Gérard de Nerval avait consacré une odelette (« Une allée du Luxembourg ») au même sujet.

XCIV — LE SQUELETTE LABOUREUR

Ce poème donne à voir simultanément une des angoisses les plus profondes de Baudelaire, l'angoisse d'une condamnation à vivre au-delà de la mort, et la manière dont le travail poétique, reflet en cela du travail de l'artiste, tente de dénouer cette angoisse en la fixant dans la perfection d'une forme dont la beauté aurait une fonction thaumaturge. Voir le chapitre de notre livre qui lui est consacré, *La Mort Baudelaire*, p. 105-116.

XCV — LE CRÉPUSCULE DU SOIR

Ce poème forme une paire avec « Le Crépuscule du matin » en compagnie duquel il parut d'abord sous le titre « Les Deux Crépuscules. Le Soir. Le Matin ». Publié une première fois dans *La Semaine théâtrale* en février 1852, il reparut en 1855 dans un volume d'hommage à C.F. Denecourt précédé d'une lettre adressée à Fernand Desnoyers, le maître d'œuvre de ce volume : « Vous me demandez des vers pour votre petit volume, des vers sur la *Nature*, n'est-ce pas ? sur les bois, les grands chênes, la verdure, les insectes, — le soleil sans doute ? Mais, vous savez bien que je suis incapable de m'attendrir sur les végétaux et que mon âme est rebelle à cette singulière religion nouvelle, qui aura toujours, ce me semble, pour tout être *spirituel* je ne sais quoi de *shocking*. Je ne croirai jamais que *l'âme des Dieux habite dans les plantes*, et quand même elle y habiterait, je m'en soucierais médiocrement, et considérerais la mienne comme d'un bien plus haut prix que celle de légumes sanctifiés. J'ai même toujours pensé qu'il y avait dans la *Nature*, florissante et rajeunie, quelque chose d'impudent et d'affligeant » (CPl, I, 248).

Il est caractéristique du regard que Baudelaire porte sur Paris que, sans renoncer à sa dimension éthique, il décrive avec autant de compréhension les aspects qui relèvent d'un théâtre du Mal (« criminel », v. 1, « bête fauve », v. 4, « démons malsains », v. 11, « Prostitution », v. 15, « catins », « escrocs », « voleurs », v. 24-25) que ceux qui traduisent le monde du travail (« savant obstiné », v. 9, « ouvrier courbé », v. 10) ou celui de la douleur (« esprits que dévore une douleur sauvage », v. 8, « malades », v. 31 *sq*). Même si les malades ont droit à une commisération particulière, c'est l'ensemble de l'humanité parisienne que le poète embrasse de son regard.

XCVI — LE JEU

L'un des trois poèmes qui, avec le CII et le CXXV, se donne de façon explicite pour un récit de rêve. Il est toutefois révélateur de la conception de ce genre littéraire au milieu du XIXe siècle que la clarté et l'ordonnance de ce tableau (voir v. 13 : « Voilà le noir tableau... ») ne souffrent en rien de son caractère onirique. Jean Prévost voit là l'influence des récits de rêve de Thomas de Quincey que Baudelaire adapta pour *Les Paradis artificiels*. La description des joueurs et du salon de jeu précède rigoureusement et logiquement la réflexion qu'elle engendre chez le rêveur. L'effroi du rêveur provient de la tentation de s'identifier avec ces joueurs qui, semble-t-il, choisissent consciemment le Mal. Jacques Crépet suivi de Cl. Pichois suggère comme origine du poème une gravure de Darcis que Baudelaire décrira dans *Quelques caricaturistes français* (OC, II, 544-45).

XCVII — DANSE MACABRE

Baudelaire lui-même a indiqué l'origine de ce poème dans un passage du *Salon de 1859* où il décrit une statuette d'Ernest Christophe à qui le poème est dédié (OC, II, 689) et précise son goût pour la « beauté mystérieuse et abstraite » du squelette « à qui la chair sert d'habit et qui est comme le plan du poème humain. » L'attirance de Baudelaire pour la statuette de Christophe est facile à comprendre. L'œuvre du sculpteur lui fournissait en effet un triple sujet de méditation poétique. D'une part, en tant que squelette, la figure atteste l'« élégance sans nom de l'humaine armature » (v. 19) et par là elle flatte le « goût le plus cher » du poète ainsi que le confirme le passage du *Salon de 1859* précité. D'autre part, en tant que squelette déguisé pour le bal, la statuette allégorise l'irrépressible et inconsciente course vers le plaisir, autant dire vers le péché, qui caractérise l'humanité. À ce titre, elle permet à Baudelaire de marquer sur elle la supériorité d'une conscience dégrisée qui sait l'inanité de cette poursuite et qui peut donc stigmatiser cet « inépuisable puits de sottise et de fautes » (v. 29). À un troisième niveau, le squelette permet au poète de se solidariser avec lui dans l'ironie d'une conscience qui trouve sa souveraineté dans la lucidité avec laquelle elle assume sa finitude.

XCVIII — L'AMOUR DU MENSONGE

Dans le manuscrit et la publication originale de la *Revue contemporaine* du 15 mai 1860, Baudelaire avait placé en épigraphe les vers suivants :

> *« Même, elle avait encor cet éclat emprunté*
> *Dont elle eut soin de peindre et d'orner son visage*
> *Pour réparer des ans l'irréparable outrage... »*

qui sont les vers 494-496 de l'*Athalie* de Racine (II, 5). Ce poème est exemplaire de la manière dont Baudelaire multiplie les signes linguistiques qui attirent l'attention sur la nature de *discours* du poème : interpellation directe de la « chère indolente » dans les quatrains 1, 2, 4 et 6, mise en scène d'une parole autoréférée (« Je *me* dis... ») au v. 9, interpellation des « Cieux » au v. 20.

En dépit du titre et de la conclusion qui semblent réduire la femme à un prétexte à rêverie, et donc à une dimension purement esthétique, le lecteur reconnaît sans peine dans l'interlocutrice certaines caractéristiques qui définissent un type de beauté et de personne récurrent :

lenteur (v. 3), profondeur (v. 4), morbidité (v. 6), lien au souvenir (v. 9-11), mélancolie (v. 17). La pose esthétisante — presque celle du dandy — ne saurait donner le change sur l'intention profonde du geste de célébration : loin de mener à « fui(r) la vérité », la description spécifie la chère indolente comme une figure en miroir du poète lui-même.

XCIX — « *JE N'AI PAS OUBLIÉ...* »

Dans sa lettre du 11 janvier 1858 à sa mère, Baudelaire associe ce poème au poème suivant grâce aux précisions suivantes : « Vous n'avez donc pas remarqué qu'il y avait dans *Les Fleurs du Mal* deux pièces vous concernant, ou du moins allusionnelles à des détails intimes de notre ancienne vie, de cette époque de veuvage qui m'a laissé de singuliers et tristes souvenirs, — l'une : « *Je n'ai pas oublié, voisine de la ville...* (Neuilly), et l'autre qui suit : *La servante au grand cœur dont vous étiez jalouse...* (Mariette) ? J'ai laissé ces pièces sans titre et sans indications claires parce que j'ai horreur de prostituer les choses intimes de famille » (CPl, I, 445). Sur cette période de Neuilly, voir aussi, quelques années plus tard, l'inoubliable lettre du 6 mai 1861.

Une seule phrase pour ce dizain qui, comme le marque le verbe du premier vers, est moins un poème de la réminiscence que le poème d'une mémoire en acte, ou d'un passé restauré de manière continue dans un présent qui est à la fois celui de l'écriture et celui de l'existence. Derrière l'extrême simplicité et l'extrême beauté de ces vers, il n'est pas interdit de reconnaître la constellation œdipienne particulière de ces mois où l'enfant n'avait à partager sa mère qu'avec l'œil curieux, mais lointain d'un soleil couchant devenu le substitut du père défunt. Après J. Starobinski, « Je n'ai pas oublié... », in *Au bonheur des mots, Mélanges en l'honneur de G. Antoine*, Nancy, 1984, nous avons proposé un commentaire détaillé de ces vers dans *Mémoire et création poétique*, p. 132-145 (voir Bibliographie).

C — « *LA SERVANTE AU GRAND CŒUR...* »

Comme l'indique la lettre citée à propos du poème précédent, la servante s'appelait Mariette. Baudelaire l'associe à d'autres êtres chers dans un feuillet d'*Hygiène* : « Faire tous les matins ma *prière à Dieu, réservoir de toute force et de toute justice*, à *mon père*, à *Mariette* et à *Poe*, comme intercesseurs » (OC, I, 673).

Ce poème admirable est construit sur un mouvement dont il s'agit de reconnaître le sens ; si, dans la première partie, la culpabilité est partagée — étant d'abord référée à la mère (« dont *vous* étiez jalouse »), puis reprise dans le « nous » du v. 3 —, dans la seconde partie, c'est le poète seul qui assume la faute d'être l'enfant grandi, mais ingrat, de cette mère au grand cœur que fut Mariette.

CI — BRUMES ET PLUIES

À la différence des poèmes du spleen proprement dit — auxquels il s'apparente pourtant par son éloge des « endormeuses saisons » et surtout par sa référence au « cœur plein de choses funèbres » ainsi qu'à son âme aux « ailes de corbeau » —, ce sonnet parvient à assigner une fonction positive à l'amour, certes envisagé avant tout comme remède à la douleur.

CII — RÊVE PARISIEN

La particularité du rêve rapporté dans ce poème est qu'il est *dirigé* d'une manière qui le rend semblable à une création artistique : « J'avais banni... » (v. 7), « peintre fier de mon génie » (v. 9), « Architecte de mes féeries » (v. 37). Cette activité volontaire, surprenante dans la mesure où elle est appliquée à la vie onirique, s'oppose à la passivité avec laquelle, au réveil, le poète *subit* l'épreuve de la réalité. Le paysage imaginaire, qui se caractérise par son côté lumineux et réfléchissant, prend, par ses dimensions allongées, le contre-pied exact de l'espace resserré et angoissant du spleen. L'« enivrante monotonie/ du métal, du marbre et de l'eau » (v. 11-12), qui confirme le rejet du « végétal irrégulier », rejoint la rêverie baudelairienne d'un univers dont l'aspect lisse et dilaté déroberait la conscience aux aspérités d'un réel symbolisé dans les quatrains de la deuxième partie. On lira de même dans « Any where out of the world » : « Voilà un paysage selon ton goût ; un paysage fait avec la lumière et le minéral, et le liquide pour les réfléchir ! » (OC, I, 356). La même dualité rêve/réel structure le poème en prose « La Chambre double ». A. Adam renvoie, non sans vraisemblance, à une page de *Mademoiselle de Maupin* comme à une source possible.

CIII — LE CRÉPUSCULE DU MATIN

Voir la notice relative au poème « Le Crépuscule du soir ». Comme dans celui-ci, c'est le Paris de la débauche ainsi que le Paris des malades que Baudelaire décrit, en le représentant à la fois dans la simultanéité des manifestations les plus diverses de l'existence de ses habitants et dans l'allégorie de ce « vieillard laborieux » dont la silhouette massive et sombre forme, avec l'« aurore grelottante en robe rose et verte », un couple semblable à celui que Schubert a mis en musique dans le quatuor intitulé *La Jeune Fille et la Mort*.

LE VIN

CIV — L'ÂME DU VIN

Le discours de l'âme du vin, contenu dans ce poème qui est l'un des plus anciens de Baudelaire, est très proche de celui qu'il placera en 1851 dans son essai « Du vin et du hachisch » en tête des *Paradis artificiels*. On remarque qu'il s'agit d'un poème de jeunesse, d'une part au côté humanitariste de certains vers (ainsi, par exemple, de l'expression « ô cher déshérité » du v. 2, du « gosier d'un homme usé par ses travaux » du v. 10) qui attestent la brève attirance que Baudelaire éprouva pour les doctrines socialistes, et d'autre part à l'idée de faire naître la poésie de l'union du vin et du travailleur (v. 23-24).

CV — LE VIN DES CHIFFONNIERS

Sur l'histoire des différentes versions de ce poème, voir les précisions de Claude Pichois (OC, I, 1047-1053). Pour saisir la finalité de ce poème, il importe de remarquer l'identification de l'humanité avec le cœur de ce vieux faubourg habité par un prolétariat que le texte décrit de manière synthétique comme le « vomissement confus de l'énorme Paris ». L'éloge du vin ne se comprend que sur le fond de ce « labyrinthe » aux habitants duquel il apporte un soulagement artificiel sans doute, mais indéniable. On notera qu'à la différence du poème précédent, Dieu ici est placé en position quasi secondaire dans la mesure où il n'est pas l'inventeur du vin. Voir le *Baudelaire* de Benjamin, p. 33 *sq* (voir Bibliographie).

CVI — LE VIN DE L'ASSASSIN

Ce texte étrange, et non dénué de faiblesses, appartient au genre peu fréquent dans *Les Fleurs du Mal* du poème narratif. Poème de la jeunesse, il ne s'accorde à l'ensemble que par le choix délibéré du Mal — qu'il s'agisse de l'assassinat lui-même ou du blasphème final —, ainsi que par sa conception un peu satanique de l'amour véritable (strophe 9-10).

On remarquera que la vision de Baudelaire va s'approfondissant ; dans le poème « Le Vampire » (1851 ou 1852), l'assassin en puissance se verra tourner en dérision par le poison et le glaive (instruments projetés du meurtre) qui lui prédisent que ses baisers « ressusciteraient le cadavre » de celle qu'il aurait assassinée. Le Baudelaire de 1842-1843 n'a pas encore mesuré à quel point la réalité psychique survit à la réalité matérielle.

Les éditeurs de Baudelaire ont souvent fait le rapprochement entre le thème de cet assassinat et un épisode de *Passereau*, l'une des nouvelles de *Champavert. Contes immoraux* (1833) de Pétrus Borel. En 1854, Baudelaire songera à en tirer un mélodrame qui devait s'appeler *L'Ivrogne*.

CVII — LE VIN DU SOLITAIRE

Sonnet paradoxal dans la mesure où il valorise dans un même élan le « poète pieux » (v. 11) et « l'orgueil (...) qui nous rend égal aux Dieux « (v. 14). Il est vrai que le pluriel « Dieux » déchristianise le terme.

CVIII — LE VIN DES AMANTS

Comme dans « L'Invitation au voyage », dont il anticipe le projet, ce sonnet fait de l'amante une « sœur » (v. 12). On notera que cette invitation à partir « à cheval sur le vin » dans ce qui semble d'abord une aventure commune, s'oriente à la fin vers le « paradis de *mes* rêves » — ceux du poète exclusivement.

FLEURS DU MAL

CIX — LA DESTRUCTION

L'orientation théologique de ce poème s'exprime à la fois par l'allégorisation du Mal sous la figure du Démon (v. 1) et par la mise en opposition de ce Démon avec le « regard de Dieu » (v. 9). L'assimilation du Démon à un « air impalpable » (v. 2) permet de le représenter comme une force hostile que le poète absorbe, plaçant ainsi la source de la culpabilité *à l'extérieur* d'un Moi qui, par là, devient sa victime impuissante.

CX — UNE MARTYRE

Ce poème, dont l'intention plastique est explicite dès le sous-titre, est en même temps une réflexion quasi métaphysique sur l'éros. Il est aussi le théâtre d'un drame dont le ressort n'est pas seulement thématique mais énonciatif. Les trois temps de ce drame comprennent d'une part la longue description des vers 1-44, d'autre part les strophes 12 et 13 et enfin les huit derniers vers. La description est organisée selon le dispositif paradoxal d'un chiasme qui associe l'isotopie de la mort au décor et celle de la vie et de la nature au cadavre décapité. La première interpellation se fait sur le mode orageux d'une exaspération qui, on le sent bien, est aussi celle du poète constatant, à la suite de l'amant, la contradiction entre la finitude du corps et l'infini (l'« immensité », v. 48) du désir. La seconde, au contraire, sublime cette exaspération dans la sagesse compassionnée d'une attitude poétique qui rappelle, l'ironie ou le sarcasme en moins, celle de la fin d'« Une charogne ». Voir D. Wieser, « Du fétichisme dans "Une martyre" », dans la revue *Versants*, n° 24, 1995.

CXI — FEMMES DAMNÉES

La compassion dont Baudelaire fait preuve à l'endroit des « femmes damnées » procède en droite ligne d'une identification, qui est du reste rendue explicite au v. 25. Reste alors à comprendre pourquoi il choisit de s'identifier à ces femmes. La réponse est peut-être suggérée aux v. 22-23 qui mettent l'accent sur le mépris de la réalité et sur la recherche de l'infini : l'amour saphique serait ainsi valorisé pour sa nature anticonventionnelle, elle-même signe d'une inquiétude spirituelle dans laquelle Baudelaire reconnaîtrait son propre destin. Georges May a voulu voir dans ce poème l'influence de la lecture de *La Religieuse* de Diderot : voir « Diderot, Baudelaire et les femmes damnées », in *Modern Language Notes*, juin 1950.

CXII — LES DEUX BONNES SŒURS

Le mouvement du sonnet va de la description imper-
sonnelle (1er quatrain) au « poète sinistre » (2e quatrain),
au « nous » (1er tercet), puis au « me » des derniers vers.
Il se produit ainsi une intériorisation progressive des instances allégoriques de ces deux bonnes sœurs, que le
tutoiement final rend plus sensible encore et qui fait
d'elles des figures en somme nécessaires du destin du
poète. L'éros et la mort prenant la place de la pureté et
du salut dessinent ainsi une sorte de contre-religion ou du
moins d'avenir négatif, exemplaire de ce que doit être un
poème de la section « Fleurs du Mal ». Baudelaire insis-
tera à plusieurs reprises sur la « virginité » paradoxale
de la débauche (voir le poème CXIV, par exemple), qui
contraste pour lui avec les « hideurs de la fécondité »
(poème V).

CXIII — LA FONTAINE DE SANG

Ce poème pose un problème d'interprétation difficile :
celui de l'identité de « ces cruelles filles » du dernier vers.
L'adjectif démonstratif exige qu'on rapporte l'expression
à des éléments déjà cités. Or le poème n'en contient pas
de plausibles. A. Adam a proposé de les référer à la
Débauche et à la Mort du poème précédent. Mais dans
« Les Deux Bonnes Sœurs », ces instances sont qualifiées
d'« aimables » et non de « cruelles ». L'obscurité
demeure.

L'hémophilie décrite dans ce sonnet rejoint d'autres
angoisses de la perte dans *Les Fleurs du Mal*, que ce soit
l'angoisse du temps qui passe ou de la perte de la possibilité du rachat. Elle n'est pas non plus étrangère à certaines
rêveries provoquées par le hachisch et dans lesquelles le
fumeur a l'impression de se dissoudre : « Vous êtes assis
et vous fumez : vous croyez être assis dans votre pipe, et
c'est vous que votre pipe fume ; c'est vous que vous
exhalez sous la forme de nuages bleuâtres » (OC, I, 392).

CXIV — ALLÉGORIE

Baudelaire, qui fréquentait les « filles » depuis la fin de son adolescence, semble avoir été toujours fasciné par le paradoxe de l'« innocence » et de la « virginité » des prostituées dont l'absence de dimension morale et dont le naturel contrastaient avec son propre sens de la faute. Au-delà de ce contraste, le poème pose la question du sens de cette forme du Mal « pourtant nécessaire à la marche du monde » (v. 14). Question d'autant plus énigmatique que, dans le cas de la prostitution, l'éros ne saurait trouver sa justification dans la fécondité : cette « vierge » est « inféconde ».

CXV — LA BÉATRICE

Sous la forme de cette vision, qui s'inspire lointainement des visions de l'*Enfer* de Dante, ce poème met en scène le sentiment de dérision que Baudelaire éprouve à être poète dans une société dont le mépris pour la littérature est symbolisé par les démons. Au-delà de la plainte, il faut toutefois remarquer la lucidité avec laquelle le poète ici refuse de se prêter à la réaction romantique qui consisterait à « détourner(...) (s)a tête souveraine » d'une réalité où la muse a partie liée avec les forces hostiles à la poésie. Cette lucidité est le signe — douloureux — de la modernité de Baudelaire.

CXVI — UN VOYAGE À CYTHÈRE

À l'instar de plusieurs textes du recueil, ce poème appartient au genre du voyage allégorique. Le périple du navire vise beaucoup moins à décrire un paysage entrevu qu'à méditer sur un des éléments qu'il contient. Reprenant à Nerval le battement attente fiévreuse de l'idéal/ déception cruelle de la réalité, Baudelaire aggrave singulièrement le contraste en s'attardant sur le pendu, là où Nerval s'était contenté d'évoquer discrètement le gibet. La raison de cette modification est que Baudelaire s'identifie à ce misérable pendu dans lequel il croit reconnaître l'image allégorique de son propre destin de poète lamentablement torturé par la société qui le méprise ou qui méprise son culte de l'amour. Il faut noter par ailleurs le dédoublement invocatoire du dernier quatrain. De façon conforme à la fiction du poème, le v. 57 invoque d'abord Vénus, puis, brusquement, le locuteur s'adresse au « Seigneur », au Seigneur chrétien, invoqué dans une surprenante et pathétique demande d'appui.

CXVII — L'AMOUR ET LE CRÂNE

VIEUX CUL-DE-LAMPE

Le point de départ de ce poème est une gravure de Heindrick Goltzius (1558-1616). Baudelaire ne lui emprunte pas seulement l'image de l'enfant (du *putto*) et du crâne, mais aussi la structure allégorique qui joint à la représentation plastique (ou, ici, à la description) une interprétation sentencieuse. Le thème de la gravure est typique d'un genre baroque auquel Baudelaire a toujours été sensible. L'innovation que le poète introduit consiste à faire parler le crâne lui-même, en lui prêtant une sorte d'angoisse hémophile qui rejoint à sa manière celle de la « Fontaine de sang ».

RÉVOLTE

CXVIII — LE RENIEMENT DE SAINT PIERRE

Le poème est composé de trois mouvements. Dans le premier, qui couvre les deux premiers quatrains, et qui correspond peut-être le mieux à la notion de « Révolte », Baudelaire reprend le lieu commun de la dénonciation de l'insensibilité de Dieu à l'endroit de ses fidèles. Dans le second, qui évoque la dernière nuit puis le martyre de Jésus, le discours procède de façon assez manifeste d'une identification au Christ, sensible d'abord dans l'insistance compassionnée sur sa douleur puis dans l'effort pour imaginer la réaction intérieure de Jésus (il est caractéristique de Baudelaire qu'il prête à Jésus la nostalgie d'un passé plus lumineux). Ce second mouvement, qui traduit un rapprochement incontestable, n'est pas non plus, toutefois, dénué d'ironie, sinon de cynisme, comme on peut le voir à l'évocation du moment où « tu fus *maître* enfin » ainsi qu'à celle du « remords ». Ce rêve de souveraineté et cette familiarité avec le remords sont propres à Baudelaire lui-même. Enfin, le troisième mouvement, constitué par les quatre derniers vers, reprend sa distance en interprétant d'une façon tout à fait originale cette fois la mort de Jésus comme le signe du divorce entre l'action et le rêve, saint Pierre devenant ici le porte-parole d'un Baudelaire affligé par ce divorce. Dans une lettre à Cazalis datée du 3 juin 1863, le jeune Mallarmé écrira que « la sottise d'un poète moderne a été jusqu'à se désoler que l'"Action ne fût pas la sœur du Rêve" ».

CXIX — ABEL ET CAÏN

Ainsi que Pichois le rappelle après Adam, les figures bibliques d'Abel et de Caïn avaient subi à l'époque romantique une réinterprétation dont on trouve les témoignages chez un Balzac (*Splendeurs et misères des courtisanes*) ainsi que chez Nerval. Chez ce dernier, l'assimilation de l'artiste à la descendance caïnite est largement illustrée par le personnage d'Adoniram dans la partie du *Voyage en Orient* intitulée « Les Nuits du Ramazan » et plus particulièrement dans l'« Histoire de la reine du Matin et de Soliman, prince des génies ». Pâtre et laboureur, Abel crée une « race » qui s'oppose à celle des artisans et des forgerons créée par Caïn qui, maître du feu, est implicitement identifié à Prométhée. L'« injustice » de Dieu à l'endroit de Caïn (Genèse, IV) permet aux Romantiques de croire se retrouver en lui et cela d'autant plus qu'à l'image du persécuté vient se superposer une dimension politique qui fait d'Abel la figure du bourgeois nanti et de Caïn celle du déshérité.

CXX — LES LITANIES DE SATAN

Ce poème combine un éloge de l'Ange de la Révolte avec une tonalité invocatoire réservée, traditionnellement, à Dieu. Baudelaire procède donc à une inversion dont le statut paradoxal est suggéré dès le titre : si « Litanies » fait signe vers la religion, « Satan » indexe la contre-religion. Le paradoxe est d'autant plus éloquent que le poème imite un autre trait du style litanique traditionnel : celui qui consiste à faire alterner l'invocation personnelle (ici, le refrain : « Ô Satan, prends pitié de ma longue misère ») avec la description des attributs ou des pouvoirs de l'être invoqué.

Ces attributs vont, en grande partie, dans le sens d'une Révolte dont, au poème précédent, Caïn était le représentant : révolte non seulement morale, mais aussi sociale, comme on le voit aux v. 16-17, 31-32, 40-41. Mais Satan est aussi ici celui qui « même aux lépreux, aux parias maudits,/ Enseigne par l'amour le goût du Paradis ». La question qui se pose donc à propos de ce poème est celle du statut à accorder à ce Révolté qui semble s'approprier, sinon usurper, les attributs réservés d'habitude au Sauveur. Certes, comme Mario Praz l'a illustré, le culte du satanisme est monnaie courante dans le romantisme européen. Mais le poème de Baudelaire offre des accents si personnels, et l'insistance de la demande du refrain est si émouvante que l'apparence de parodie, ou de blasphème, semble se dénoncer à son tour et laisser entrevoir l'idée, plus étrange, d'une parenté mystérieuse entre Satan et Dieu.

LA MORT

CXXI — LA MORT DES AMANTS

Ce sonnet en décasyllabes dont tant le rythme que le schéma des rimes sont d'une grande régularité est, avec « Remords posthume », l'un des deux poèmes écrits pour l'essentiel au futur. À cette particularité s'ajoute le fait, rare lui aussi, que la relation entre les amants semble fondée sur un rapport de parfaite égalité, que métaphorise, au v. 8, l'image des « miroirs jumeaux ». C'est ici la mort dans ce qu'elle a de plus mystique et de plus idéalisé qui gouverne la transmutation des amants en pure lumière.

CXXII — LA MORT DES PAUVRES

Il faut se garder de christianiser outre mesure ce sonnet. Certes, la Mort revêt ici une fonction consolatrice qui n'est pas en désaccord avec l'enseignement de la religion. Mais à suivre l'exclamation désolée du premier vers, rien n'interdit de penser que ce que Baudelaire décrit ici est moins la réalité de la mort en elle-même que l'image que les pauvres s'en font, image à laquelle ne correspond pas nécessairement de fondement assuré. On notera que le mouvement du sonnet va d'une position reconnue d'abord dans une forme d'universalité (v. 1-2) et à laquelle le poète adhère dans un « nous » qui représente l'humanité entière, à une spécificité toujours plus poussée : celle des pauvres.

CXXIII — LA MORT DES ARTISTES

Lors de sa première publication, ce sonnet présentait une version très différente, qui mettait beaucoup plus fortement l'accent sur l'assimilation du poète à un sculpteur. Dans sa version finale, le poème rend plus sensible la lutte douloureuse de l'artiste avec son idéal — d'une manière qui annonce « Le *Confiteor* de l'artiste » du *Spleen de Paris* dont les derniers mots sont : « L'étude du beau est un duel où l'artiste crie de frayeur avant d'être vaincu » —, tout en raccordant la métaphore du sculpteur avec celle de la poésie par le biais de l'image des « fleurs », métaphore des poèmes, qu'on trouvait déjà dans « L'Ennemi ».

CXXIV — LA FIN DE LA JOURNÉE

CXXV — LE RÊVE D'UN CURIEUX

Ce « rêve » ou récit de rêve, met en scène, sous le couvert d'une tonalité ironique, l'une des angoisses les plus profondes de Baudelaire : l'idée que l'existence post-hume soit simplement la perpétuation de l'attente du salut ou de la délivrance qui caractérise déjà la vie. Il est inté-ressant de noter comment la fascination ambivalente pour la mort (« Désir mêlé d'horreur », « Angoisse et vif espoir ») est liée ici à la métaphore du théâtre censé révé-ler la « vérité » (v. 11).

CXXVI — LE VOYAGE

Ce dernier poème des *Fleurs du Mal* que Baudelaire composa sans doute à Honfleur en décembre 1858, est aussi le plus long du recueil. Sa position lui donne le sens d'un aboutissement : ce serait ainsi dans la mort, comprise ou rêvée comme espace de l'Inconnu, que se projetterait une dernière fois le vœu de délivrance de l'es-pace du péché que le poème liminaire « Au Lecteur » avait si cruellement imposé comme l'espace réel. En même temps, ce poème est comme une récapitulation de l'ensemble dont il reproduit une dernière fois le rythme d'espoir et de désillusion. Dans cette dramaturgie de l'il-lusion, que la métaphore du voyage exalte sous la forme d'une recherche du nouveau, l'accent est placé sur l'im-possibilité, pour le désir d'infini qui habite le voyageur, de se contenter d'un réel qui, au contraire, ne cesse de réaffirmer ses décevantes limites. Si nous allons « berçant notre infini sur le fini des mers » (v. 8), notre imagination « ne trouve qu'un récif aux clartés du matin » (v. 40).

Une telle désillusion a pour cause ultime l'état de chute qui, s'il constitue l'humanité en elle-même (v. 88), la prive du pouvoir de s'élever assez au-dessus d'elle-même pour réaliser ce que l'imagination ne fait qu'entrevoir. Dès lors, c'est à la Mort qu'est dévolue la tâche d'opérer ce dépassement. Par un effet de symétrie métaphorique, la Mort devient à son tour le vaisseau (et le guide) d'un voyage qui, laissant derrière lui l'espace du connu, se hasardera, dans un mouvement de transcendance qui emporte la dichotomie du Bien et du Mal, au fond d'un « gouffre » qui est aussi un « Inconnu ». Ainsi s'accomplit le projet poétique, mais il ne s'accomplit que comme projet. Le passage à l'Inconnu proprement dit ne sera pas accordé à Baudelaire, mais à Rimbaud, dont « Le Bateau ivre » est la seule réponse sérieuse que la poésie française donnera au « Voyage ». Les « inventions d'inconnu, commentera Rimbaud dans sa *Lettre du Voyant*, réclament des formes nouvelles ».

LES FLEURS DU MAL (1868)

ÉPIGRAPHE POUR UN LIVRE CONDAMNÉ

Ce poème a peut-être été composé pour la seconde édition, puis écarté. Il paraît trois mois après celle-ci (15 septembre 1861). Le premier tercet reprend en partie l'idée que Baudelaire avait à l'esprit en prévoyant d'inscrire en épigraphe de son livre le passage d'Agrippa d'Aubigné :

> « *On dit qu'il faut couler les exécrables choses*
> *Dans le puits de l'oubli et au sépulchre encloses,*
> *Et que par les escrits le mal resuscité*
> *Infectera les mœurs de la postérité.*
> *Mais le vice n'a point pour mère la science*
> *Et la vertu n'est pas fille de l'ignorance.* »
>
> (*Les Tragiques*, liv. II.)

MADRIGAL TRISTE

Le sadisme apparent de cette pièce demande sans doute à être compris dans le même sens que l'étrange poème du *Spleen de Paris* intitulé « Assommons les pauvres ! ». Faute de pouvoir communier avec son amante dans l'Idéal, Baudelaire redéfinit leur relation à partir d'un échange dans le Mal. Si choqué que le lecteur puisse (et doive) être de ce procédé, il faut probablement voir en lui une manière, certes désespérée, certes peu attirante, de sauvegarder l'authenticité d'un amour guetté par le mensonge des conventions.

LA PRIÈRE D'UN PAÏEN

L'intérêt de ce poème naît de la tension entre la forme de la supplication, empruntée à la prière chrétienne, et l'instance invoquée, qui est païenne, d'une part ; et, d'autre part, de la contradiction entre la volupté comme réconfort et la volupté comme « torture des âmes ». C'est, bien entendu, la simultanéité entre ces deux aspects qui fait de la volupté une instance poétique.

LE REBELLE

Toute la contradiction du sonnet vise à mettre en évidence le refus laconique du rebelle dont la prise de parole se limite aux quatre derniers mots du texte. Il est probable que l'outrance de l'argumentation de l'Ange, à la vertu si massive, est une explication discrètement ironique du refus du mécréant.

L'AVERTISSEUR

Poème en forme de sonnet mais dont les quatrains entourent les tercets. Nouvel exemple de la forme paradoxale de la pensée de Baudelaire. La Dent (ou le Serpent) est en effet aussi bien une force négative, interdictrice (1er quatrain) que morale (1er tercet) ou encore génératrice de doute (2e tercet). C'est l'unité contradictoire de ces fonctions qui les rend essentielles.

RECUEILLEMENT

Ce sonnet a été mis en musique par Villiers de l'Isle-Adam.

La réussite de ce poème admirable tient d'une gageure. En effet, Baudelaire y multiplie le recours à des instances (la Douleur, le Soir, le Plaisir, les Années, le Regret, le Soleil, la Nuit) auxquelles, par l'emploi de la majuscule, il prête un caractère allégorisant qui, s'il était seul à l'œuvre, risquerait de faire verser le texte dans l'abstraction. Or, en liant chacune de ces instances à une épithète, un substantif, ou un verbe concrets, Baudelaire réussit à donner figure sensible à ce qui, chez d'autres poètes, serait resté froidement désincarné : les Années ont des robes, le Plaisir un fouet, le Regret est souriant, le Soleil moribond, la Douleur a une main, une voix et des oreilles, la Nuit une démarche. D'autre part, le rythme de ce sonnet semble vraiment reposer sur les nécessités de la diction, davantage que sur les conventions de la prosodie, donnant ainsi à la voix du poète une présence qui ne rend que plus forte l'intimité et la douceur de la Douleur interpellée.

LE COUVERCLE

Le ciel était déjà comparé à un couvercle au premier vers de « Spleen IV » (« Quand le ciel bas et lourd pèse comme un couvercle... »). L'avant-dernière strophe de « Danse macabre » introduisait pour sa part l'image du « plafond » et celle d'une salle de bal, sinon d'un théâtre comme ici. Le couple antithétique « terreur/espoir » résume dans son opposition ce que d'autres poèmes des *Fleurs du Mal* ont plutôt présenté comme le rythme d'une alternance entre la crainte et l'espoir.

LA LUNE OFFENSÉE

Ce poème atteste la conscience que Baudelaire prend du caractère suranné des conventions poétiques du romantisme dont ce sonnet cite quelques poncifs : les pays bleus du ciel, l'émail des dents des amoureux, la romance de la Lune et d'Endymion (qu'un tableau de Girodet avait pu rappeler à son esprit). L'ironie des questions posées à la Lune ressort du fait qu'à côté de ces poncifs, le poète imagine aussi un accouplement de vipères qui en prend le contre-pied. La réponse — ou, si l'on préfère, la rétorsion — de la Lune confirme l'état de dégradation qui caractérise une modernité dont Baudelaire avait donné une représentation saisissante dans la deuxième partie de « J'aime le souvenir de ces époques nues... » en plaçant la poésie de son temps sous le signe des « muses tardives ».

LE GOUFFRE

Sur le thème du gouffre, l'ouvrage fondamental reste celui de Benjamin Fondane, *Baudelaire et l'expérience du gouffre* (voir Bibliographie).

Le thème de ce sonnet a quelque chose de paradoxal quand on le compare au « Voyage ». Là, Baudelaire déplorait de ne pouvoir dépasser le « fini des mers » qu'il opposait à l'infini intérieur. Ici, le vertige qu'il dit éprouver naît du sentiment d'un infini immaîtrisable qui s'ouvre « par toutes les fenêtres ». La logique implique donc, selon nous, de comprendre le dernier vers comme l'expression d'un désir : « Ah ! (si je pouvais) ne jamais sortir des Nombres et des Êtres ! » Voir toutefois les arguments de Pichois contre cette interprétation (OC, I, 1115 *sq*). Ces apparentes contradictions ne relèvent pas d'une incohérence de pensée, mais bien plutôt d'une accentuation différente de certains désirs et de certaines angoisses du poète.

LES PLAINTES D'UN ICARE

Sur le thème d'Icare, voir l'article de Marc Eigeldinger, « Le mythe d'Icare dans la poésie française du XIXᵉ siècle », *Lumières du mythe*, Paris, PUF, 1983, p. 91-126. Claude Pichois a montré (OC, I, 1116 *sq*) que Baudelaire s'était inspiré de deux planches de Heindrick Goltzius, l'une représentant Ixion (d'où le premier quatrain) et l'autre Icare.

L'EXAMEN DE MINUIT

Poème inséparable, sur le fond, de l'autre « examen » du *Spleen de Paris*, intitulé « À une heure du matin », dont il constitue une sorte de pendant parodique. La réussite du texte vient ici compenser le sentiment d'échec ou de lâcheté morale ressenti lors du bilan de la journée.

BIEN LOIN D'ICI

On retrouve cette Dorothée (v. 7) dans « La Belle Dorothée », le poème XXV du *Spleen de Paris*. Il s'agit incontestablement d'un souvenir lointain (le poème date de 1861) du voyage à l'île de la Réunion fait une vingtaine d'années plus tôt. La forme de ce poème est celle d'un sonnet renversé, mais qui ne respecterait pas le schéma des rimes.

LES ÉPAVES

Les Épaves ont paru pour la première fois au printemps 1866 à Bruxelles (bien que, pour des raisons de discrétion, le lieu d'édition soit donné pour Amsterdam) par les soins d'Auguste Poulet-Malassis. Elles étaient accompagnées de la note suivante :

AVERTISSEMENT DE L'ÉDITEUR

« Ce recueil est composé de morceaux poétiques, pour la plupart condamnés ou inédits, auxquels M. Charles Baudelaire n'a pas cru devoir faire place dans l'édition définitive des *Fleurs du mal*.

Cela explique son titre.

M. Charles Baudelaire a fait don, sans réserve, de ces poèmes, à un ami qui juge à propos de les publier parce qu'il se flatte de les goûter, et qu'il est à un âge où l'on aime encore à faire partager ses sentiments à des amis auxquels on prête ses vertus.

L'auteur sera avisé de cette publication en même temps que les deux cent soixante lecteurs probables qui figurent — à peu près —, pour un éditeur bénévole, le public littéraire en France, depuis que les bêtes y ont décidément usurpé la parole sur les hommes. »

Le frontispice était dû à Félicien Rops et était accompagné de l'explication suivante :

« Sous le Pommier fatal, dont le tronc-squelette rappelle la déchéance de la race humaine, s'épanouissent les Sept Péchés Capitaux, figurés par des plantes aux formes et aux attitudes symboliques. Le Serpent, enroulé au bassin du squelette, rampe vers ces *Fleurs du mal*, parmi lesquelles se vautre le Pégase macabre, qui ne doit se réveiller, avec ses chevaucheurs, que dans la vallée de Josaphat.

Cependant une Chimère noire enlève au-delà des airs le médaillon du poète, autour duquel des Anges et des Chérubins font retentir le *Gloria in excelsis !*

L'Autruche en camée, qui avale un fer à cheval, au premier plan de la composition, est l'emblème de la Vertu, se faisant un devoir se nourrir des aliments les plus révoltants :

"VIRTUS DURISSIMÀ COQUIT." »

Le recueil sera condamné par le tribunal correctionnel de Lille le 6 mai 1868. Baudelaire avait hésité sur le titre : Bribes, Feuilles Épaves, Les Épaves.

I — LE COUCHER DU SOLEIL ROMANTIQUE

Quel que soit le sérieux qu'il faut accorder à l'interprétation proposée dans le premier alinéa de la note, il est sûr que ce poème demande à être lu sur un plan réflexif, c'est-à-dire comme un poème faisant réflexion sur l'état de la poésie française en 1862. Baudelaire, comme tant de poèmes et d'essais l'attestent, avait une conscience aiguë de l'historicité de l'acte d'écrire. Ce soleil romantique qui se couche métaphorise le crépuscule d'un âge d'intégrité ontologique, où la parole, semblable au monde naturel, pouvait s'épanouir ou croire s'épanouir à la manière d'une évidence. La poésie *moderne*, celle que Baudelaire lui-même sent qu'il lui incombe d'écrire, sera au contraire une poésie de la nuit, de la laideur et de l'angoisse. Sur ce poème, voir l'article de Nicolas Babuts, « Le coucher du soleil romantique », *Bulletin baudelairien*, 6, 1, 1970, p. 12-17.

PIÈCES CONDAMNÉES

II — LESBOS

Le plus ancien des poèmes « lesbiens » de Baudelaire, paru en 1850 dans une anthologie des *Poètes de l'amour*. L'attirance de Baudelaire pour l'amour saphique a plusieurs causes. D'une part, il constitue, par sa « stérilité », le contre-pied des « hideurs de la fécondité » de l'amour hétérosexuel, fécondité que Baudelaire redoute comme le signe d'une nature indiscriminée à laquelle il veut opposer le travail ordonnateur de l'écriture poétique. D'autre part, l'amour saphique atteste la prévalence du désir sur « les lois du juste et de l'injuste » (v. 36). Baudelaire a toujours senti qu'il y avait dans la force du désir une légitimité beaucoup plus puissante que la légitimité conventionnelle de la morale bourgeoise. L'amour lesbien tire sa justification du poids de souffrance qu'il est prêt à assumer, souffrance qui reste « le meilleur témoignage (...) de notre dignité », comme disaient « Les Phares ». Enfin, et plus mystérieusement, Baudelaire semble éprouver une affinité innée (voir la strophe 9) pour le « secret de (c)es vierges en fleurs ». Si surprenante qu'elle puisse paraître, une telle affirmation rappelle celle de sa familiarité avec le « mundus muliebris ». Voir sur ce point l'article de Cl. Pichois, « Baudelaire et le mundus muliebris », *Baudelaire. Études et témoignages*, Neuchâtel, À La Baconnière, 1967, p. 156-162. Sur ce poème, la meilleure étude est celle de Pierre Brunel, « Lesbos »,

Baudelaire, Les Fleurs du Mal : l'intériorité de la forme,
préface de Max Milner, Paris, SEDES,1989, p. 85-92.

III — FEMMES DAMNÉES — DELPHINE ET HIPPOLYTE

Une lettre de Poulet-Malassis à Asselineau laisse
entendre que le poème, qu'on peut dater des années où
Baudelaire projetait d'intituler son livre *Les Lesbiennes*
(1845-1847), aurait d'abord pris fin avec le vers 84 et que
les cinq dernières strophes auraient été ajoutées peu avant
la publication en 1857. Si une telle information n'est pas
invraisemblable — dans la mesure où, dans ces cinq
strophes, le poème cesse d'être descriptif et constitue un
discours adressé par le poète-moraliste aux deux lesbiennes —, il faut remarquer que l'autre texte intitulé
« Femmes damnées », avec lequel celui-ci formait un dip-
tyque, et qui, lui, n'a pas été retouché, comporte également l'alternance de la description et de l'interpellation
qu'on rencontre ici. Sans doute, les dernières strophes de
« Delphine et Hippolyte » sont-elles plus âpres dans l'ad-
monestation, le ton y est moins compassionné que dans
l'autre poème, et le lecteur peut donc croire, avec quelque
justification, que Baudelaire y prend ses précautions par
rapport à une censure qu'il a des raisons de redouter.
Mais, d'un autre côté, le rappel, au dernier vers, de l'« infini » que les jeunes femmes portent en elles est trop semblable aux « chercheuses d'infini » de l'autre poème pour
qu'on ne comprenne pas que la sympathie que le poète
éprouve à l'endroit des lesbiennes procède d'une identification sous-jacente avec elles.

IV — LE LÉTHÉ

L'emploi dans la cinquième strophe d'un lexique religieux (« prédestiné, martyr, ferveur, supplice ») détourné
de son sens originel a certainement ajouté dans l'esprit
du procureur au caractère « scandaleux » de ce poème
qui choquait d'autant plus que, non content de renverser
l'idéalisation traditionnelle de la femme aimée, il trans-

formait celle-ci en « monstre » (v. 2) dépourvu de cœur et en nourrice empoisonneuse.

V — À CELLE QUI EST TROP GAIE

Du point de vue de l'histoire littéraire, cette pièce offre un paradoxe. Son manuscrit est en effet contenu dans une lettre non signée adressée à Mme Sabatier le 9 décembre 1852 où on lit : « Celui qui a fait ces vers dans un de ces états de rêverie où le jette souvent l'image de celle qui en est l'objet l'a bien vivement aimée, sans jamais le lui dire, et conservera *toujours* pour elle la plus tendre sympathie. » Comme on le voit, le ton de cette lettre est en parfait désaccord avec la véhémence du poème. A. Feuillerat en a conclu que « À celle qui est trop gaie » avait été écrit primitivement pour Marie Daubrun. Si plausible que soit son argumentation, elle n'explique pas pour autant pourquoi Baudelaire aurait malgré tout envoyé le poème à Mme Sabatier. La clef du texte est peut-être à chercher dans le vers 16. En effet, l'ambivalence qui y est avouée, et qui traduit la division de la conscience et des affections du poète, définit une relation fondamentale à la réalité — comme l'attestent les strophes suivantes —, qui reconnaît son mode authentique dans une conflictualité foncière. La tendresse du poète pour la femme se mêlerait ainsi d'une destructivité qui en serait simplement l'envers.

VI — LES BIJOUX

Il n'est pas tout à fait facile de concilier la position que le poète occupe notamment dans les strophes 3 et 4, et qui est celle d'un amant, certes « dompté » (v. 13), mais au désir de « tigre », avec le « rocher de cristal » (v. 23) où il situe son âme. Une telle contradiction est peut-être à mettre en rapport avec le fait que l'intention première du poème est d'abord de nature plastique : la généralisation que la deuxième strophe donne à la nudité de la « très chère » fait signe en ce sens. Comme aussi bien l'admirable dernière strophe qui, en même temps, témoigne de

la manière inimitable avec laquelle Baudelaire sait donner
à ses descriptions une dimension dynamique, pour ne pas
dire prophétique : le sang qui « inonde cette peau couleur
d'ambre » à chaque « flamboyant soupir » de l'âtre est
déjà le sang de la jeune femme décapitée d'« Une martyre ».

VII — LES MÉTAMORPHOSES DU VAMPIRE

Le côté provocateur de ce poème très « Jeune-France »
est loin d'être l'apanage de Baudelaire. Gautier l'avait
amplement pratiqué dans *Albertus* qui en semble la source
la plus immédiate et la plus évidente. Le romantisme a
aimé les vampires, auxquels Mario Praz a consacré
quelques pages de son livre. La note plus particulièrement
baudelairienne tient dans l'amplification cosmique (v. 9-
10) ou religieuse (v. 16) qui est donnée ici au thème de
la femme-vampire.

GALANTERIES

VIII — LE JET D'EAU

Bien qu'il n'ait été publié qu'en 1865, ce poème est
attesté en 1853. Proche d'un poème de Pierre Dupont,
« La Promenade sur l'eau », Claude Pichois suggère qu'il
était peut-être destiné à l'origine à être mis en musique
par celui-ci, avec qui Baudelaire fut lié.

IX — LES YEUX DE BERTHE

Il existe un portrait à la plume de Berthe par Baudelaire
où on lit en marge du dessin : « à une horrible petite folle,
souvenir d'un grand fou qui cherchait une fille à adopter,
et qui n'avait étudié ni le caractère de Berthe, ni la loi
sur l'adoption. Bruxelles, 1864 ». Selon le peintre Alfred
Stevens, cette Berthe aurait été la dernière maîtresse de
Baudelaire. Cette datation s'accorde mal avec la
remarque de Prarond qui se dit certain que « Les Yeux
de mon enfant » aurait déjà été composé en 1843.

X — HYMNE

Poème contenu dans la lettre à Mme Sabatier du 8 mai 1854 où il est précédé notamment des lignes suivantes : « Vous êtes pour moi non seulement la plus attrayante des femmes ; — de toutes les femmes, mais encore la plus chère et la plus précieuse des superstitions. — Je suis un égoïste, je me sers de vous. — Voici mon malheureux torche-cul. — Combien je serais heureux si je pouvais être certain que ces hautes conceptions de l'amour ont quelque chance d'être bien accueillies dans un coin secret de votre adorable pensée » (CPl, I, 276). Comme Pichois le pense à juste titre, la seule raison que Baudelaire put avoir de ne pas inclure cet « hymne » dans *Les Fleurs du Mal* était sa (trop grande) proximité avec le poème XLII (« Que diras-tu ce soir... »).

XI — LES PROMESSES D'UN VISAGE

Le manuscrit portait la dédicace, raturée : « à Mademoiselle A...z ». Claude Pichois propose d'y deviner le nom de famille de Berthe dont, en effet, les « sourcils » sont « surbaissés » dans le dessin que Baudelaire fit d'elle. L'audace de ce poème où les alexandrins alternent avec les octosyllabes est renforcée par le fait que la partie la plus érotique du discours est attribuée aux « yeux » de la « pâle beauté » elle-même.

ÉPIGRAPHES

XIV — VERS POUR LE PORTRAIT DE M. HONORÉ DAUMIER

Ce poème a paru à l'automne 1865 dans l'*Histoire de la caricature moderne* de Champfleury, à la demande duquel il avait été composé. Sur l'admiration que Baudelaire vouait à Daumier, voir les belles pages qu'il lui consacre dans *Quelques caricaturistes français* (OC, II, 549-557). Dès 1845, Baudelaire l'avait rangé dans la famille de Delacroix en affirmant qu'avec Ingres, il était

le seul homme à Paris à dessiner aussi bien que Delacroix
(OC, II, 356).

XV — LOLA DE VALENCE

Ce quatrain accompagnait l'eau-forte que Manet tira de
son tableau du même nom en 1862. Lola était une danseuse célèbre. Le tableau fit scandale non moins que le
quatrain auquel le mot de « bijou », compris au sens qu'il
a dans le roman de Diderot *Les Bijoux indiscrets*, donnait
un sens équivoque.

XVI — SUR *LE TASSE EN PRISON* D'EUGÈNE DELACROIX

Delacroix a peint deux tableaux du poète italien Torquato Tasso (1544-1595) enfermé dans un asile. L'un se
trouve à la Fondation Reinhard à Winterthur en Suisse,
l'autre à la National Gallery de Londres. Le Tasse, à qui
déjà Montaigne avait rendu visite, auquel Goethe avait
consacré un drame (*Torquato Tasso*, 1789) et Byron un
poème, était devenu depuis longtemps une figure du poète
sombré dans la mélancolie et la folie. Une autre version
a été conservée (OC, I, 1151). L'identification de Baudelaire au Tasse ressort clairement notamment de la « traduction allégorique » des derniers vers qui rappelle par
exemple la fin de « Rêve parisien ».

PIÈCES DIVERSES

XVII — LA VOIX

Lors de sa première publication, ce poème était disposé
en quatrains. Pièce à rapprocher du premier poème du
Spleen de Paris, où « l'Étranger » avoue sa préférence
pour « les merveilleux nuages » ou du poème XXXI,
« Les Vocations », où l'un des enfants avoue sa fascination pour l'art.

XVIII — L'IMPRÉVU

Lors de sa première publication, le 25 janvier 1863, le poème était dédié à Jules Barbey d'Aurevilly que Baudelaire connaissait depuis 1854 et qui avait écrit un article en sa faveur lors du procès de 1857, que son journal, *Le Pays*, avait refusé de publier, Baudelaire faisant l'objet de poursuites judiciaires.

Les deux notes, bien que données pour étant de l'éditeur, sont, comme l'atteste le manuscrit, de Baudelaire lui-même. Inutile d'en relever le côté ironique.

XIX — LA RANÇON

Dans le manuscrit adressé à Gautier à la fin 1851, le poème contenait un cinquième quatrain :

> « *Mais pour que rien ne soit jeté*
> *Qui serve à payer l'esclavage,*
> *Elles grossiront l'apanage*
> *De la commune liberté.* »

PROJETS DE PRÉFACE

I

Comme Claude Pichois l'a établi, le premier paragraphe est une réponse polémique à Veuillot qui avait violemment attaqué Baudelaire au nom de la morale au printemps 1858. L'irritation de Baudelaire contre la confusion du Beau et du Bien est constante : elle s'exprime avec force notamment dans ses articles sur Edgar Poe (OC, II, 333, *sq*) et Théophile Gautier (OC, II, 112 *sq*). L'idée que les choix des thèmes répondent à une intention de stratégie littéraire semble avoir été suggérée par Sainte-Beuve et sera illustrée en tête de l'article que Baudelaire consacre à *Madame Bovary* (OC, II, 78 *sq*). Sur la notion des « immortels besoins de monotonie, de symétrie et de surprise », voir l'article de Michael

Edwards, « Magie, prosodie, mystère », *L'Année Baudelaire* 2, 1996, p. 25-43.

II

Le mot « les Élégiaques sont des canailles » appartient à Leconte de Lisle. Dans une lettre à Ancelle du 18 février 1866, Baudelaire écrit : « À propos du *sentiment*, du *cœur*, et autres sapoleries féminines, souvenez-vous du mot profond de Leconte de Lisle : "Tous les Élégiaques sont des canailles" » (CPl, II, 611). L'allusion à Barbey d'Aurevilly s'explique peut-être par l'intuition dont celui-ci avait fait preuve dans son article sur le recueil de 1857. La référence à Gérard de Nerval, qui mit fin à ses jours en se pendant, rue de la Vieille-Lanterne, convoque la figure emblématique du destin tragique du poète moderne dans la société contemporaine. Baudelaire s'était identifié au pendu de son poème « Un voyage à Cythère », écrit, du reste, en écho à une page du *Voyage en Orient* de Nerval.

POÈMES DIVERS

« *JE N'AI PAS POUR MAÎTRESSE...* »

Cet admirable poème mérite d'être pris infiniment plus au sérieux qu'on ne le fait d'habitude en le réduisant à un poème de la contre-idéalisation satirique. Même si Baudelaire s'y accorde certaines facilités (« déesse Famine », v. 43) ou s'y complaît à un certain misérabilisme qu'il dépassera très vite, la compassion profonde dont ce poème témoigne culmine notamment dans l'impressionnante conversion de Sara en une figure à la fois maternelle et christique devant laquelle le poète se transforme tout ensemble en un « nouveau-né » et en une Madeleine, que nous avons commentée dans *Le Corps amoureux*, Neuchâtel, À La Baconnière, 1986, p. 112-116.

« *TOUS IMBERBES ALORS...* »

C'est vers 1844-1845 que Baudelaire a adressé ce poème à Sainte-Beuve. À la suite de la polémique de Proust dans son *Contre Sainte-Beuve*, la critique a eu tendance à sous-estimer l'importance que l'« oncle Beuve » a exercée sur Baudelaire, dont il fut peut-être la seule figure de mentor à n'avoir jamais été désavouée. Pourtant, les témoignages de l'admiration affectueuse du poète cadet sont constants et toujours empreints de déférence. Aussi tard que le 15 mars 1865, Baudelaire lui écrira de Bruxelles : « Décidément vous aviez raison ; *Joseph Delorme*, c'est *Les Fleurs du Mal* de la veille. La comparaison est glorieuse pour moi. Vous aurez la bonté de ne pas la trouver offensante pour vous. »

À THÉODORE DE BANVILLE

Ce sonnet fut envoyé à Banville en juillet 1845 et c'est Banville lui-même qui décida de l'insérer dans l'édition des *Fleurs du Mal* de 1868 où il figure entre « Don Juan aux Enfers » et « Châtiment de l'orgueil ». Malgré une période de jalousie suscitée par leur intérêt commun pour Marie Daubrun, les rapports entre les deux poètes restèrent le plus souvent cordiaux comme en témoigne l'essai que Baudelaire consacra à son ami en 1861, aussi bien que le fait que Banville fut associé de très près à la troisième édition des *Fleurs*. Dans son essai, Baudelaire définit Banville comme la figure par excellence du lyrisme et loue dans son talent « les belles heures de la vie ». La critique implicitement contenue dans cette formule, et dont on peut retrouver ici un écho dans le fait que l'« audace » des constructions poétiques de Banville n'est qualifiée que de « correcte », tient sans doute au fait que l'auteur des *Cariatides* (1842) et des *Stalactites* (1846) est tout à fait dépourvu de la « tendance essentiellement démoniaque » qui, selon Baudelaire, définit « l'art moderne » (OC, II, 168).

TABLEAU DE CONCORDANCE
DES TROIS ÉDITIONS
DES *FLEURS DU MAL* (1857, 1861, 1868)

1857		1861		1868	
SPLEEN ET IDÉAL					
1.	Bénédiction	1.	—	1.	—
2.	Le Soleil (2ᵉ éd. : 87)	2.	L'Albatros	2.	—
3.	Élévation	3.	—	3.	—
4.	Correspondances	4.	—	4.	—
5.	*J'aime le souvenir de ces époques nues...*	5.	—	5.	—
6.	Les Phares	6.	—	6.	—
7.	La Muse malade	7.	—	7.	—
8.	La Muse vénale	8.	—	8.	—
9.	Le Mauvais Moine	9.	—	9.	—
10.	L'Ennemi	10.	—	10.	—
11.	Le Guignon	11.	—	11.	—
12.	La Vie antérieure	12.	—	12.	—
13.	Bohémiens en voyage	13.	—	13.	—
14.	L'Homme et la mer	14.	—	14.	—
15.	Don Juan aux Enfers	15.	—	15.	—
				16.	À Théodore de Banville
16.	Châtiment de l'orgueil	16.	—	17.	—
17.	La Beauté	17.	—	18.	—
18.	L'Idéal	18.	—	19.	—
19.	La Géante	19.	—	20.	—
20.	Les Bijoux	20.	Le Masque	21.	—
		21.	Hymne à la beauté	22.	—
21.	Parfum exotique	22.	—	23.	—
		23.	La Chevelure	24.	—
22.	*Je t'adore à l'égal de la voûte nocturne...*	24.	—	25.	—

	1857		1861		1868
23.	*Tu mettrais l'univers entier dans ta ruelle...*	25.	—	26.	—
24.	Sed non satiata	26.	—	27.	—
25.	*Avec ses vêtements ondoyants et nacrés...*	27.	—	28.	—
26.	Le Serpent qui danse	28.	—	29.	—
27.	Une charogne	29.	—	30.	—
28.	De profundis clamavi	30.	—	31.	—
29.	Le Vampire	31.	—	32.	—
30.	Le Léthé		*(supprimé)*		
31.	*Une nuit que j'étais près d'une affreuse Juive...*	32.	—	33.	—
32.	Remords posthume	33.	—	34.	—
33.	Le Chat	34.	—	35.	—
		35.	Duellum	36.	—
34.	Le Balcon	36.	—	37.	—
		37.	Le Possédé	38.	—
		38.	Un fantôme	39.	—
35.	*Je te donne ces vers afin que si mon nom...*	39.	—	40.	—
		40.	Semper eadem	41.	—
36.	Tout entière	41.	—	42.	—
37.	*Que diras-tu ce soir, pauvre âme solitaire...*	42.	—	43.	—
38.	Le Flambeau vivant	43.	—	44.	—
39.	À celle qui est trop gaie		*(supprimé)*		
40.	Réversibilité	44.	—	45.	—
41.	Confession	45.	—	46.	—
42.	L'Aube spirituelle	46.	—	47.	—
43.	Harmonie du soir	47.	—	48.	—
44.	Le Flacon	48.	—	49.	—
45.	Le Poison	49.	—	50.	—
46.	Ciel brouillé	50.	—	51.	—
47.	Le Chat	51.	—	52.	—
48.	Le Beau Navire	52.	—	53.	—
49.	L'Invitation au Voyage	53.	—	54.	—
50.	L'Irréparable	54.	—	55.	—
51.	Causerie	55.	—	56.	—
		56.	Chant d'automne	57.	—
		57.	À une Madone	58.	—
		58.	Chanson d'après-midi	59.	—
		59.	Sisina	60.	—

1857	1861	1868
		61. Vers pour le portrait de M. Honoré Daumier
52. L'Héautontimorouménos (2ᵉ éd. : 83)		
53. Franciscæ meæ laudes	60. —	62. —
54. À une dame créole	61. —	63. —
55. Mœsta et errabunda	62. —	64. —
	63. Le Revenant (1ʳᵉ éd. : 72)	65. —
	64. Sonnet d'automne	66. —
	65. Tristesses de la lune (1ʳᵉ éd. : 75)	67. —
56. Les Chats	66. —	68. —
57. Les Hiboux	67. —	69. —
	68. La Pipe (1ʳᵉ éd. : 77)	70. —
	69. La Musique (1ʳᵉ éd. : 76)	71. —
	70. Sépulture (1ʳᵉ éd. : 74)	72. Sépulture d'un poète maudit
	71. Une gravure fantastique	73. —
	72. Le Mort Joyeux (1ʳᵉ éd. : 73)	74. —
	73. Le Tonneau de la haine (1ʳᵉ éd. : 71)	75. —
58. La Cloche fêlée	74. —	76. —
59. Spleen	75. —	77. —
60. Spleen	76. —	78. —
61. Spleen	77. —	79. —
62. Spleen	78. —	80. —
	79. Obsession	81. —
	80. Le Goût du néant	82. —
63. Brumes et pluies (2ᵉ éd. : 101)		
	81. Alchimie de la douleur	83. —
	82. Horreur sympathique	84. —
		85. Le Calumet de paix, imité de Longfellow
		86. La Prière d'un païen
		87. Le Couvercle
		88. L'Imprévu
		89. L'Examen de minuit
		90. Madrigal triste

1857	1861	1868
		91. L'Avertisseur
		92. À une Malaba-raise
		93. La Voix
		94. Hymne
		95. Le Rebelle
		96. Les Yeux de Berthe
		97. Le Jet d'eau
		98. La Rançon
		99. Bien loin d'ici
		100. Le Coucher du soleil romantique
		101. Sur *Le Tasse en prison* d'Eugène Delacroix
		102. Le Gouffre
		103. Les Plaintes d'un Icare
		104. Recueillement
	83. L'Héautontimorou-ménos (1ʳᵉ éd. : 52)	105. —
64. L'Irrémédiable	84.	106. —
	85. L'Horloge	107. —
	TABLEAUX PARISIENS	TABLEAUX PARISIENS
	86. Paysage	108. —
	87. Le Soleil (1ʳᵉ éd. : 2)	109. —
		110. Lola de Valence
		111. La Lune offensée
65. À une mendiante rousse	88. —	112. —
	89. Le Cygne	113. —
	90. Les Sept Vieillards	114. —
	91. Les Petites Vieilles	115. —
	92. Les Aveugles	116. —
	93. À une passante	117. —
	94. Le Squelette labou-reur	118. —
66. Le Jeu (2ᵉ éd. : 96)		
67. Le Crépuscule du soir	95. —	119. —
	96. Le Jeu (1ʳᵉ éd. : 66)	120. —
	97. Danse macabre	121. —
	98. L'Amour du men-songe	122. —
	99. *Je n'ai pas oublié, voisine de la ville...* (1ʳᵉ éd. : 70)	123. —

1857	1861	1868
	100. *La servante au grand cœur dont vous étiez jalouse...* (1ᵉʳ éd. : 69)	124. —
	101. Brumes et pluies (1ʳᵉ éd. : 63)	125. —
	102. Rêve parisien	126. —
68. Le Crépuscule du matin	103. —	127. —
69. *La servante au grand cœur dont vous étiez jalouse...* (2ᵉ éd. : 100)		
70. *Je n'ai pas oublié, voisine de la ville...* (2ᵉ éd. : 99)		
71. Le Tonneau de la haine (2ᵉ éd. : 73)		
72. Le Revenant (2ᵉ éd. : 63)		
73. Le Mort joyeux (2ᵉ éd. : 72)		
74. Sépulture (2ᵉ éd. : 70)		
75. Tristesses de la lune (2ᵉ éd. : 65)		
76. La Musique (2ᵉ éd. : 69)		
77. La Pipe (2ᵉ éd. : 68)		
	LE VIN (pièces 104-108 *infra*)	LE VIN (pièces 128-132 *infra*)
FLEURS DU MAL	FLEURS DU MAL	FLEURS DU MAL
		133. Épigraphe pour un livre condamné
78. La Destruction	109. —	134. —
79. Une Martyre	110. —	135. —
80. Lesbos	*(supprimé)*	
81. Femmes damnées	*(supprimé)*	
82. Femmes damnées	111. —	136. —
83. Les Deux Bonnes Sœurs	112. —	137. —
84. La Fontaine de sang	113. —	138. —
85. Allégorie	114. —	139. —
86. La Béatrice	115. —	140. —
87. Les Métamorphoses du vampire	*(supprimé)*	
88. Un Voyage à Cythère	116. —	141. —
89. L'Amour et le crâne	117. —	142. —

1857	1861	1868
RÉVOLTE	**RÉVOLTE**	**RÉVOLTE**
90. Le Reniement de saint Pierre	118. —	143. —
91. Abel et Caïn	119. —	144. —
92. Les Litanies de Satan	120. —	145. —
LE VIN	*(Série transposée)*	
93. L'Âme du vin	104. —	128. —
94. Le Vin des chiffonniers	105. —	129. —
95. Le Vin de l'assassin	106. —	130. —
96. Le Vin du solitaire	107. —	131. —
97. Le Vin des amants	108. —	132. —
LA MORT	**LA MORT**	**LA MORT**
98. La Mort des amants	121. —	146. —
99. La Mort des pauvres	122. —	147. —
100. La Mort des artistes	123. —	148. —
	124. La Fin de la journée	149. —
	125. Le Rêve d'un curieux	150. —
	126. Le Voyage	151. —

BIBLIOGRAPHIE

I. Éditions

Œuvres complètes, texte établi, présenté et annoté par Claude Pichois, Paris, Gallimard, Bibliothèque de la Pléiade, tome I, 1975, tome II, 1976. Cette édition constitue l'instrument de base de toute étude de Baudelaire. Elle sert de référence incontestée dans le monde entier.

Correspondance, texte établi, présenté et annoté par Claude Pichois avec la collaboration de Jean Ziegler, Paris, Gallimard, Bibliothèque de la Pléiade, tome I (1832-1860), tome II (1860-1866), 1973.

Les Fleurs du Mal, Introduction, relevé de variantes et notes par Antoine Adam, Paris, Garnier Frères, 1959.

Les Fleurs du Mal, édition établie par Jacques Dupont, Paris, GF-Flammarion, 1991.

II. Biographies, documents

La biographie la plus complète et la plus sûre de Baudelaire est le *Charles Baudelaire* de Claude Pichois et Jean Ziegler, Paris, Juillard 1987 ; 2ᵉ édition, Fayard 1996.

Baudelaire devant ses contemporains. Témoignages rassemblés et présentés par W.T. Bandy et Claude Pichois, 3ᵉ édition, Paris, Klincksieck, 1995.

Claude Pichois, *Album Baudelaire*, Paris, Gallimard, Bibliothèque de la Pléiade, 1974.

Claude Pichois, *Baudelaire. Études et témoignages*, Neuchâtel, À La Baconnière, 1967

Raymond Poggenburg, *Charles Baudelaire. Une microhistoire. Chronique baudelairienne*, Paris, José Corti, 1987.

III. Études générales sur Baudelaire

Austin (L.J.), *L'Univers poétique de Baudelaire. Symbolisme et symbolique*, Paris, Mercure de France, 1956.

Bandy (W.T.), *Index des rimes des « Fleurs du Mal »*, Nashville, Vanderbilt University, 1972.

Benjamin (W.), *Charles Baudelaire, un poète lyrique à l'apogée du capitalisme* (traduit de l'allemand par Jean Lacoste), Paris, Payot, 1979 (1955 pour l'édition allemande).

Bercot (M.) et Guyaux (A.), *Dix études sur Baudelaire*, réunies par, Paris, Champion, 1993.

Bersani (L.), *Baudelaire et Freud* (traduit de l'anglais par Dominique Jean), Paris, Le Seuil, 1981 (1977 pour la version anglaise).

Blin (G.), *Baudelaire*, préface de Jacques Crépet, Paris, Gallimard, 1939. — *Le Sadisme de Baudelaire*, Paris, José Corti, 1948.

Butor (M.) : *Histoire extraordinaire. Essai sur un rêve de Baudelaire*, Paris, Gallimard, 1961.

Cargo (R.) : *A Concordance to Baudelaire's « Les Fleurs du Mal »*, Chapel Hill, The University of North Carolina Press, 1965.

Eigeldinger (M.), *Le Platonisme de Baudelaire*, Neuchâtel, À La Baconnière, 1951.

Emmanuel (P.), *Baudelaire*, Desclée de Brouwer, 1967.

Études baudelairiennes III. Hommage à W.T. Bandy, Neuchâtel, À La Baconnière, 1973.

Fondane (B.), *Baudelaire et l'expérience du gouffre*, Paris, 1942 ; rééd. Éd. Complexe, 1994.

Jackson (J.E.), *La Mort Baudelaire*, Neuchâtel, À La Baconnière, 1982.

Johnson (B.), *Défigurations du langage poétique : la seconde révolution baudelairienne*, Paris, Flammarion, 1979.

Jouve (P.J.), *Tombeau de Baudelaire*, Paris, Le Seuil, 1958.

LABARTHE (P.), *Baudelaire et la tradition de l'allégorie*, Genève, Droz, 1999.

LAWLER (J.), *Poetry and Moral Dialectic. Baudelaire's "Secret Architecture"*, London, Associated University Press, 1997.

LEAKEY (F.), *Baudelaire and Nature*, Manchester University Press, 1969.

LLOYD (R.) *Baudelaire's Literary Criticism*, Cambridge University Press, 1981.

MACCHIA (G.) : *Baudelaire*, Milan, Rizzoli, 1975.

MATHIEU (J.-Cl.), « *Les Fleurs du Mal* » *de Baudelaire*, Paris, Hachette, 1972.

MAURON (Ch.), *Le Dernier Baudelaire*, Paris, José Corti, 1966.

MILNER (M.), *Baudelaire, enfer ou ciel, qu'importe !* Paris, Plon, 1967. — *Baudelaire. Les Fleurs du Mal : l'intériorité de la forme*, préface de M. Milner, Paris, SEDES, 1989.

MOUROT (J.), *Baudelaire.* « *Les Fleurs du Mal* », Presses universitaires de Nancy, 1989.

POMMIER (J.), *La Mystique de Baudelaire*, Paris, 1932 ; Genève, Slatkine Reprints, 1967. — *Dans les chemins de Baudelaire*, Paris, José Corti, 1945.

PRÉVOST (J.), *Baudelaire. Essai sur l'inspiration et la création poétiques*, Paris, Mercure de France, 1953.

QUÉMADA (B.), *Baudelaire. Les Fleurs du Mal. Concordances, Index et Relevés statistiques*, Paris, Larousse, 1965.

ROBB (G.), *La Poésie de Baudelaire et la poésie française, 1838-1852*, Paris, Aubier, 1993.

RUFF (M.), *L'Esprit du mal et l'esthétique baudelairienne*, Paris, Armand Colin, 1955 ; Genève, Slatkine Reprints, 1972.

SARTRE (J.-P.), *Baudelaire*, Paris, Gallimard, 1947 ; repris dans la collection « Idées », 1963.

STAROBINSKI (J.), *La Mélancolie au miroir. Trois lectures de Baudelaire*, Paris, Juillard, 1989.

THÉLOT (J.), *Baudelaire. Violence et poésie*, Paris, Gallimard, 1993.

VIVIER (R.), *L'Originalité de Baudelaire*, Bruxelles, Palais des Académies, 1926 ; réédition, 1965.

Depuis 1965, le Centre d'études baudelairiennes de l'Université de Nashville publie chaque année un *Bulletin baudelairien* qui fournit une bibliographie mise à jour.

Depuis 1995, Claude Pichois et John E. Jackson publient *L'Année Baudelaire* chez Klincksieck.

IV. Études consacrées en partie à Baudelaire

BÉNICHOU (P.), *Le Sacre de l'écrivain*, Paris, José Corti 1973.

BONNEFOY (Y.), *L'Improbable*, Paris, Mercure de France, 1959. — *Le Nuage rouge*, Paris, Mercure de France, 2e édition, 1992.

CELLIER (L.), *Parcours initiatiques*, Neuchâtel, À La Baconnière, 1977.

CHAMBERS (R.), *Opposition et mélancolie. Les débuts du modernisme en France*, Paris, José Corti, 1987.

JACKSON (John E.), *Mémoire et création poétique*, Paris, Mercure de France, 1992. — *Poètes Maudits*, Œuvres et critiques IX, 2, Paris, Jean-Michel Place, 1984.

POULET (G.), *Les Métamorphoses du cercle*, Paris, Plon, 1961. — *La Poésie éclatée. Baudelaire, Rimbaud*, Paris, PUF, 1980.

PROUST (M.), *Contre Sainte-Beuve*, Paris, Gallimard, Bibliothèque de la Pléiade, 1971.

RAYMOND (M.), *De Baudelaire au surréalisme*, Paris, José Corti, 1952.

RICHARD (J.-P.), *Poésie et profondeur*, Paris, Le Seuil, 1955.

THÉLOT (J.), *La Poésie précaire*, Paris, PUF, 1997.

VALÉRY (P.), *Œuvres*, Éd. J. Hytier, Paris, Gallimard, Bibliothèque de la Pléiade, tome I, 1957.

CHRONOLOGIE

1821 *(9 avril)*. Naissance de Charles-Pierre Baudelaire, fils de Joseph-François Baudelaire et Caroline Archenbaut Defayis, au 13 de la rue Hautefeuille à Paris.

1827 *(10 février)*. Mort de François Baudelaire. L'été suivant, sa veuve ira séjourner à Neuilly ; une maison que son fils évoquera dans ses lettres et un poème des *Tableaux parisiens*.

1828 *(8 novembre)*. Caroline Baudelaire épouse en secondes noces Jacques Aupick, qui est désigné cotuteur de Charles par le conseil de famille. À l'époque, Jacques Aupick est chef de bataillon. Il sera promu lieutenant-colonel et nommé chef d'état-major en 1831 à Lyon où Charles commencera sa scolarité au Collège royal.

1836. Retour de la famille à Paris. Charles est mis en pension au collège Louis-le-Grand.

1838 *(3 août)*. « Je n'ai lu qu'ouvrages modernes ; mais de ces ouvrages dont on parle partout, qui ont une réputation, que tout le monde lit, enfin ce qu'il y a de meilleur ; eh bien, tout cela est faux, exagéré, extravagant, boursouflé. C'est surtout à Eugène Sue que j'en veux, je [n'ai] lu de lui qu'un livre, il m'a ennuyé à mourir. Je suis dégoûté de tout cela : il n'y a que les drames, les poésies de Victor Hugo et un livre de S[ain]te-Beuve (*Volupté*) qui m'aient amusé » (À sa mère, CPL, I, 61).

1839. Baudelaire, qui fait sa philosophie, est renvoyé de Louis-le-Grand pour avoir refusé de dénoncer un camarade. Il est néanmoins reçu bachelier au mois d'août. Aupick est nommé général de brigade.

1840. Baudelaire mène la vie de bohème d'un étudiant inscrit à l'École de droit mais qui ne suit pas les cours. Rencontre de Nerval, Latouche, peut-être Balzac et Hugo. Amitié avec Louis Ménard, Ernest Prarond, liaison avec Sara, dite Louchette, une jeune prostituée pour laquelle il écrira « Je n'ai pas pour maîtresse une lionne illustre... ».

1841. Inquiète de voir Charles accumuler les dettes sans faire mine de vouloir s'engager dans une profession, sa famille l'exhorte à un voyage. En juin, il embarque sur le *Paquebot-des-Mers-du-Sud* à destination de l'Inde. Toutefois, après que le navire a subi une tempête et dû accoster à l'île Maurice, Baudelaire débarque à Saint-Denis-de-la-Réunion et refuse de poursuivre le voyage. Réembarqué en novembre, il sera de retour en février à Bordeaux. Les images exotiques que Charles ramène de ce voyage nourriront sa mémoire poétique pendant toute sa vie.

1842. Devenu majeur, il entre en possession de son héritage paternel. Domicilié à l'île Saint-Louis, il fréquente Gautier, Sainte-Beuve, Hugo, Émile Deroy (qui fera son portrait) et fait la connaissance de Jeanne Duval, avec laquelle il entretiendra une liaison aussi profonde qu'orageuse jusqu'en 1856 au moins. Pendant les deux ans qui suivent, Baudelaire multiplie les dépenses, au point que sa famille obtient la dation d'un conseil judiciaire qui, en la personne de Me Narcisse-Désiré Ancelle, notaire à Neuilly, restreindra désormais les revenus du poète à une somme mensuelle fixe.

1845. Parution du *Salon de 1845*, la première publication autonome de Baudelaire. Le 30 juin, il fait part à Ancelle de son intention de se suicider. Annonce (sur la couverture d'un livre de Pierre Dupont) : « Pour paraître incessamment : *Les Lesbiennes* par Baudelaire-Dufaÿs » (premier titre des *Fleurs du Mal*). Baudelaire s'initie au hachisch à l'hôtel Pimodan.

1846. *Salon de 1846* (en mai) qui, tout en renouvellant le genre des *Salons*, hérité de Diderot, célèbre le romantisme comme « l'expression la plus récente, la plus actuelle du beau ». L'admiration pour Delacroix, déjà proclamée dans le *Salon de 1845*, se réaffirme avec force.

1847. Baudelaire lit une traduction du *Chat noir* d'Edgar Poe qui constitue son premier contact avec son futur frère d'élection. Courbet fait son portrait (musée de Montpellier).

1848. Baudelaire prend part aux émeutes de février en proclamant, selon Jules Buisson, qu'« il faut aller fusiller le général Aupick ». En juin, il prendra part aux combats, mais affirmera plus tard : « 48 m'a complètement dépolitiqué ». Première traduction de Poe (*Révélation magnétique*).

1849. Amitié avec Théophile Gautier. Mort d'Edgar Poe.

1850. Publication de « Châtiment de l'orgueil » et de « Le Vin des honnêtes gens », puis de « Lesbos ».

1851. Publication de *Du vin et du hachisch*. *Le Messager de l'Assemblée* publie onze poèmes sous le titre générique *Les Limbes*, qui sera aussi le deuxième titre projeté pour les futures *Fleurs du Mal*. Le coup d'État du 2 décembre provoque sa fureur.

1852. Il fait paraître en deux livraisons de la *Revue de Paris* son essai : « Edgar Poe, sa vie et ses ouvrages ». Le 9 décembre, il envoie anonymement à Mme Sabatier le premier des poèmes (« À celle qui est trop gaie ») qu'il lui adressera jusqu'en 1854.

1853. Traduction du « Corbeau », le poème d'Edgar Poe, dans *L'Artiste*. *Morale du joujou* dans *Le Monde littéraire*.

1854. Baudelaire travaille à un drame qui devait s'appeler *L'Ivrogne* et dont l'idée est contenue dans son poème « Le Vin de l'assassin ». Parution en feuilleton des *Histoires extraordinaires* et des *Nouvelles Histoires extraordinaires* dans *Le Pays*.

1855. Gérard de Nerval est retrouvé pendu, rue de la Vieille-Lanterne. Le 1er juin, *La Revue des Deux Mondes* publie sous le titre *Les Fleurs du Mal* dix-huit poèmes. *De l'essence du rire et généralement du comique dans les arts plastiques* (juillet) et *L'Exposition universelle de 1855* (août) dans *Le Portefeuille*.

1856. Michel Lévy met en vente les *Histoires extraordinaires*, dont tous les contes étaient déjà parus en revue sauf « Le Scarabée d'or ». Baudelaire écrit à sa mère, le 11 septembre : « Ma liaison, liaison de quatorze ans, avec Jeanne est rompue. » Le 30 décembre, traité avec la maison Poulet-Malassis et De Broise pour la vente des *Fleurs du Mal* et du *Bric-à-brac esthétique*.

1857. Procès de Flaubert pour *Madame Bovary*. Le 8 mars, Michel Lévy met en vente les *Nouvelles Histoires extraordinaires*, que précèdent les « Notes nouvelles sur Edgar Poe ». Le 27 avril, décès du général Aupick. La mère de Baudelaire se retire à Honfleur dans la « Maison-joujou » que le général avait achetée en 1853. Le 25 juin, mise en vente des *Fleurs du Mal*. Dès le début de juillet, le recueil fait l'objet d'une poursuite du Parquet. En août, Baudelaire dévoile son anonymat à Mme Sabatier qui se donne à lui une unique et décevante fois. Le 20 août, la sixième Chambre correctionnelle du Tribunal de la Seine condamne Baudelaire à 300 francs d'amende pour délit d'outrage à la morale publique et ordonne la supression de six pièces. Le 9 juillet, il avait écrit à sa mère : « Vous savez que je n'ai jamais considéré la littérature et les arts que comme poursuivant un but étranger à la morale, et que la beauté de conception et de style me suffit. » Baudelaire publie six poèmes en prose sous le titre *Poèmes nocturnes* dans *Le Présent*.

1858. « Ancelle est un misérable que je vais souffleter devant sa femme et ses enfants, je vais le souffleter à 4 heures (il est 2 heures et demie) » (à Mme Aupick, le 27 février). Mise en vente de la traduction des *Aventures d'Arthur Gordon Pym* de Poe. À la demande de Baudelaire, Édouard Manet grave un portrait d'Edgar Poe. « Les nouvelles *Fleurs du mal* sont commencées (...). Le Tribunal n'exige que le remplacement de six morceaux. J'en ferai peut-être *vingt*. Les professeurs protestants constateront avec douleur que je suis un catholique incorrigible. Je m'arrangerai de façon à être bien compris ; tantôt très bas, et puis très haut. Grâce à cette méthode, je pourrai descendre jusqu'aux passions ignobles. Il n'y aura plus que les gens d'une mauvaise foi absolue qui ne comprendront pas l'impersonnalité volontaire de mes poésies. » (À Calonne, 10 novembre).

1859. C'est vraisemblablement à cette époque que Baudelaire commence à prendre des notes en vue d'un livre resté inachevé et dont les fragments paraîtront, après sa mort, sous les deux rubriques de *Fusées* et de *Mon cœur mis à nu.* Durant cette année, l'une des plus fructueuses de son existence, il écrit entre autres « Le Voyage », « La Chevelure », « Les Sept Vieillards », « Les Petites Vieilles », « Le Cygne », « Sonnet d'automne », « Chant d'automne », « Le Masque ».

1860. Le 13 janvier, il subit une « crise singulière » : « Je crois que j'ai eu quelque chose comme une congestion cérébrale. » Le 17 février, après avoir entendu des extraits du *Vaisseau fantôme*, de *Tannhäuser* et de *Lohengrin*, il écrit à Richard Wagner une longue lettre pour lui dire qu'il lui doit « la plus grande jouissance musicale qu'[il] ai[t] jamais éprouvée ». Mise en vente des *Paradis artificiels*. Projet d'un essai sur *Le Dandysme littéraire.*

1861. Parution de la deuxième édition des *Fleurs du Mal*, augmentée de trente-cinq nouveaux poèmes. En mars, il confie à son éditeur que « depuis assez longtemps, je suis au bord du suicide, et ce qui me retient, c'est une raison étrangère à la lâcheté et même au regret. C'est l'orgueil qui m'empêche de laisser des affaires embrouillées ». Article sur Richard Wagner dans la *Revue européenne* (1er avril), puis *Richard Wagner et « Tannhäuser » à Paris* (mai). Neuf poèmes en prose dans la *Revue fantaisiste.* En décembre, il pose sa candidature à l'Académie française, ce qui, au vu de la composition de l'assemblée, participe de la provocation.

1862. « Au moral comme au physique, j'ai toujours eu

la sensation du gouffre, non seulement du gouffre du sommeil, mais du gouffre de l'action, du rêve, du souvenir, du désir, du regret, du remords, du beau, du nombre, etc. J'ai cultivé mon hystérie avec jouissance et terreur. Maintenant j'ai toujours le vertige, et aujourd'hui, 23 janvier 1862, j'ai subi un singulier avertissement, j'ai senti passer sur moi *le vent de l'aile de l'imbécillité* » (*Hygiène*). Sur le conseil de Sainte-Beuve, il se désiste de sa candidature à l'Académie. En août, il publie dans *La Presse* quatorze *Petits Poèmes en prose*, précédés de la dédicace à Arsène Houssaye. Six autres paraissent le 24 septembre.

1863. Baudelaire vend pour 1 200 francs à l'éditeur Hetzel les droits de publication des poèmes en prose et des *Fleurs du Mal* (déjà vendues à Poulet-Malassis). Il confie en juin à sa mère, à propos de *Mon cœur mis à nu* (en projet) : « Eh bien ! oui, ce livre tant rêvé sera un livre de rancunes. (...) Je veux faire sentir sans cesse que je me sens comme étranger au monde et à ses cultes. Je tournerai contre la *France entière* mon réel talent d'impertinence. J'ai un besoin de vengeance comme un homme fatigué a besoin d'un bain. » Publication dans *Le Figaro* de l'essai sur Constantin Guys, *Le Peintre de la vie moderne*.

1864. De nouveaux poèmes en prose paraissent en revue sous le titre *Le Spleen de Paris*, dont c'est l'apparition. Le 24 avril, Baudelaire arrive à Bruxelles où il donne cinq conférences. L'insuccès de ces exposés, s'ajoutant à l'échec pour trouver un éditeur pour ses œuvres littéraires, aigrit le poète, qui se prend de haine pour la Belgique et rédige des notes en vue d'un ouvrage satirique (*Amœnitates Belgicœ* et *Pauvre Belgique !*). De nombreux poèmes en prose du *Spleen de Paris* paraissent dans différentes revues.

1865. Mise en vente de la traduction des *Histoires grotesques et sérieuses* de Poe. Les difficultés financières dans lesquelles Poulet-Malassis se débat l'entraînent à menacer Baudelaire de céder à son successeur la créance de plusieurs milliers de francs qu'il a sur lui.

Baudelaire rentre précipitamment en France pour trouver de l'argent (auprès de sa mère et de Manet). Alors qu'en février Mallarmé avait voué la deuxième partie de sa *Symphonie littéraire* à Baudelaire, à la fin de l'année c'est Verlaine qui lui consacre des articles enthousiastes dans la revue *L'Art*.

1866. Baudelaire souffre de troubles de santé et consulte par lettres Charles Asselineau puis sa mère à leur sujet. Le 18 février, il écrit à Ancelle à propos des *Fleurs du Mal* : « Faut-il vous dire, à vous qui ne l'avez pas plus deviné que les autres, que dans ce livre *atroce*, j'ai mis tout mon *cœur*, toute ma *tendresse*, toute ma *religion* (travestie), toute ma *haine* ? Il est vrai que j'écrirai le contraire, que je jurerai mes grands Dieux que c'est un livre d'*art pur*, de *singerie*, de *jonglerie* ; et je mentirai comme un arracheur de dents. » À la fin de ce mois, Poulet-Malassis publie vingt-trois poèmes sous le titre *Les Épaves*. Parmi ceux-ci, les six pièces condamnées de l'édition de 1857 des *Fleurs du Mal*. Vers la mi-mars, Baudelaire fait une chute dans l'église Saint-Loup à Namur. Ramené à Bruxelles, son état (troubles cérébraux) s'aggrave. Aphasique et hémiplégique, il est transporté dans une maison religieuse où sa mère le rejoint. En juillet, il est ramené à Paris où il entre dans la maison de santé de docteur Duval. Ses amis l'entourent.

1867. Mort de Baudelaire le 31 août. Il sera inhumé, dans le caveau familial au cimetière Montparnasse, le 2 septembre. En décembre, Michel Lévy se voit adjuger le droit à la publication de ses œuvres pour la somme de 1 750 francs.

1868. Le 9 décembre, Michel Lévy publie le tome II des *Œuvres complètes de Charles Baudelaire* sous le titre *Curiosités esthétiques*. Le 19, ce sera au tour du tome I, *Les Fleurs du Mal*, précédé d'une notice sur Baudelaire par Théophile Gautier.

1869. Parution du tome III des *Œuvres complètes* : *L'Art romantique*, puis du tome IV qui recueille les *Petits Poèmes en prose* et *Les Paradis artificiels*. Les tomes V-VII comprendront l'ensemble des traductions d'Edgar Poe.

1871 (le 16 août). Mort de Mme Aupick.

TABLE DES TITRES ET DES INCIPIT

Table

TABLEAUX PARISIENS

LE VIN

FLEURS DU MAL

RÉVOLTE

LA MORT

LES FLEURS DU MAL (1868)

LES ÉPAVES

PIÈCES CONDAMNÉES

POÈMES DIVERS

Composition réalisée par NORD COMPO

Achevé d'imprimer en juin 2010, en France sur Presse Offset par
Maury-Imprimeur - 45330 Malesherbes
N° d'imprimeur : 155844
Dépôt légal 1ʳᵉ publication : janvier 1972
Édition 57 - juin 2010
LIBRAIRIE GÉNÉRALE FRANÇAISE - 31, rue de Fleurus - 75278 Paris Cedex 06

30/0677/2